잘
쉬는
기술

잘 쉬는 기술

클라우디아 해먼드 지음 | 오수원 옮김

어떻게 쉬어야 할지
모르는 사람들을 위한
최고의 휴식법 10가지

웅진 지식하우스

차례

제대로 쉬어야 한다

휴 식

결 핍

시 대

해먹을 상상해보자. 갖가지 색 줄무늬가 들어간 것이면 금상첨화다. 열대지방의 가벼운 산들바람에 부드럽게 출렁이는 해먹. 공기는 딱 쾌적할 만큼 따스하다. 호텔 발코니 저 아래, 터키석 같은 청록색 바다가 햇빛을 받아 반짝거린다.

많은 이들이 떠올리는 전형적인 휴식의 이미지다. 누구도 내게 아무것도 요구하지 않는 상태. 하지만 생각보다 간단치 않다. 해먹은 골치 아픈 물건일 수 있다. 일단 해먹에 누워 있으려면 한쪽으로 넘어지지 않도록 양쪽의 균형을 잘 잡아야 하고, 편안하게 누울 자리를 찾으려면 해먹에서 위아래로 몸을 뒤척여야 한다. 머리에 대고 누울 쿠션을 가지러 다시 일어나야 할 수도 있고, 그런 다음에도 귀찮은 과정을 되풀이해야 할 수도 있다. 신경 쓰이는 일이다. 그러다 마침내 완벽한 균형을 찾는다. 고요한 평온이 엄습해온다. 이제 쉴 수 있다.

하지만…… 정말 쉴 수 있을까?

해먹에 누워 한 번쯤 편안함을 느낀다 해도 쉰다는 느낌을 계속 받기는 또 어려울 수 있다. 쉰다는 것은 우리가 휴식이라 여기는 것들과 맺는 관계를 반영하기 때문이다. 우리는 휴식을 두고 두 가지 혼재된 감정을 느낀다. 휴식을 동경하면서도 휴식이 게으름을 피우는 것은 아닐까 불안해한다. 내 인생의 시간을 최대한 활용하지 못할까 봐 불안에서 놓여나지 못한다.

인간을 다른 많은 동물들과 차별화하는 한 가지 특징은 호기심이다. 살아남기 위해 필요한 거의 모든 것을 갖추고 있음에도 여전히 저 언덕 너머나 바다 건너 혹은 멀리 떨어진 행성에 무엇이 있는지 알고 싶어한다. 호기심은 인간이 하나의 종으로서 생존하는 열쇠 구실을 해왔지만, 제대로 된 휴식을 불가능하게 할 수 있다는 단점을 지녔다. 인간은 늘 뭔가 하고 있어야 한다는 압박감을 느낀다. '뭔가 하는 것'의 정의도 극히 협소해졌다. 대부분의 사람들에게 뭔가 한다는 것은 바쁘다는 뜻이다. 가끔 바쁜 것이 아니라 늘 바쁜 것. 인간이 뭔가 한다는 것은 언제나 분주하다는 뜻이다.

소크라테스는 바쁜 삶의 황폐함을 경계해야 한다고 주장했다. 항상 바쁘다는 것은 인생의 본질적인 리듬이 결여되어 있다는 뜻이다.

여기서 리듬이란 무언가 하는 것과 하지 않는 것 사이의 대비다. 인간은 바쁜 와중에 이러한 대비를 놓친다. 하지만 대비의 리듬이야말로 건강하고 자연스럽다. 해먹에 다시 몸을 누이듯 우리는 활동과 휴식 사이를 오가야 하며 활동만큼 휴식 또한 진지하게 생각해야 한다.

우리에게는 휴식이 더 필요하다. 휴식의 양뿐 아니라 질도 문제다. 질 높은 휴식을 누릴 수 있어야 한다. 휴식 자체를 위해서도 그렇지만 폭넓은 인생을 위해서도 질 높은 휴식을 늘려야 한다. 휴식은 행복을 위해 필요할 뿐 아니라 생산성을 높이는 데 필수다. 온라인 검색을 잠깐만 해보아도 지금이 '셀프케어의 시대'임을 알 수 있다. '셀프케어'란 '자기 돌봄'일 것인데, 내 생각에 최상의 자기 돌봄이란 바로 휴식이다.

하지만 현대인은 휴식 결핍에 시달리고 있다. 휴식이 부족하다는 사실이야말로 이 책의 탄생 기반이 된 연구의 가장 중대한 결과다. 연구의 명칭은 '휴식 테스트'Rest Test다. 135개국에 살고 있는 1만8천여 명이 참여했다. 뒤에서 다시 이야기하겠지만, 이 연구를 통해 밝혀진 가장 중요한 점은 많은 이들이 충분한 휴식을 취하지 못한다고 느낀다는 그 자체다. 응답자 가운데 3분의 2는 휴식이 모자라다며 휴식이 더 필요하다고 답했다. 여성은 남성보다 매일 평균 10분 정도 휴식 시간이 적었으며, 돌봄 책임을 맡은 이들은 더 적었다. 그런데 남녀를 막론하고, 교대근무를 하건 정규직 종사자이건 휴식 시간이 가장 짧다고 느낀 층은 청년층이다.

이 결과는 청년층일수록 생존 압박에 스트레스를 크게 받고 있으며 이를 감당하느라 고군분투하고 있다는 의미다. 2019년 1월, 〈버즈피드〉BuzzFeed(뉴스 및 엔터테인먼트 웹사이트)의 기사 하나가 입소문을 타고 번져나갔다. '밀레니얼(베이비붐 세대의 자녀 세대)은 어쩌다 번아웃 세대가 되었는가'라는 제목의 기사였다.[1] 저널리스트 앤 헬렌 피터슨Anne Helen Petersen은 해야 할 일 목록이 너무 길어 '할 일 마비'에 걸리고 결국 한 주에 해야 할 일을 제대로 끝내지 못하게 된 원인을 설명하면서 논의를 시작했다.

이러한 불안을 하찮게 여기는 일부 기성세대는 밀레니얼을 '눈송이snowflakes 세대'(눈송이처럼 유약해 한 번 충격을 받으면 헤어나지 못하는 세대)라고 폄하하기도 한다. 하지만 나는 피터슨과 그가 속한 청년 세대가 중요한 무엇인가를 알아냈다고 생각한다. 피터슨이 처리하지 못한 채 밀린 메일함을 '수치스러운 메일함'이라고 부르는 것이 십분 이해가 간다. 나 또한 메일함에 5만 449통의 이메일이 들어 있으니까. 이 문제의 함의는 훨씬 광범위하지만, 어쨌든.

요즘 같은 시절에 20대로 살아간다는 것은 분명 힘들다. 대학 입시와 취업 경쟁이 극심한데다, 사는 지역에 따라 치솟는 집값 때문에 영영 떠돌이 세입자 신세를 벗어나지 못할 수 있다는 가능성을 실감하면서 살 확률이 높을 테니까. 현재의 밀레니얼 세대는 부모 세대보다 경제적으로 여유 있는 삶을 살 가능성이 점점 희박해지고 있다. 게다가 일부 노년 세대가 누리는 후한 연금 혜택조차 기대할 수 없다.

X세대와 베이비붐 세대 등 기성세대들도 밀레니얼 세대가 느끼는 스트레스와 관련해서 나름의 압박에 시달린다. 밀레니얼 세대는 이러한 압박을 노골적으로 털어놓기라도 한다. 기성세대 또한 끝도 없이 밀려드는 일에 스트레스를 느낄 때가 잦다. 현대의 노동 관행과 생활 양식에 첨단 기술까지 결합해, 21세기 초 우리의 삶은 끝없는 부담이 되어버렸다. 모두 공모라도 한 것인가 의심이 들 정도다. '영리한' 스마트폰 덕에 현대인은 늘 통화 대기 상태이며, 휴식 시간이 되어도 누가 언제든 휴식을 방해할 수 있다는 것을 잘 안다.

우리는 더 쉬고 싶고, 더 쉴 수 있고, 아마 생각보다 더 쉬고 있을 수도 있다. 하지만 확실한 것은 '쉬고 있다는 느낌을 받지 못한다'는 것이다.

나만 해도 쉬는 데 재주가 별로 없다. 최소한 휴식이라는 주제에 집중하기 전까지는 그러했다. 친구들에게 감정, 시간, 그리고 돈의 심리에 관한 책을 쓰고 난 다음 이제 휴식에 관한 책을 쓰기 시작했다고 말하자 친구들의 첫 반응은 대개 이랬다. "넌 늘 일하잖아. 절대로 쉬지 않으면서!"

누군가 내게 요즘 어떻게 지내냐고 물으면 나는 대개 "잘 지내요. 바쁘죠, 실은 아주 바빠요"라고 대답한다. 나는 실제로 바쁜 것 같다. 사실인 듯 느껴진다. 하지만 바쁘다는 말은 또한 나의 지위를 나타내기도 한다. 바쁘다는 것은 누군가 나를 원하며 내가 필요한 존재라는 뜻을 담고 있다. 누군가 나를 필요로 한다는 것이 '바쁜 상태'의 속뜻이다. 시간 활용 연구자인 조너선 거셔니Jonathan Gershuny의 말대로 바쁘다는 것은 일종의 '명예 훈장'이 되었다. 19세기와 달리 21세기를 사는 현대인에게 사회적 지위를 부여하는 것은 여가가 아니라 일이다. 바쁜 상태는 내가 얼마나 중요한 존재인지 증명해주지만 동시에 우리는 바쁘기 때문에 지쳐버린다.

내가 '늘' 일을 한다는 건 사실이 아니다. 일을 한다고 느낄 때조차도. 이 책을 쓰겠다고 조사를 하고 글도 썼지만 실제로 나는 일을 한 만큼 또 하지 않기도 했다. 페이스북이나 트위터 때문이다. 나는 이 두 매체 때문에 쉽게, 그것도 자주 딴 데 정신을 판다. 끊임없이 아래층으로 내려가 차를 만들어 마신다. 책상을 2층 서재에 두었기 때문이다. 창문으로 거리를 내다보며 프리랜서 이웃들이 길에서 수다를 떠는 모습을 찾아내고 신나게 바라본다. 당연히 그들 대화에 끼러 나가지 않고는 못 배긴다. 새로운 소식은 놓치기 싫다.

끊임없는 딴짓에서 내가 얼마나 많은 휴식을 얻는가는 또 다른 문제다. 딴짓에는 해야 할 일을 하지 않으려는 회피의 측면이 분명히 존재한다. 이러지도 저러지도 못하는 상태. 해야 할 일을 모조리 해치워 '할 일' 목록의 모든 항목을 지워버리고 마침내 쉴 수 있는 곳으로 가기를 갈망한다. 과제 완수. 걱정 끝. 문제는 내가 늘 이 축복받은 상태에 도달하지 못한다는 것, 해야 하는 많은 일 가운데 딱히 제대로 한 것도 없이 불안하고 안절부절못하는 상태에 빠져버린다는 것이다.

이러한 휴식의 결핍은 현실이건 느낌에 불과하건 많은 면에서 해롭다. 오늘날 영국에는 일 관련 스트레스에 시달리는 사람들이 무려 50만 명이다.[2] 미국의 경우 일터에서 일어나는 만성 부상의 13퍼센트가 피로 때문일 수 있다. 25퍼센트 이상의 사람들이 일하다 졸음에 빠졌으며, 16퍼센트는 최근 졸음운전 경험이 있다.[3] 돌봄 책임과 가사와 현대 생활의 자잘한 일까지 보태면 우리 가운데 75퍼센트는 작년 어느 시점에건 스트레스가 너무 커서 어쩔 줄 모르거나 감당할 수 없다고 느낀 셈이다.[4]

피로는 인지 능력에 심각한 영향을 끼칠 수 있다. 기운이 넘칠 때는 쉬워 보이는 일도 피곤할 때는 훨씬 어려워진다. 피로는 기억력 쇠퇴, 감정 둔화, 집중력 결핍, 잦은 몰이해와 판단력 손상으로 이어진다. 내가 타고 있는 비행기의 조종사나 나를 치료하는 의사가 이러한 상태에 빠진다면 큰일이다. 그들이 절대로 처하지 않기를 바라는 상태다.

휴식 부족은 성인들만의 문제가 아니다. 지난 20년 동안 학생들의 휴식 시간이 대폭 줄었다. 수업의 양을 늘리려는 목적 때문이다. 가령 영국 중·고등학교 가운데 오후 휴식 시간을 확보한 곳은 1퍼센트뿐이다.[5] 휴식이 집중력에 도움이 된다는 증거는 충분하다.[6] 휴식 시간 축소는 시험 성적에 역효과를 낼 수 있고, 아이들은 친구들과 어울리거나 운동할 기회를 박탈당한다.

수면 부족은 연구가 착실히 진행되어왔고 그만큼 수면 부족이 일으키는 문제도 많이 알려져 있다. 제2형 당뇨, 심장병, 뇌졸중, 고혈압, 각종 통증과 염증 전 반응, 기분장애, 기억력 감퇴, 신진대사증후군, 비만, 직장암 등의 위험 증가. 이들 대부분은 기대 수명을 단축할 수 있다.7 휴식은 지금껏 수면과 비슷한 관심을 받지는 못했다. 하지만 쉬면서 시간을 보낼 경우 의사 결정 능력이 향상되고, 우울증 위험이 낮아지며, 기억력이 좋아지고, 감기에 걸릴 확률이 낮아진다는 것을 밝히는 증거들이 있다.

따라서 나는 질 높은 수면만큼 중요한 것이 질 높은 휴식이라고 주장하는 바다. 이 책은 제발 쉬자는 요청이다. 이제 우리는 휴식을 가치 있게 여기고 휴식의 효과를 입증하며 휴식의 장점을 치켜세우기 시작해야 한다. 휴식은 사치가 아니라 필수다. 그렇다면 도대체 휴식이란 무엇인가?

휴식의 본질을 찾아서

자유로움, 충만함, 따뜻함, 원기 회복, 비밀스러움, 편안하게 기대기, 꿈결, 매우 기분 좋은 것, 서늘함, 정화, 고요함, 필요한 것, 아무 생각 없는 것, 숭고함, 안전함, 평온함, 치유 효과, 소중한 것, 사적인 것, 동경 대상, 생각하지 않는 것, 행복감

위의 낱말들은 휴식 테스트에 참가했던 1만8천 명이 '당신이 생각하는 휴식의 의미는 무엇인가요?'라는 질문에 대답하며 사용한 단어 가운데 일부이다.

그러나 휴식에 관해 이들이 사용한 단어는 위에서 말한 것만이 아니다.

허약함, 부서지기 쉬움, 안절부절못함, 어려움, 아픔, 짜증, 죄책감, 정당하지 않은 것, 게으름, 성가신 것, 제멋대로인 것, 이기적인 것, 회피, 걱정, 시간 낭비

사람마다 휴식의 의미가 다르다는 것은 확실하다. 의학 논문들은 대체로 수면과 휴식을 호환 가능한 용어로 쓴다. 그러나 휴식은 수면보다 더 복잡한 말이다. 휴식을 취하는 방식이 무척 다양하고 많기 때문이다. 명확성을 기하기 위해 정의를 내리자면, 내가 지금 말하는 휴식은 깨어 있는 동안 우리가 하는 한가하고 편안한 활동 전체다. 그러한 활동의 목록은 끝도 없을 테니 이 책에서는 보다 대중적인 형태의 휴식 일부만 집중적으로 다루려고 한다.

잠으로 말하자면, 휴식하는 도중에 스르르 잠이 들 수 있다. 이 책을 읽는 동안 잠들 수도 있다. 그걸 반드시 나쁘다고 할 수도 없다. 그러나 분명히 밝혀둔다. 잠은 휴식이 아니다.

우선, 휴식에는 신체 활동이 수반될 수 있다. 때로 그 활동이라는 것은 축구나 달리기처럼 격한 운동일 수도 있다. 어떤 사람들은 활발한 운동을 통해 몸이 노곤하게 피로해질 때 마음의 휴식이 찾아온다고 생각하므로, 휴식은 신체 활동을 하는 동안 이루어지기도 한다.

그렇긴 해도 보다 많은 사람들에게 휴식을 한다는 느낌은 신체 활동이 끝난 다음에 찾아온다. 누구나 힘든 일을 마치거나 목표를 이룬 뒤 취하는 휴식에서 오는 달콤한 만족감을 누려본 적 있으리라. '일하는 남자의 잠은 꿀 같다'라는 성경의 금언은 맞는 말이다. 일한 여자의 휴식도 달콤하다고 덧붙이고 싶다. 휴식의 달콤함은 성별을 가리지 않는다.

하지만 몸을 움직이는 것이 휴식인 것만큼 움직이지 않는 것 자체도 휴식일 수 있다. 앞으로 살펴보겠지만, 편안한 의자에 앉아 있거나 더운 물을 받아놓은 욕조에 누워 있는 것은 인기 있는 휴식법이다. 게다가 몸의 휴식만 가치를 부여받는 것도 아니다. 대개 많은 사람들은 몸이 온전히 휴식 상태가 되어야만 마음도 쉴 수 있다고 느끼지만, 이 또한 의견이 갈릴 수 있다. 머리를 쓰지 않는 것을 휴식이라고 간주하는 사람들도 있는 반면 『피네건의 경야』Finnegans Wake (아일랜드의 작가 제임스 조이스의 모더니즘 걸작 소설. 주석이 많고 난해하기로 유명하다) 같은 난해한 소설을 읽거나 아리송한 십자낱말 풀이와 씨름하는 것을 휴식이라고 생각하는 사람들도 있다.

사람들 대부분이 생각하는 휴식의 정의는, 우선 휴식은 일이 아니라는 것이다. 사람들 가운데 3분의 2는 휴식을 일과 반대 개념이라고 본다. 그러나 이러한 견해도 일을 어떻게 정의하느냐에 달린 것일 수 있다. 집에서 아이들이나 병든 친척을 돌보면서 시간을 보낼 바에야 사무실이나 상점에서 종일 일하는 것을 선호할 수도 있다. 분주한 일로부터 멀리 벗어나 주말을 보내거나 휴가를 떠나는 것을 휴식으로 간주하지 않는 사람들도 있다.

이런 사람들에게 일과 삶의 더 나은 균형이 필요한 게 아닌지 의아해하는 이들도 많겠지만, 올바른 균형이 정확히 어디에 존재하는가는 늘 주관적인 문제다. 실업이나 병으로 인해 어쩔 수 없이 쉬어야 할 경우처럼 균형추가 일하지 않는 쪽으로 지나치게 쏠려 있을 때, 이러한 상태를 사람들은 휴식이라고 생각하기는커녕 오히려 불안해한다. 집을 나가고 싶어도 어쩔 수 없이 일을 할 수 없는 비참한 덫에 걸린 셈이기 때문이다. 우울증의 고통을 생각해보라. 우울증은 사람들을 침대에서 일어날 수조차 없게 만든다. 탈진을 초래할 정도의 무자비한 신체적 무기력에 빠뜨리기도 한다. 감방의 침상에 누워 있는 재소자들을 생각해보아도 좋다. 이러한 조건에 진정한 휴식이란 없다.

휴식의 본질을 이해하고자 할 때 고려해볼 만한 사항은 휴식이라는 낱말의 어원이다. 고대 영어 단어 'ræste'는 'rasta'라는 고대 고지高地 독일어(800~1100년 사이의 남부 독일어)와 'rost'라는 고대 스칸디나비아어 단어에서 유래했다. 이 단어들은 우리가 아는 '휴식'이라는 뜻 외에 '수 마일의 거리' 또는 '수 마일의 거리를 온 뒤의 휴식'을 뜻하기도 했다. 이러한 어원은 휴식이 활동 이후에 오거나 활동을 통해 온다는 통념을 강화한다. 쉬기만 하고 있다면 외려 쉰다는 느낌이 들지 않겠지만, 다른 활동 뒤에 얼마간 시간이 지나면 휴식은 필요해지고 누릴 만한 값어치가 있는 것이 된다. 적절한 휴식 상태는 바로 그때 온다.

이 책에 특별히 포함한 연구가 이를 입증한다. '온전히 쉰다고 느꼈다'라고 했던 사람들은 '휴식이 더 필요하다'고 했던 사람들보다 행복 점수가 두 배나 높았다. 하지만 적절한 휴식에도 최적의 양이 있는 것 같다. 이 양을 넘어가면 행복 점수가 다시 떨어지기 시작한다. 그리고 이미 논했듯 휴식의 자양분 효과는 강요당한 휴식일 경우 완전히 사라지는 듯 보인다. 중요한 것은 적절한 균형이다.

개개인에게 맞춤한 적정량의 휴식 처방전이 있다면 도움이 될 수도 있다. 하지만 휴식을 처방하는 의사들은 휴식의 유형과 양에 관해 애매모호한 조언만 제공한다. 이들은 "좀 쉬시지요"라고 말할 뿐이다. '좀 쉬라'는 말은 무슨 뜻을 품고 있을까? 그저 누워 있으라는 뜻일까? 아니면 가장 좋아하는 취미 활동을 하거나 친구를 만나러 가는 걸 휴식이라고 생각하는 경우 활발한 활동을 해도 된다는 뜻일까?

진실은 이 문제에 관한 답이 제각각이라는 것이다. 휴식은 자기 진단과 자기 처방의 문제다. 그렇다고 해서 타인에게서 배울 게 하나도 없다는 말은 아니다. 누구나 자기만의 방식으로 휴식을 취하지만, 다양한 휴식 방법에도 공통 요소가 많다.

휴식
테스트

앞에서 언급했지만, 이 책에서 제시하는 휴식 방법을 뒷받침하는 근거는 '휴식 테스트'라는 연구 결과다. 휴식 테스트 결과는 내가 학술 연구 팀의 일원으로 활동한 2년간의 성과물로, 이 팀의 구성원 가운데 많은 수는 더럼대학교에서 온 휴식 연구자들이다. 우리 팀이 보조금을 받고 휴식을 연구하며 런던의 박물관인 웰컴 컬렉션Wellcome Collection 5층 연구실의 최초 상주연구자가 되었다는 운 좋은 소식을 듣자마자 내 친구들은 "거 참 쉽네, 그저 앉아서 게으름만 피우면 되니까"라며 농담을 주고받았다.

물론 우리는 게으름을 피우지 않았다. 방문객들에게 인기를 끌었던 해먹은 얻었지만. 상주연구자 그룹에는 역사가, 시인, 예술가, 심리학자, 뇌과학자, 지리학자, 심지어 작곡가까지 포함되어 있었다. 모두들 재능이 뛰어나고 투지와 에너지가 넘치는 전문가였다. 모두 프로젝트에 심혈을 기울이면서 2년 동안 전시와 공공 이벤트를 열었고, 단행본·논문·시를 발표했으며 음악도 만들었다. 그중 한 곡은 BBC 라디오 3에서 처음으로 공연하기도 했다. 우리가 함께 지낸 본거지는 런던 중심가의 늘 분주한 유스턴 로드Euston Road에 있었다. 팀원들은 팀 이름을 '북새통'Hubbub이라고 지어 불렀다.

팀 이름은 아무렇게나 정한 것이 아니다. 우리는 북새통 같은 현대

생활이 평화와 고요와 휴식의 기회를 집어삼킨다는 데 유념했다. 현대 세계에서 의미 있는 휴식이란 바쁜 삶을 버리는 데서 오는 것이 아니라 분주한 일정을 조정하고 일과 휴식과 놀이 사이에서 더 나은 균형을 찾는 것이라는 점 또한 이 이름의 의미다.

팀의 프로그램이 절반 정도 진행되었을 때 휴식 테스트라는 온라인 조사에 돌입했다. 조사는 내가 진행하는 두 개의 BBC 라디오 프로그램을 통해 이루어졌다. 하나는 라디오 4의 〈마음의 모든 것〉All in the Mind, 또 하나는 월드서비스World Service의 〈건강 체크〉Health Check라는 프로그램이다. 조사 전반부에서 응답자들은 현재 휴식 시간과 이상적인 휴식 시간, 휴식이라고 생각하는 활동에 관한 질문에 응답했다. 후반부에서는 성격과 행복, 딴생각을 하는 경향을 측정했다.

조사에 착수하는 일 자체가 도박이나 다름없었다. 설문지 작성에 40분이나 할애할 만큼 휴식이라는 주제에 관심 있는 사람이 얼마나 될지 전혀 짐작이 안 됐기 때문이다. 막상 뚜껑을 열자 놀라운 사실이 드러났다. 휴식은 전 세계 수많은 사람들에게 절박한 이슈였던 것이다. 앞에서 언급했던 대로 135개국에 사는 사람들 1만8천 명이 자발적으로 조사에 참여해주었다. 엄청난 관심이 놀랍고도 기뻤다.

이후 이 책을 준비하면서 내가 한 작업은 조사에 참여한 사람들이 휴식이라고 여기는 상위 10개 활동을 추려 각각을 상세히 조사하는 일이었다. 일부 놀라운 사실을 발견했다. 가령 친구나 가족과 함께 시간을 보내는 일은 상위 10위권에 없었고, 12위였다. 인간의 삶이란 타인과 맺는 인연과 관계가 전부라고 말하는 사람들이 많다는 사실을 감안하면 이해할 수 없는 결과였다. 수십 년 동안 축적된 긍정심리학 연구 결과에 따르면, 가장 행복한 사람들이 누리는 것은 일의 성공과 건강, 돈이나 지성이 아니라 좋은 인간관계다. 영국의 공예가이자 사회사상가 및 운동가였던 윌리엄 모리스William Morris는 "유대감은 천국, 유대감의 결여는 지옥이다. 동료애는 생명, 동료애의 결핍은 죽음이다"라고 말한 바 있다.

그러나 염두에 두어야 할 것이 있다. 우리가 찾고자 한 것은 사람들이 가장 즐겁다고 생각하는 활동이나 행복을 경험하게 해주는 활동, 혹은 가장 가치 있다고 여기는 활동이 아니라 '가장 휴식이 된다고 느끼는 활동'이라는 것이다. 이런 맥락에서 주목할 만한 결과는 '쉰다는 느낌을 주는 상위 5위까지의 활동'이 모조리 '혼자서 하는 활동'이었다는 점이다. 인간은 휴식을 취할 때 대체로 타인들에게서 벗어나고 싶어하는 것 같다.

휴식 테스트 상위 10위권에 들어가지 못한 또 다른 활동으로는 내가 개인적으로 가장 좋아하는 원예가 있다. 원예는 몸을 쉬게 해주지는 않지만 생각의 스위치를 확실히 끌 수 있게 해주기에 내가 휴식이라고 느끼는 최고의 방법이다. 원예 덕분에 나는 야외에서 시간을 보내고 손가락 사이로 흙을 느낀다. 등에 따스한 햇볕을 쬐기도 한다. 정원을 돌보는 일에 많은 생각과 노력을 쏟아도 일의 마무리는 정작 내가 그곳에 없을 때 자연이 담당하는 몫이라는 사실이 마음에 든다. 나는 아름답고 흡족한 성과만 누리는 셈이다. 물론 매번 그렇지는 않다. 정원을 돌보는 일은 날씨 때문에 예측 불가능해지는 때가 있다. 이럴 때는 경험이 도움이 된다. 시간이 지날수록 흙에서 효력을 발휘하는 것이 무엇이고 제대로 작용하지 않는 것이 무엇인지 자연스레 습득하게 된다. 전문가의 조언이 도움이 될 때도 있지만, 더위나 추위나 습기 (혹은 민달팽이나 달팽이나 다람쥐나 여우)로 인해 나의 노력은 수포로 돌아갈 수도 있다. 그래서 정원을 완벽하게 만들 수는 없지만 왠지 항상 완벽하다는 느낌이 든다. 모든 것이 제대로 조율되는 순간만 찾아온다면 (정말 그럴지도 모른다!) 거의 완벽해질 수 있다는 느낌을 받는 것이다. 원예라는 활동이 강력한 힘을 발휘하는 것은 바로 그 때문이다. 최상의 게임이 그러하듯 원예는 (올바른 식물과 올바른 장소라는) 기술과 (적절한 날씨와 올바른 시기라는) 운의 절묘한 조합이다.

하지만 뭐, 원예는 휴식 활동 상위 10위권에 들지 못했다. 미술과 공예, 반려동물도 마찬가지다. 또 한 가지 빠진 활동 역시 깜짝 놀랄 만한 것이다. 조사에 참여한 사람들은 어떤 활동이건 마음대로 적어 넣을 수 있었는데도 온라인이나 소셜미디어 활동을 상위권에 올리지 않았다. 현대인은 인터넷 검색, 스마트폰으로 사진 찍어 올리기, 소셜미디어 확인 등에 점점 더 많은 시간을 쓴다. 그러나 그런 일을 많이 하고 대체로 즐긴다 해도 사람들은 이러한 활동이 휴식은 아니라는 점을 알고 있는 것 같다. 상위 10위권에 드는 활동들은 각 장에서 구체적으로 밝힐 것이다.

나는 이 책을 통해 여러분이 휴식을 다시 생각하고 자신의 삶에서 휴식의 자리를 만들도록 자극받길 바란다. 책의 마지막에 이르러선 여러분 각자가 자기 돌봄을 위한 휴식 처방이나 시간 활용법에 대해 참신한 사고를 하게 되면 좋겠다.

이러한 목적을 위해 전 세계에서 인기를 끌었던 최고의 휴식 방법 10위~1위를 소개하면서 이러한 활동들이 휴식이 되는 까닭을 뒷받침하는 증거를 세심히 살펴볼 작정이다. 자연 경관을 이루는 나무들 사이에서 시간을 보낸다는 것은 근사하게 들린다. 하지만 그것이 휴식이 된다는 것을 입증할 수 있을까? 여기서 '입증한다'는 말은 탄탄하고 과학적인 방법을 통해 자연을 만끽하는 활동의 긍정적 효과를 어떤 식으로건 측정한다는 뜻이다. 그러는 와중에 이 책은 현대인들의 통념을 뒤엎을 것이다. 이를 테면 마음챙김 명상이 우울증에 걸린 사람들 대부분에게 도움이 된다거나, 텔레비전은 바보상자라는 생각, 혹은 잡념은 물리쳐야 하는 쓸데없는 생각이라는 인식 말이다.

똑같은 활동이라 해도 누구에게나 효력이 있는 것은 아니다. 그러나 이 책을 통해 여러분이 자신에게 맞는 휴식 활동을 찾는 데 도움을 받았으면 한다. 모든 활동이 모두에게 매력적인 것은 아니지만 어떤 활동이건 휴식을 성취하는 방법에 관해 알려주는 바가 있다. 그리고 휴식이 얼마나 중요한지 알면 알수록 그 활동을 일부러 그리고 죄책감 없이 하기가 더 쉬워진다는 것이 나의 생각이다. 음악 순위를 발표할 때 대개 10위에서 1위 순서로 한다. 마찬가지로 휴식 테스트에서 상위권에 들어간 활동 열 가지 역시 10위부터 1위까지 거꾸로 밝힐 작정이다.

휴식 테스트에서 1위를 차지한 활동, 즉 가장 인기 있는 휴식의 기술이 책 읽기로 밝혀졌음을 먼저 밝히게 되어 기쁘다. '집단 지성'에 관한 말을 들어본 적이 있을 것이다. 1만8천 명이나 되는 사람들이 틀렸을 리는 없지 않겠는가. 책이 주는 휴식을 만끽하시라. 독서보다 편안한 휴식은 없는 듯하다. 더구나 휴식에 관한 책을 읽는 것보다 휴식이 되는 일이 어디 있겠는가?

명상 | 나를 돌보는

10.

마음챙김
명상을 가르치는
선생님이
가장 좋아하는
음식은?

Q.

A. 견포도

여러분도 눈치챘겠지만 앞의 정답은 농담이 아니다. 마음챙김 명상 강습에 가면 어느 시점엔가 건포도 상자가 등장하고 수강생들은 건포도를 한 알씩 받게 된다. 라디오 프로그램 때문에 마음챙김 명상 전문가들을 인터뷰하면서 나도 건포도를 여러 번 받았다. '또 시작이군. 먹기만 해서는 안 되는 건포도가 또 나왔어'라는 생각이 도리 없이 든다는 점을 실토해야겠다. 그래도 작디작은 건포도 한 알 실험은 매번 통한다. 마음챙김 명상이 모든 것을 해결해주지는 않는다는 회의파인 나조차도 건포도와 관련된 활동이 매력적이라는 점만큼은 부정할 수 없다.

대체로 건포도를 이용한 활동은 다음과 같이 이루어진다. 우선 두 손가락 사이에 건포도를 끼운 다음 이리저리 꼼꼼히 살핀다. 건포도 껍질의 주름 하나하나, 주름 속 그늘진 부분, 밖으로 돌출된 부분이 햇빛을 받아 반짝이는 것까지 놓치지 않고 봐야 한다. 요리조리 돌려보다가 색조가 달라지는 것을 발견하기도 한다. 이번에는 건포도를 손바닥에 올려놓는다. 무게가 느껴지는가? 귀 가까이 들어 올린 다음 소라껍데기처럼 소리를 들어본다. 손가락으로 꼭 쥐어짜면 무슨 소리라도 들리려나? 아니, 뭐, 철썩이는 파도 소리가 들리는 것은 아니다. 손가락 끝 사이에 두고 살포시 잡으면 어떤 느낌이 드는가? 아마 이때쯤이면 건포도는 좀 뜨뜻하고 질퍽해졌을 것이다. 건포도의 돌출 부위와 옴폭한 부위기 느껴지는가? 다른 손으로 바꿔 들어보라. 똑같은 느낌인가 아니면 다른가? 다르다면 정확히 어떻게 다른가?

지금쯤이면 여러분도 간파했을 것이다. 건포도를 세세하게 살피는 이 활동이 감각을 한 번에 하나씩 살피도록 유도하는 활동임을 말이다. 코 밑에 건포도를 놓아보라. 냄새가 나는가? 마음챙김 명상 강사들은 족히 5분 동안 이런 일을 시키면서 시간을 질질 끈 다음 마침내 건포도를 입에 넣어도 된다고 허락할 것이다. 그때도 그게 먹고 싶다면 말이다. 그러나 먹을 수 있는 때가 와도 그냥 먹어서는 안 된다. 우선 혀 위에 올려놓고 감촉을 살펴야 한다. 이 일을 할 수 있는 이상적인 시간은 30초다. 그런 뒤에야 건포도를 천천히 씹기 시작한다. 입속에서 발생하는 모든 감각을 흡수하는 것이다. 단맛, 침이 흐르는 양상, 씹고 삼키는 감각까지 모조리 빨아들인다.♦

이제 멈추어도 좋다. 축하한다. 방금 여러분은 건포도를 마음챙김 명상의 태도로 먹은 것이다. 이 기법은 어디든 적용할 수 있다. 기차여행에도, 개와 산책할 때도 설거지나 세수를 할 때도 마음을 챙겨가며 하는 것이다. 물론 설거지물이나 세숫물을 맛볼 필요까지는 없다. 이

♦ 직접 해보고 싶다면, 마크 윌리엄스Mark Williams와 대니 펜먼Danny Penman의 탁월한 저서 『8주, 나를 비우는 시간』(불광출판사, 2013)에 더 자세한 설명이 있다.

런 일들을 하는 내내 자신의 감각 하나하나에 주의를 기울이고 호흡에 집중하는 것이 관건이다. 머릿속에 다른 생각이 떠올라 주의가 산만해질 때는 생각을 억누르려 애쓰지 말고 판단 없이 관찰하고 받아들이자.

여러분은 매일 마음챙김 명상을 실천하는 사람일 수도 있고, 한번쯤 시도해보겠다 마음먹은 사람일 수도 있다. 아니면 그런 건 뉴에이지의 허튼소리에 불과하다고, 느린 동작으로 건포도를 먹는다는 생각은 민망하다고 치부하는 쪽일 수도 있다. 앞에서도 이미 밝혔지만 나역시 마음챙김 명상이 만병통치약이라는 생각에는 다소 회의적이다. 의미심장한 사실은 세계적인 열풍인 마음챙김 명상은 수백만 달러짜리 비즈니스지만 휴식 테스트에서는 10위에 불과하다는 것이다. 앞으로 밝히겠지만 흔한 주장처럼 마음챙김 명상이 누구에게나 좋은 것은 아니다. 그런데 하나 분명한 것은, 마음챙김 명상이 휴식 방법에 관해 누구에게나 적용될 만한 중요한 기술을 알려준다는 것이다.

물론 마음챙김 명상이 새로울 게 없다는 주장도 만만치 않다. 마음챙김 명상이란 이미 2,500여 년 전부터 불교의 다양한 명상법으로 존재해왔는데, 현대에 이르러 다른 포장을 뒤집어쓰고 타인을 향한 연민과 이타적인 활동에 초점을 맞추는 윤리적·영적 측면을 배제한 채 자기 돌봄으로만 용도가 변질되었다는 주장이다. '마음챙김'mindfulness이라는 단어는 여러 실천을 포괄하는 두루뭉술한 용어로 사용된다. 명상의 한 종류, 가령 탄트라 불교 명상에 포함되는 다수의 상이한 명상

기법 중 하나를 마음챙김 명상 전문가들이 채택해 쓰기도 한다. 게다가 다른 많은 전통적인 명상 실천, 정신 건강 향상을 위해 개발된 치료 프로그램, 마음챙김 명상 앱, 책, 지역 체육관이나 일터의 강습까지 보태면, 마음챙김 명상에 관해 사람들이 합의하는 유일한 점은 마음챙김 명상이 너무나 남발된다는 사실이며 이제는 딱히 놀랍지 않을 지경이다.

누군가 자신이 마음챙김 명상을 하고 있다고 말한다면, 그것은 이들이 고대의 명상 형식을 수련하느라 수천 시간을 보냈다는 뜻일 수도 있고, 거기에 자신이나 타인에 관해 연민을 품는 것이 한 요소로 포함될 수도 그렇지 않을 수도 있다. 마음챙김 명상을 하는 사람은 가정에서 관련 앱을 정기적으로 이용하는 사람일 수도 있고, 아니면 그저 특정 순간에 머물면서 자기 몸속에서 일어나는 감각에 집중하려 시도하는 정도의 활동을 하는 사람일 수도 있다. 심지어 이러한 명상 방식을 수없이 열거한다 해도 마음챙김 명상의 기술·과학·철학·종교·양생법 등을 구체화할 수 있는 방법의 표면조차 건드리지 못할 수도 있다.

나의 관심은 마음챙김 명상의 형식과 정의에 관한 논쟁이 아니라, 마음챙김 명상이 언제 효과가 있고 없는지에 관한 견고하고 믿을 만한 연구 결과다. 따라서 이 장에서 내가 정의하는 마음챙김 명상은 다소 간단하다. 정의가 유치하다는 생각이 들 수도 있겠다. 크리스마스에 누군가에게서 선물로 받은 『레이디버드 마음챙김 명상서』The

Ladybird Book of Mindfulness에 나오는 마음챙김 명상의 정의는 '아무것도 하지 않는 동안 뭔가 하고 있다고 생각하는 기술'이다. 나는 이 정의가 꽤 마음에 든다. 더 본격적이고 오늘날 가장 자주 사용되는 정의는 마음챙김 명상 분야에서 활동하는 많은 이들에게 영웅으로 통하는 존 카밧진Jon Kabat-Zinn 박사가 내린 정의다. 카밧진은 마음챙김 명상에 대한 서구인들의 관심을 회복하는 데 앞장선 선구자다. 이러한 회복의 움직임은 1979년 마음챙김 명상을 기반으로 한 스트레스 해소 프로그램이 개발되면서 시작되었다. 카밧진의 정의를 따르자면 마음챙김 명상은 '특정한 방식으로 주의를 기울이고 있음을 자각하는 것, 목적을 갖고 판단하지 않는 태도로 현재라는 순간에 임하는 것'이다.

이러한 마음챙김 명상이 정확히 어떤 방식으로 우리의 휴식에 도움을 줄 수 있을까?

평정심이라는 궁극의 상태로 가는 길

누구나 알다시피 마음이라는 녀석은 챙기지 않을 때 딴 길로 새는 경향이 있다. 때로 우리는 정처 없이 떠도는 생각을 즐기며 내버려두지만, 뜬금없이 방황하는 생각이 난처할 때도 있다. 우리는 대체로 각자가 자기비판적이라고 생각하거나, 과거를 반성하고 미래를 걱정하기 때문이다. 마음챙김 명상이 가장 유용한 때는 그것을 통해 현재에 집중하며 그 순간에 머물 수 있을 때다. 사람들은 마음챙김 명상을 연습할수록 자신이 과거나 미래에서 빠져나와 현 상태로 되돌아오기가 더 쉬워진다는 걸 깨닫는다. 심지어 스트레스를 받거나 감정이 편향되는 힘든 때조차도.

19세기의 철학자이자 심리학자 윌리엄 제임스William James는 이렇게 말했다. "인간은 내면의 태도를 바꿈으로써 삶의 외면을 바꿀 수 있다." 일부 사람들은 마음챙김 명상 수련을 근육 강화 훈련과 비교하기도 한다. 물론 훈련은 노력을 요한다. 아닌 게 아니라 처음 연습할 때 마음챙김 명상은 휴식과 거리가 멀어도 한참 멀다. 학생 시절 불교센터의 주말 명상에 참여한 적이 있다. 그 이틀 동안 나는 내가 명상에 얼마나 형편없는지, 무릎이 얼마나 쑤시는지, 다른 사람들은 얼마나 명상하는 재주가 대단한지 따위를 생각하며 대부분의 시간을 보냈다. 주말이 끝날 무렵 나는 더없는 행복을 맛보기는커녕 스트레스로 지쳐 떨어졌다. 아마 내 경험이 그리 특이한 것만은 아닐 것이다.

그러나 마음챙김 명상을 옹호하는 사람들은 계속해서 매진해야 한다고 강력히 주장한다. 꾸준히 하면 결국에는 마음챙김 명상이 휴식을 가져다준다는 것이다. 결과적으로 휴식이 되는 활동들은 다 마찬가지다. 내가 진지한 태도로 원예를 시작했을 당시 그 일은 집중력과 계획과 의사결정을 필요로 했을 뿐 아니라 신체적으로도 힘이 많이 들었다. 그 모든 일들이 휴식으로 느껴지기는커녕 해야 할 숙제 같았다. 그러나 현재 나는 원예 과정의 모든 부분, 심지어 힘든 부분조차도 휴식이라고 느낀다. 원예를 하다 보면 힘든 부분이나 아닌 부분이 매년 되풀이된다는 점도 밝혀야겠다. 그럼에도 겨우 한 사람 설 자리밖에 없는 작은 온실에 들어서는 순간 기분이 좋아진다. 턱을 높인 화단의 흙을 파거나 작은 앞마당에 뭔가를 심을 때 쉬고 있다는 느낌과 행복감이 밀려든다.

카밧진은 마음챙김 명상 실천에 힘든 노력이 수반된다는 사실을 안타까워하기는커녕 패나 당당하다. 그가 고안한 영향력 있는 마음챙김 명상 코스는 8주 과정으로, 일주일에 한 번 두 시간짜리 수업을 해야 하고, 과정을 마무리하려면 하루 종일 수행하는 코스를 밟아야 한다. 뭐니 뭐니 해도 가장 힘든 것은 과제다. 카밧진의 설명을 들어보자. "꼭 해야 할 과제는 일주일에 엿새 동안, 하루 45분을 할애하여 아무것도 하지 않는 것입니다. 좋습니다. 45분이라는 시간을 어디서 빼내건 상관없지만, 어쨌든 그 시간만큼은 확보해야만 합니다. 그 시간을 좋아할 필요는 없어요. 그냥 해야 합니다."[1]

과제를 제대로 해내려면 정성이 필요하다. 나 역시 여러 번 시도해보았다. 대개는 마음챙김 명상이라는 주제에 대한 공공행사의 의장직을 맡았을 때 단체에 소속되어 경험해봤고, 집에서 혼자서도 해보았다. 규칙적으로 실천해보겠다고 시작은 해놓고 과제를 끝까지 제대로 해본 적은 한 번도 없다. 내가 인터뷰했던 마음챙김 명상 강사들은 나처럼 취미로 대충대충 하는 사람을 탐탁지 않아 할 것이다. 물론 그들은 인격이 훌륭한 분들이라 대놓고 말하지는 않는다. 함부로 재단하는 법이 없는 분들이기 때문이다.

궁극의 평온함에 도달하기까지는 많은 노력이 든다. 하지만 그럴 만한 가치가 있는 일이라는 카밧진의 주장은 분명 옳다. "지속되는 근본적인 평정심, 그리고 거기에 동반되는 내면의 고요를 경험하는 일은 그 가능성을 일구고 몰입에 다다르기 위해 생활을 조율해야 할 만큼 커다란 가치가 있습니다."

훈련을 해야 하는 명상을 휴식이라고 느끼는 이유

평정심에 도달하면 엄청난 휴식이 가능할 것처럼 보이지만 여기에도 여전히 역설은 존재한다. 마음챙김 명상이 애초에 그토록 힘든 일이라면 그것을 정말 휴식으로 간주할 수 있는가? 휴식이라면 마땅히 처음부터 휴식이어야 하지 않을까? 휴식 테스트에서 다른 아홉 가지 활동이 마음챙김 명상보다 순위가 높았지만, 그래도 1만8천 명 중 4천 명은 마음챙김 명상을 휴식이라고 여긴다. 마음챙김 명상이 휴식으로서 이 정도의 지지를 받는 이유는 무엇일까?

우선 마음챙김 명상은 엄격한 훈련을 강제한다. 우리에게 하던 일을 멈출 것을 강요한다. 올바르게 실천할 경우, 이 일에 매진하는 동안만큼은 명상이 행해야 할 전부다. 다른 일은 뭐든 금지다. 라디오 듣기도 텔레비전 보기도 금지. 휴대전화도 꺼놓아야 한다. 컴퓨터도 금지, 배경음악도 안 된다. 일상생활의 소음과 꼭 해야 하는 일, 주의를 산만하게 하는 것들도 모조리 차단된다. 이것만으로도 휴식이 될 수 있다. 진정으로 마음을 챙겨보려 고군분투한다 해도 이러한 차단은 그 자체로 휴식이다.

현역 마음챙김 전문가들은 자신이 말을 잘못했던 기억이 되살아나는 것이나 다음 날의 두려운 모임을 미리 상상하는 일을 중단할 수 있다. 이들은 남의 시선을 덜 의식하게 되며, 타인이 자신을 어떻게 생각할지 걱정하는 일도 간단히 멈춘다. 이들은 마음챙김 명상을 통해 자기 머릿속에서 재잘거리는 생각과 언쟁을 벌이지 않고 그저 인정한다. 이러한 재잘거림이 머릿속에서 울려대지만 이들은 듣지 않는다. 오가는 생각들은 판단의 대상이 아니라 관찰 및 수용의 대상이 된다. 생각은 나쁜 것도 좋은 것도 아니다. 생각은 그저 생각일 뿐이다. 마음챙김 명상은 자신의 감정으로부터 자유롭게 놓여나도록 해준다.

마음챙김 명상이 지닌 장점들을 일일이 살피다 보면 일부 사람들이 마음챙김 명상을 최상의 휴식으로 느낀다는 사실이 별로 놀랍지 않다. 단련된 방식으로 마음챙김 명상을 실천해본 것은 일 년에 한 번도 채 안 되지만, 나 역시 현재 순간에 주의를 기울이는 일이 지닌 힘을 느꼈다는 것만은 부정하지 못하겠다. 언젠가 런던 바비칸 센터 연극 전용 극장의 무대 위, 대규모 관객 앞에서 영국의 유명 코미디언 루비 왁스Ruby Wax를 인터뷰해달라는 요청을 받았다. 나는 무대를 즐기는 편이고 꽤 익숙하기도 하다. 대부분은 라디오 스튜디오에서였지만 인터뷰를 수만 번은 해보았으니 긴장하지 않는 편이다. 그러나 이번만은 다를 것 같았다. 내가 인터뷰할 대상은 유명 연예인일 뿐만 아니라 기지와 재치가 차고 넘치는 재담꾼일 터였기 때문이다.

인터뷰 행사가 시작되기 전 루비 왁스와 나는 무대 위로 걸어 올라 갔다. 합창단과 정규 오케스트라가 다 들어갈 만큼 커다란 무대였다. 무대 한가운데 우리를 위한 의자가 두 개 놓여 있었고 맞은편에는 관객용 의자 1,500석이 있었다. 불안해지기 시작했다. 내가 왜 이걸 한다고 했을까? 여기서 빠져나갈 방법은 없을까?

관객이 극장 안으로 들어오는 동안 우리는 녹색으로 칠한 방으로 돌아갔다. 무대로 나가기 직전, 내가 여태껏 본 것 중 가장 많은 수의 거울이 늘어선 공간에 서서 차례를 기다렸다. 오케스트라 단원 전원이 한꺼번에 거울을 보면서 매무새를 다듬어도 될 만큼 거울이 많았다. 게다가 좌석을 찾아 앉는 관객들의 모습이 보이고 웅성거리는 소리까지 들리는 대형 스크린도 있었다. 말 그대로 천여 명의 관객이 그곳에서 우리를 기다리고 있었다.

그날 무대 위에서 이야기할 주제는 우울증, 그리고 루비 왁스가 우울증을 치유하기 위해 마음챙김 명상을 공부한 사연이었다. 따라서 행사 중간에 마음챙김 강사가 무대로 나와 관객들에게 마음챙김 명상을 체험할 수 있도록 연습을 시켜줄 예정이었다. 무대 매니저는 무대 위로 나갈 때까지 1분이 남았다고 말해주었다. 우리 두 사람을 진정시키기 위해 강사가 무대로 가는 문 옆에 선 채 짤막한 마음챙김 명상 연습을 시켜주었다. 루비 왁스처럼 유명한 사람들도 긴장한다는 것을 알게 되니 안심이 되었다. 우리는 각자의 두 발에, 그리고 그 두 발이 바닥을 디디고 있어 탄탄하게 우리를 받쳐준다는 사실에 주의를 기울였다. 두 다리와 몸통에서 느낄 수 있는 감각에 온 신경을 집중했다. 숨이 들락날락하는 것을 관찰했다. 그리고 멈추었다. 몇 초 동안 기다리면서 호흡을 하고 기다리고 그냥 그 자리에 있었다. 드디어 무대로 나갈 시간이 되었다. 효과는 놀라웠다. 이토록 많은 관중 앞에서 유명인사에게 이야기하는 일에 대해 공황에 가까운 불안을 느끼던 나는 모든 불안이 씻겨 나가는 느낌을 받고 차분해졌다. 무대로 걸어 나가 내 자리에 앉았다. '평온함'이라고 밖에는 형언할 수 없는 상태를 체험했다.

마음챙김 명상은 힘든 상황에 평안함을 부여하는 것 이상의 기능을 수행한다. 그보다 광범위한 요점이 있다. 우리가 언제 쉬어야 할지 알려준다는 것이다. 몸과 마음에 주의를 기울임으로써 실마리를 찾아낼 수 있다. 힘이 들어간 어깨는 위로 잔뜩 올라가 있고 주변 모든 사람에게 짜증이 난다. 이를 더 자각하게 되면서 짜증이 타인들과 아무런 상관이 없음을 깨닫는다. 짜증은 내가 피곤하거나 뭔가에 잔뜩 눌려 있다는 징후다. 이런 것들을 빨리 인식할수록 어떤 식으로건 휴식할 시간을 내야 한다고 결정할 수 있다. 휴식의 필요성은 마음챙김 명상과 무관하지만 마음을 챙긴 덕분에 휴식을 해야 한다고 느끼는 지점까지 올 수 있었던 것이다.

명상을 경험하면 좋은 사람이 된다는 과학적인 증거

　루비 왁스 이야기는 일화에 불과하며, 마음챙김 명상이 우리의 마음에 끼치는 영향을 측정하려면 데이터가 필요하다. 여러 해 동안 직장과 학교, 심지어 교도소에서도 마음챙김 명상이 크게 부상했다. 이처럼 인기를 끄는 모든 것이 그렇듯, 마음챙김 명상 또한 엄청난 감시 대상이 될 수밖에 없었다. 마음챙김 명상의 개입이 특정 집단에게 효력을 발휘한다는 사실을 입증하는 데이터가 많긴 하지만, 이것을 만병통치약으로 제시하는 경우 또한 지나치게 잦다. 실제로 그렇지 않다는 것을 시사하는 증거가 분명히 존재하는데도. 실행된 수천 건의 연구 가운데 대부분은 규모가 작다. 그리고 무작위로 피험자를 선정해 마음챙김 명상을 배우도록 한 것이 아니라 마음챙김 명상을 선택한 사람들을 대상으로 연구한 것이어서 특정 유형의 사람들을 끌어들여 결과를 왜곡하지 않았다고 확신하기 어렵다.

그렇다 해도 특히 지난 20년 동안 매우 훌륭한 연구들이 실행되었고 일부 결과도 인상적이다. 문제는 이러한 결과들이 마음챙김 명상이라고 불리는 것들은 전부 유용하다는 점을 뒷받침하는 데 이용된다는 것이다. 혼자서 하건 수업을 통해 집단으로 하건 상관없이 마음챙김 명상은 무조건 유용하다고 보는 것이다. 그러나 사실 마음챙김 명상의 유용성을 보여주는 연구 결과들을 보면 이는 대개 공식적이고 짜임새 있는 마음챙김 명상 과정에서만 효과를 낸다. 명상이라는 커다란 일반 범주 속에 너무 많은 것들이 포함되기 때문에, 모든 유형의 수업과 실천이 동등한 효과를 낸다는 보장은 없음을 밝혀둔다.

마음챙김 명상에 관한 초당적 교섭단체All-Party Parliamentary Group on Mindfulness(그렇다, 이런 단체가 정말 있다)에서 발간한 극히 긍정적인 보고조차 보건, 교육, 사무실, 공장, 교도소 등에서 마음챙김 명상 활용 가능성을 높여야 한다고 주장하면서도 정작 직장에서 나온 증거가 '고르지 못하며' 학교에서 나온 증거에도 격차가 존재한다고 밝힌다. 마음챙김 명상의 인기가 연구보다 앞서간 면이 있다는 점을 인정하는 것이다. 교섭단체에 속한 의원마저 총체적인 증거가 부족하다고 개탄할 정도다. 의미 있고 훌륭한 더 많은 연구와, 무엇보다 마음챙김 명상이 적합한 사람과 그렇지 않은 사람에 관한 연구가 더 필요하다.

희소식은 이러한 연구가 시작되고 있다는 것이다. 위스콘신대학교에 있는 웨이즈먼 뇌 영상 및 행동 연구소Waisman Laboratory for Brain and Imaging and Behavior의 리처드 데이비드슨Richard Davidson 교수는 연구 간

격차를 메꾸려 분투하는 백 명 이상의 팀을 이끌고 있지만, 답변 못한 질문이 여전히 많다고 토로한다.[2] 영국에서 학교에 다니는 7천 명의 청소년 가운데 절반에게 5년간 마음챙김 명상을 배우도록 하는 실험을 비롯해 규모가 더 큰 실험들이 현재 진행 중이다.

지금까지 이 분야에서 가장 영향력 있는 연구 가운데는 옥스퍼드 대학교의 옥스퍼드 마음챙김 센터Oxford Mindfulness Centre에서 시행한 것이 있다. 이곳에서는 마음챙김 명상에 기반을 둔 인지치료Mindfulness Based Cognitive Therapy, MBCT라는 구체적인 치료 프로그램을 개발했다. 미국의 경우와 마찬가지로 이 프로그램 또한 8주 코스이다. 무작위 대조군 연구에 따르면 우울증을 세 번 또는 그 이상 겪은 사람은 MBCT를 통해 우울증 재발 위험을 절반 정도 줄일 수 있다.[3] 마음챙김 명상은 재발 위험이 가장 높은 사람들에게 가장 성공적이었고, 우울증을 한두 차례 정도만 겪은 사람들에게는 별 효과가 없었다. 마음챙김 명상이 대체로 모든 형태의 우울증에 이롭다는 말이 있다는 사실을 감안하면 이러한 결과는 다소 놀라울 수 있다. 옥스퍼드 마음챙김 센터의 책임자 윌럼 쿠이켄Willem Kuyken은 만성 우울증인 사람에게 마음챙김 명상이 더 효과적인 이유가 이들이 생각에 빠지는 경향이 많아 계속 머릿속으로 부정적인 일들을 곱씹고, 마음챙김 명상이 이러한 생각과 씨름하는 데 효과가 있기 때문이 아닌가 추정한다.

마음챙김 명상이 만성 통증에 도움을 주고 불안을 완화하며 약물에 중독된 이들에게 약물 욕구를 완화한다는 연구도 있다. 그러나 결론은 마음챙김 명상이 다른 심리적 개입책보다 반드시 더 나은 것은 아니라는 것이다. 당연하게도 이러한 연구들은 높은 기준을 세운다. 마음챙김 명상이 심각한 심리 질환을 완화할 수 있는지 보려고 하기 때문이다. 마음챙김 명상을 통해 긴장을 완화하는 일은 심각한 질환을 완화하는 일보다 더 쉽다. 일부 연구는 마음챙김 명상이 기억력, 주의력, 기분, 창의력, 반응 시간을 향상시킬 뿐 아니라 혈압을 내리고 면역력을 높인다는 사실을 발견했다. 한 연구에 따르면, 마음챙김 명상을 하면 심지어 더 좋은 사람이 될 수 있다. 마음챙김 명상 앱을 이용하거나 8주간의 수업을 들은 사람들은 목발을 짚는 사람에게 도움을 제공할 확률이 더 높아졌다.[4]

진정한 의미의 휴식, 마음속의 번잡한 감정과 끊임없는 재잘거림으로부터 탈출하는 일에 관한 가장 흥미진진한 연구들은 뇌과학 분야로, 마음챙김 명상으로 편도체 활동이 감소한다는 결과가 나왔다. 편도체란 뇌 깊숙한 곳에 자리한 호두 모양의 부위로, 공포를 느낄 때 우리가 보이는 공격·도피 반응을 주로 관장한다.[5] 그러나 여기서 유념해야 할 점은 이 연구의 대상이 대개 수십 년에 걸쳐 수천 시간이나 명상을 해온 불교계의 노련한 명상 전문가들이라는 것이다. 리처드 데이비드슨 팀은 평생 동안 평균 2만7천여 시간의 명상을 수행한 요가 수행자들을 대상으로 연구하면서 범상치 않은 특이 사항을 발견했다. 이들의 뇌가 휴식 상태에 있을 때, 다시 말해 뇌 스캐너를 달고 누워 명상이나 다른 일을 전혀 하지 않을 때에도 명상을 하는 사람과 동일한 상태를 보인 것이다. 요가 수행자들에게 마음챙김 명상이란 아무 노력도 하지 않는 상태나 다름없었다.

2만7천여 시간이나 명상에 할애할 수 없다 하더라도 슬퍼할 필요는 없다. 두뇌 활동의 일부 차이는 2주 정도만 마음챙김 명상을 실행해도 명백히 나타난다는 결과가 있다. 2013년에 이루어진 연구에서 데이비드슨과 그의 팀은 무작위로 사람들을 뽑아 하루 30분 정도의 오디오 지침 두 개 중 하나를 골라 이행하도록 과제를 주었다. 첫 번째 오디오 지침은 참가자들이 연민에 초점을 맞추는 형태의 마음챙김 명상을 하도록 유도했다. 이들은 가까운 친구를 생각하고 친구의 고통을 상상하고 친구가 고통에서 벗어나기를 집중적으로 기원한 다음, 자신에게, 그다음에는 모르는 사람에게, 또 그다음에는 연민을 갖기 어렵다고 생각하는 사람에게도 같은 노력을 기울였다. 두 번째 오디오 지침은 전형적인 인지행동치료 기법을 이용한 것으로, 참가자들에게 스트레스가 많은 사안을 떠올린 다음 그 사안에 관한 느낌과 생각을 상세히 기술하게 했고 그런 다음 동일한 사안을 다른 관련자들의 관점에서 바라보도록 유도했다.

2주가 지나고 참여자들에게 고통받는 사람들의 사진을 보여주면서 이들의 뇌를 스캔했다. 마음챙김 명상을 실행했던 그룹은 타인의 감정을 이해하고 자신의 감정을 조절하는 하두정엽inferior parietal cortex과 배외측전전두엽dorsolateral prefrontal cortex을 비롯해 뇌의 다양한 부위 활동에 변화를 보였다. 그뿐 아니라 마음챙김 명상을 실행한 사람들은 다른 이들에게 돈을 배분하는 방법을 결정하는 게임에서 더 관대한 행동을 보였다. 그러나 데이비드슨은 이런 종류의 개선은 미약하며 마음챙김 명상을 지속하지 않으면 사라진다고 경고한다.[6]

게다가 마음챙김 명상은 모두에게 적합한 활동이 아니다. 애초에 마음챙김 명상에 관심을 보인 사람이라 하더라도, 8주짜리 코스를 시작한 사람들 가운데 약 15퍼센트는 중도 하차했다. 또 다른 일부는 몇 달이나 몇 년 뒤에 포기할지도 모른다. 어떤 유형의 사람이 마음챙김 명상 방법으로 가장 큰 이익을 얻는지 안다면 유용할 것이다. 여러분 자신이 마음챙김 명상을 시도해야 하는 유형인지 평가해볼 수 있을 테니 말이다. 하지만 마음챙김 명상이 어울리는 유형을 분석한 연구는 거의 없다.

애초에 얼마나 마음을 챙기는지도 개인차가 있다. 이러한 개인차를 측정할 때 설문지를 이용하는데, 이러한 설문지들이 제시하는 질문이란 가령 '시계가 째깍거리거나 차가 지나가는 것 같은 소리에 얼마나 주의를 기울이는지' '샤워나 목욕을 할 때 몸에 닿는 물의 감각에 지속적으로 주의를 기울이는지' 여부 같은 것들이다.[7] 결국 문제는 성격 유형으로 귀결되는 것 같다. 신중함 관련 점수가 높은 사람들이 신경증 점수가 높은 사람들(걱정이 많은 유형)보다 마음챙김 명상 수련 레벨이 높다.[8] 물론 성격과 마음챙김 명상 사이의 인과관계는 정확히 모른다. 마음챙김 명상을 하고 안 하고의 여부 때문에 신경증이 더해지거나 덜해지는 것일까, 아니면 걱정이 많고 적고 여부가 마음챙김 명상 정도에 영향을 끼치는 것일까? 가령 걱정이 많은 사람들은 애초부터 자신이 염려하는 일에 주의를 기울이기가 싫어서 마음챙김 명상을 할 수 없는 것일까? 원래 마음챙김 명상을 못하는 사람들일수록 마음챙김 명상 수업에서 더 큰 이득을 본다는 것을 발견한 연구들도 있다.[9] 물론 그와 정반대되는 결과를 보여주는 연구 또한 존재한다.[10] 더 많은 연구가 이루어질 때까지는, 마음챙김 명상이 자신에게 이로운지 알아내는 유일한 현실적 방안은 한번 시도해보는 것뿐이다.

피츠버그 소재 카네기멜론대학교의 데이비드 크레스웰David Creswell은 마음챙김 명상을 광범위하게 연구해왔다. 그는 마음챙김 명상이 스트레스를 가라앉히는 완충제라고 본다. 누구나 불가피하게 스트레스를 겪지만 대처 방식은 각자 다르다. 크레스웰이 보기에, 이미 마음챙김 명상을 훈련한 사람들은 나쁜 일이 생기는 경우 훈련을 안 한 사람들보다 쉽게 한 걸음 물러나 상황을 넓은 시각에서 볼 수 있고, 이를 통해 상황에 더 잘 대처한다. 케임브리지대학교 대학원생들을 대상으로 한 연구도 같은 결과를 내놓았다. 마음챙김 명상 코스를 밟았던 대학원생들은 시험 스트레스를 받더라도 회복탄력성이 더 컸고 대처 능력도 더 뛰어난 것으로 드러났다.[11]

사각형만 있으면
어디서나 마음이
평온해지는 호흡법

마음챙김 명상의 가장 좋은 점은 일상생활에 쉽게 적용할 수 있다는 점이다. 언젠가 마음챙김 강사로부터 근사한 가르침을 받은 기억이 난다. 버스 정류장까지 걸어가면서 마음챙김 명상을 실천하는 것이었다. 우선 땅을 밟고 선 상태에서 나의 두 발과 신발의 밑창과 바닥이 연결되어 있음을 느껴본다. 그런 다음 걷기 시작하면서 한 번에 한 가지 감각에 집중한다. 주위에서 들리는 자동차 소리, 멀리 떨어진 운동장에서 고함치는 아이들의 소리, 도시의 냄새, 보도블록의 포장용 평판에까지 집중한다. 지금도 나는 종종, 특히 바쁜 하루를 앞두고 있을 때 이를 실천하곤 한다. 삶의 속도를 늦추는 이 간단한 기술, 해야할 일에 집중하면서도 모든 감각에 자신을 개방하는 기술들은 우리가 행하는 거의 모든 일에 적용할 수 있다.

내가 가장 좋아하는 마음챙김 호흡법은 스퀘어 호흡법square breathing이다. 맨디 스티븐스Mandy Stevens라는 간호사가 알려준 것이다. 정신과의 수간호사였던 그는 많은 간호사들을 관리하고 중증 환자들을 치료해왔다. 어느 날 스티븐스는 자신의 상태가 좋지 않음을 느꼈다. 불안과 우울감에 사로잡혀 정신과 병동에 입원할 지경에 이르렀다고 인지한 것이다. 환자들에게 수차례 스퀘어 호흡법을 지도했던 스티븐스는 이제 스스로 호흡법을 썼다. 나 역시 그 방법이 도움이 된다고 생각한다. 호흡법은 다음과 같다.

공포감이 커지는 느낌이 들면 스퀘어, 즉 정사각형 모양의 사물을 찾으라. 직사각형이어도 좋다. 차 뒷좌석에 앉아 있다면 사각형 모양은 창문틀일 수 있다. 사무실이라면 벽에 붙은 게시물일 수 있다. 집에는 사진이나 그림이 걸려 있을 것이다. 어디에 있건 정사각형이나 직사각형 모양의 물건이 가까이 있게 마련이다. 그 사각형 물건을 응시하라. 사각형의 왼쪽 맨 위 모서리에서 출발하여 가상의 선 하나를 머릿속에 그린 다음 그 선을 따라 오른쪽 맨 위 모서리까지 가면서 숨을 들이쉰다. 그런 다음 들이쉰 숨을 참고 오른쪽 아래로 쭉 내려온다. 이제 참았던 숨을 내쉬면서 오른쪽 아래 모서리에서 사각형의 아랫부분을 따라 왼쪽 맨 아래 모서리까지 간다. 그런 다음 다시 숨을 멈추고 왼쪽 아래에서 왼쪽 맨 위로 간다. 이제 다시 시작이다. 아까 출발했던 왼쪽 맨 위에서 다시 숨을 들이쉰다. 가상의 사각형 선을 따라가는 동안 숨을 들이쉬고, 참고, 내쉬고, 참는 순서로 호흡을 진행한다. 마음이 차분해질 때까지 여러 차례 반복해도 된다.

내가 마음의 안정을 얻는 방법은 식물 기르기와 달리기로, 마음챙김 명상을 할 시간을 따로 구분해두지는 않고 진이 빠지는 대기 시간을 명상 연습 기회로 삼으려 애쓰곤 한다. 기차가 늦거나 전화기를 붙들고 기다려야 할 경우, 아니면 컴퓨터 모니터를 붙들고 있는데 일이 바로 처리되지 않을 때, 내게 이러한 상황들은 마음챙김 명상을 할 시간이 되었다는 모종의 신호가 된다. 나는 호흡에 집중하고 각각의 감각을 한 번에 하나씩 느끼면서 발견하는 것들에 주의를 기울인다. 이렇게 해서 산만한 다른 생각들이 다가오고 있음을 알아채고 그것들이 지나가기를 기다린다. 다시 말하지만 나는 그저 이런 종류의 마음챙김 명상을 실천하려 노력하는 정도다. 늘 하는 것도 아니다. 전화로 문의나 불만을 제기하려는데 대기 상태가 될 때면 해야 할 말을 머릿속에 붙잡아둔다. 가능한 한 제대로 설명하기 위해서다. 하지만 그런 생각조차 하지 않게 된다면 그건 단연코 마음챙김 명상 덕이다. 마음챙김 명상은 내가 소중한 시간을 낭비하고 있다는 느낌, 아니 누군가 다른 사람이 내 시간을 낭비하고 있다는 생각을 반가운 기회로 전환해준다. 바쁜 일상을 멈춰 세울 기회, 얼마간 휴식을 취할 기회로 만들어주는 것이다.

미국의 사회심리학자 엘런 랭어Ellen Langer는 이보다 짧은 시간 동안 이루어지는 마음챙김 명상 역시 이롭다고 생각한다. 랭어가 보기에, 정식 명상 같은 것으로 마음챙김을 한답시고 가만히 앉아 있을 필요는 전혀 없다. '뭔가에 주목하는 간단한 행동'만으로도 안정적이고 편안한 상태가 될 수 있다는 것이다. 모든 것은 변화한다. 이를 테면 일, 만나는 사람들 혹은 걷는 길에 일부러 주의를 기울이는 것만으로도 관심과 참여를 이어갈 수 있다. 랭어는 이러한 실천을 통해 차분해진다는 느낌도 커지고 좌절도 줄어들 수 있다고 믿는다. 영원한 것은 거의 없다는 것, 대부분은 변한다는 것을 받아들이게 되어 안정된다는 것이다.[12]

아마 10년 전이었다면 마음챙김 명상이 휴식 순위 10위권에 들어오는 일은 없었을 것이다. 하지만 지금은 이 순위가 전혀 놀랍지 않다. 오히려 마음챙김 명상이라면 무엇이 됐든 옹호하는 이들이 많음에도 순위가 낮다고 생각될 정도이나, 효력이 크다는 증거와 그렇지 않다는 증거가 아직은 뒤섞여 있다. 마음챙김 명상이 휴식을 취하는 이상적인 방법인가의 여부 또한 논란거리다. 그러나 휴식 테스트 10위에 올라 첫 번째로 다루는 마음챙김 명상의 장점은, 이 책에서 앞으로 살펴보게 될 다른 많은 활동과 관련하여 의미 있는 교훈을 담고 있다.

휴식이란, 인간에게 자각awareness의 변화를 가져온다. 시골로 향하거나 음악을 듣거나 소설을 몰입해 읽거나 하는 활동을 통해 우리는 집중하는 바를 조정한다. 번잡하고 시끄러운 마음이 조용해지기 시작한다. 몸이 이완된다. 한결 느긋해진다. 우리가 마음챙김 명상 자체를 실천하고 있지는 않더라도 이러한 활동에는 분명 마음을 다스리는 요소가 있다.

또 한 가지, 마음챙김 명상 전문가들로부터 배울 수 있는 강력한 교훈이 있다. 무엇보다 시간을 따로 내어 휴식을 취하는 것이 이롭다는 것이다. 휴대전화를 꺼두고 15분 동안 간섭 없이 있어보라. 편안함이 찾아들기 시작한다.

마음챙김 명상은 여러분에게 잘 맞을 수도 있고 그렇지 않을 수도 있다. 해보지 않았으니 한번 해보자는 심정으로 그저 시도해보라고 조언하고 싶다. 단, 그걸로 여러분의 인생이 반드시 바뀌리라 기대하지는 말 것.

9.

휴식 상자

텔레비전은

● 감압실에 있는 것 같은 기분입니다. 잠깐 동안, 혹은 다만 몇 시간 동안이라도 판타지의 세계에 빠져 있는 느낌이죠. 기분이 아주 좋습니다.

● 다른 생각은 전혀 안 해요. 아이들, 아내, 아무것도요. 나는 그곳에 없어요. 학교에도 집에도 없는 겁니다. 나는 텔레비전 화면 속에 있어요. 그 사람들과 함께 그곳에 있는 거죠.

● 상쾌합니다. 두 시간 동안 몸과 마음을 쉬는 것 외에는 아무것도 안 한 거죠. 그런 다음 다시 나갑니다. 앞으로 다섯 시간 정도 일을 할 준비가 된 거죠.

● 평온해지고 긴장이 풀립니다. 신경 안정제를 먹은 것 같아요.

앞의 의견에 동의하는가? 이는 지금으로부터 25년 전 미국 연구자 바버라 리Barbara Lee와 로버트 리Robert Lee의 초점집단 연구에 참여한 네 명의 피험자가 말한 내용이다.[1] 기술 발전 덕에 사람들이 텔레비전을 보는 방식이 변하긴 했지만 우리 가운데 많은 이들은 여전히 텔레비전 앞 한두 시간을 긴장이 풀리고 편안해지는 시간으로 여긴다.

솔직히 말해 텔레비전은 내가 가장 즐기는 문화 형태의 하나일 뿐 아니라, 긴장을 풀고 휴식을 취하는 주된 방편이기도 하다. 나는 피곤할수록 더 텔레비전을 켠다. 두 발을 높이 올린 자세로 의자에 앉는다. 신체적인 노력이라고는 전혀 들지 않는다. 머리를 쓸 필요도 없다. 프로그램이 좋을 때는 완전히 몰입할 수 있다. 타인의 삶에 깊이 빠져 나 자신의 삶을 잊어버린다. 거실을 떠나지 않고도 세계 곳곳을 돌아다닌다. 게다가 이 체험은 파트너와 공유도 가능하다. 파트너와 함께 앉아 흡족하게 텔레비전을 본다. 원하지 않으면 이야기를 나눌 필요도 없다. 많은 면에서 더할 나위 없이 완벽한 휴식 형태다.

텔레비전의 인기가 식지 않는 비결은 바로 그런 것이다. 편안함을 유발한다는 것. 물론 텔레비전 시청 습관은 변하고 있다. 그렇다, 이제 우리는 큰 화면뿐 아니라 스마트폰과 노트북으로도 텔레비전을 본다.

무엇을 볼지 언제 볼지도 마음대로 정할 수 있고, 단 몇 초 만에 엄청난 양의 영상 중에서 보고 싶은 것을 골라 볼 수도 있다. 하지만 텔레비전 이건 넷플릭스건 유튜브건 본질적으로는 같다. 우리 앞에 펼쳐지는 동영상을 그저 보고 들으면 된다는 뜻이다. 이 장의 목표를 위해 앞으로는 모든 동영상 체험을 텔레비전 시청으로 통일해 지칭하겠다.

우리는 텔레비전을 얼마나 보고 있을까

전 세계를 대상으로 추정해볼 때 인류가 텔레비전을 시청하는 시간은 연간 35억 시간에 달한다. 특히 텔레비전 드라마는 엄청난 황금기를 맞고 있다. 할리우드 최고의 영화배우들이 돌연 최고의 작가와 감독을 대동하고 텔레비전 드라마에 줄줄이 출연한다. 이들은 매우 흡족해하는 듯 보인다. 텔레비전 시청을 휴식의 기본 모드로 삼는 사람은 나뿐만이 아니다. 여러분이 평소에 보내는 저녁 시간도 마찬가지인가? 일을 끝내고 집에 돌아가서 저녁을 만들어 먹고 치운 다음 아이들을 재운다. 이제 드디어 소파에 털썩 앉아 텔레비전을 켠다. 아니면 다른 종류의 오락, 친구와의 술자리나 식당에서의 저녁식사나 영화 관람을 즐기고 난 다음에도 집에 돌아오면 무엇을 하는가? 잠자리에 들기 전 휴식을 취하기 위해 짧은 예능 한 편을 시청한다. 텔레비전 틀기는 긴 하루를 끝내고 몸이 찌뿌둥하거나 조금이라도 무기력해지면 으레 하는 행동이다. 혼자 있건 가족과 함께이건 텔레비전을 튼다. 어디를 가도 쉽게 볼 수 있다.

그래서인지 휴식 테스트에서 텔레비전의 순위가 9위에 불과한 것이 흥미롭게 다가왔다. 이유는 아마도 텔레비전의 평판이 그다지 좋지 않기 때문일 것이다. 텔레비전에는 다른 예술 형식의 문화적 아우라 같은 것이 없으니까.

나는 〈텔레비전을 끄는 게 어때?〉Why Don't You?라는 제목의 아동 프로그램을 보면서 자랐다. 20년 넘게 장수한 이 프로그램의 원제목은 '텔레비전 좀 끄고 나가서 뭔가 더 재미있는 일을 해보지 그래?'Why Don't You Just Switch Off Your Television Set and Go Out and Do Something Less Boring Instead?이다. 이 제목에는 존 리스John Reith(BBC 방송의 교육성을 강화했던 방송인)의 이데올로기적 향취가 물씬 풍겨 나온다. 텔레비전이 아이들에게 해롭다는 것을 고매한 방식으로 암시하는 BBC TV 프로그램의 분위기를 숨길 수 없다는 뜻이다.

코미디언 밥 모티머Bob Mortimer는 최근 유명한 라디오 프로그램 〈무인도에 가져갈 음반〉Desert Island Discs(BBC 채널 4의 음악 및 대담 프로그램. 유명 인사를 초대해 무인도에 표류할 때 가져갈 음반을 묻고 그 음악을 틀어주는 방송)에 출연해, 무인도에 고립되었을 때 가장 아쉬운 점은 역시 텔레비전이라고 말했다. 이는 시사점이 있다. BBC 채널 4의 대표 방송인 이 프로그램의 진행 형식은 80년 동안 거의 변함이 없다. 초대받은 유명 인사들은 음반 여덟 장을 무인도로 가져갈 수 있다. 『셰익스피어 전집』과 『성경』, 그리고 다른 책 한 권도 가져갈 수 있다. 사치품을 고를 수도 있다. 내 생각에 표류 예정자 대부분은 밥 모티머 못지않게 텔레비전을 좋아하고 음반과 책만큼 텔레비전을 즐기지만, 이들 가운데 텔레비전을 언급하는 사람은 거의 없다.

텔레비전이 해롭다는 인식은 꽤 오래된 것이다. 흔히들 텔레비전에 과하게 몰두하면 소파에 붙어 텔레비전만 보게 되어 뇌가 상한다는 말을 한다. 언젠가 그루초 막스Groucho Marx(미국의 희극 영화배우)는 이렇게 말했다. "나는 텔레비전이 매우 교육적이라고 생각합니다. 누군가 그걸 켤 때마다 나는 딴 방으로 들어가 책을 보니까요."

텔레비전에 대한 부정적인 태도로 인해 사람들은 텔레비전을 편안히 즐겨 보는 태도를 경계하기에 이르렀다. 텔레비전을 휴식 활동 3위 안에 꼽은 사람들 가운데 남성보다 여성, 노인보다 청년의 숫자가 더 많다는 사실은 흥미롭다(차세대에 속한 사람들을 텔레비전으로 끌어들이지 못할까 봐 노심초사하는 방송국은 이 결과에 안도할 것 같다).

텔레비전을 휴식 활동으로 인정하건 말건 진실은 텔레비전을 실제로 보는 사람들에게서 나온다. 텔레비전은 틀림없이 오늘날에도 사람들이 여가를 보낼 때 활용하는 매우 인기 있는 방법이다. 미국에서 이루어진 시간 활용 관련 연구에 따르면, 보통 사람이 75세가 될 무렵 텔레비전을 보는 데 쓰는 총 시간을 환산하면 9년이다. 잠자고 일하는 것을 제외하면 가장 많은 시간을 쓰는 활동이다. 정신이 번쩍 드는 결과다. 텔레비전이 좋은 휴식법이라고 옹호하는 사람조차 놀랄 지경이다.

텔레비전 화면 앞에서 보내는 시간들은 유쾌하지 않았던가? 우리에게 주어진 매분 매초를 활동적이고 도전적이며 가치 있고 잊지 못할 일을 하는 데만 활용해야 한다는 법이 어디에 있단 말인가? 더욱이 이 책의 핵심 논지는 휴식은 좋은 것이고 더 자주 취해야 한다는 것이다. 이후의 장에서는 텔레비전 보기처럼 앉아서 하는 종류의 활동이 아닌, 필시 성취감을 더 느낄 수 있는 휴식 방법들을 살펴볼 것이다. 마음챙김 명상을 할 수도 있다. 하지만 마음을 굳이 챙기지 않는다 한들 잘못된 것은 전혀 아니다. 텔레비전 보기는 현실도피적이고 쉬운 휴식법이다. 보는 방법을 배우러 수업을 들으러 갈 일도 없고 돈도 한 푼 들지 않는다. 연습 따위는 필요 없다. 텔레비전을 켜고 뇌의 전원을 끄면 그만이다. 그저 실컷 보면 된다. 전적인 몰입이며 최면 상태에 빠지는 것이다. 100퍼센트 긴장이 풀린다.

의무도 불안도 느끼지 않는 최고의 진정제

이상하게도 텔레비전 시청에 관한 광범위한 연구 중에서 휴식에 초점을 맞춘 것은 거의 없다. 대개 초점은 텔레비전 시청의 해로운 영향이다. 다시 생각해보면 놀라운 일은 아니다. 텔레비전이 휴식이 되는지 연구하겠다고 연구 보조금을 신청하는 일이란 약간 "장난하니, 셜록"No shit, Sherlock(안 될 것이 당연하다는 뜻)이라는 말을 들을 법한 일이다 (그건 그렇고 〈셜록〉은 최근에 만들어진 참 좋은 TV 시리즈다. 누군가는 〈장난하니, 셜록〉 이라는 프로그램도 만들 게 틀림없다). 농담은 여기까지.

연구기금 지원자들이 텔레비전의 폭력성이 아동에게 미치는 영향을 밝히기 위한 연구비를 왜 신청하고 싶어하는지 알 것 같다. 이런 건 확답을 얻어야 하는 중요한 문제이기 때문이다. 반면 텔레비전이 휴식을 주는지 여부나 어느 정도 휴식을 주느냐 하는 문제는 다소 하찮아 보일 수 있다. 다행스럽게도 살펴볼 만한 연구들이 아예 없지는 않다.

심리학자인 미하이 칙센트미하이Mihaly Csikszentmihalyi는 '여가 시간 선택 방식과 만족감을 주는 활동의 유형'과 관련된 연구에서 큰 영향력을 발휘하는 인물이다. 1981년 칙센트미하이는 시카고에 본사를 둔 다섯 곳의 기업에서 대규모로 피험자들을 모집한 다음, 일주일 동안 이들에게 삐삐로 연락했다. 잠을 자는 시간을 제외하고 하루 종일 무작위로 54회나 연락을 취했다. 삐삐가 울릴 때마다 피험자들은 연락을 받은 순간 하고 있던 일을 적어두고 그것이 어떤 느낌을 주는지에 관한 질문에 답했다. 과거의 연구에서는 텔레비전을 잘해봐야 지루한 것, 최악일 경우 해롭다고 생각한다는 경향이 나타났지만 칙센트미하이가 발견한 바는 전혀 달랐다.

사람들은 텔레비전 시청이 스포츠 활동이나 동호회 활동보다 더 편안하다고 전했다. 여기까지는 이해할 만한 결과다. 하지만 거기서 더 나아가 이들은 텔레비전이 밥을 먹는 것, 심지어 하는 일 없이 빈둥거리는 것보다 더 편안하다고 여겼다. 이들은 텔레비전 탓에 나른하고 수동적인 느낌을 받긴 했지만 다른 한편으로는 더 활기를 찾기도 했다. 고된 하루 일을 마친 다음 더 무엇을 바라겠는가! 이들이 텔레비전을 시청하며 시간을 보내는 것을 좋아하는 이유는 그걸 꼭 해야 할 의무를 느끼지 않아서, 그리고 이 활동에는 위태로운 게 하나도 없기 때문이었다. 모두 휴식에 대한 완벽한 묘사처럼 들리지 않는가.

미국에서 키르기스스탄에 이르기까지 연구들을 살펴보면, 텔레비전의 주요 매력, 그리고 많은 경우 최고의 매력이 바로 휴식이라는 것을 알 수 있다. 어떤 연구의 지적처럼 우리는 '텔레비전을 일종의 신경안정제'로 이용한다.[2] 아무것도 안 하는 것을 제외하고, 휴식 활동 가운데 힘을 안 들이는 활동은 거의 없다. 게다가 책의 후반부에서 알게 될 테지만 아무것도 안 하는 것은 보기보다 어렵다.

텔레비전은 자신에게서 벗어날 기회를 제공한다. 끔찍했던 하루를 다시 살거나 내일을 염려하지 않도록 막아주는 역할이다. 다만 얼마 동안만이라도 텔레비전을 보고 있으면 정신이 딴 데로 팔려 잡다한 생각을 몰아낼 수 있다. 2008년에 실행된 연구는 이런 종류의 정서적 도피가 우울한 기분에 젖거나 사회불안을 겪는 이들에게 효력이 좋다는 것을 시사한다. 이 사람들은 텔레비전을 보면서 몰입했을 뿐

아니라 거기 나오는 등장인물들과도 막역하다는 느낌을 받았다.[3]

2018년 다운로드 수가 가장 높았던 프로그램을 살펴보면 텔레비전과 휴식에 관한 시사점을 얻을 수 있지 않을까 싶다. 바로 드라마 〈프렌즈〉Friends다. 불가능하지 않을까 싶게 집세가 비싼 맨해튼의 아파트에 사는 젊은이들에 관한 시트콤이다. 놀라운 것은 1994년에 방영을 시작한 드라마라는 점이다. 이 드라마의 주인공들은 지금은 엄청난 명사가 되었지만, 당시에는 잔뜩 부풀린 머리에 촌스러운 인상을 풍겼다. 내가 이 책을 쓰는 동안, 식을 줄 모르는 〈프렌즈〉의 인기에 관한 뉴스가 쏟아져 나왔다. 라디오 프로그램마다 〈프렌즈〉를 다루었고 진행자들은 드라마의 태도와 사고방식이 구태의연한데도 왜 아직 인기를 끄는지 모르겠다며 의아해했다. 〈프렌즈〉의 오랜 인기 비결로, 피곤할 때 주저앉아 힘들이지 않고 볼 수 있는 도피 프로그램으로 완벽하다는 점을 꼽는 비평가들의 말에 나는 깜짝 놀랐다. 이들은 〈프렌즈〉의 인기뿐 아니라 휴식 수단으로서 텔레비전이 누리는 인기 또한 요약하고 있었기 때문이다.

앞서 언급했던 2008년 연구에서 피험자들에게 가장 좋아하는 텔레비전 캐릭터를 꼽아보라고 요청했다. 실제 인물이건 가상의 인물이건 상관없었다. 공교롭게도 여성들이 꼽은 캐릭터는 〈프렌즈〉의 레이철이었다. 반면 남성들은 호머 심슨을 꼽았다. 이는 남성과 여성의 성격 차이에 관한 흥밋거리를 던져준다. 물론 그게 뭔지는 누가 알겠는가!

1959년 텔레비전의 위험에 대한 공포가 수면 위로 올라오던 무렵,

사회학자 레너드 펄린Leonard Pearlin 박사는 시대를 앞서가는 연구를 내놓았다. 미국 남부의 한 공업도시 주민 700명과 텔레비전 시청에 관한 인터뷰를 진행했는데, 참가자 가운데 90퍼센트 이상이 힘든 일을 잊게 도와주는 텔레비전 프로그램이 좋다고 대답했다. 사람들은 스트레스가 많을수록 도피를 위한 시간을 좋아했다. 펄린 박사의 결론은 텔레비전 시청이 '일상의 안전밸브'를 제공하여 삶을 버티게 해준다는 것이었다.[4] 그로부터 30년 뒤, 사람들이 불안을 느낄 때 신경을 딴 데 쏟을 방편으로 텔레비전을 본다는 것을 확증하는 연구들이 더 늘어났다.[5]

텔레비전은 자신과 타인을 연결하는 윤활유다

텔레비전은 우리 자신의 생각뿐 아니라 타인을 대하는 어려움을 피할 도피처 기능도 수행한다. 타인들과 함께 지낼 때도 예외가 아니다. 혼자 살지 않는 사람들은 텔레비전을 다른 사람들과 같이 보지만 텔레비전을 보는 동안 대화를 이어가야 한다는 압력은 없다. 말을 해야 한다는 요구도 없다. 한참 동안 침묵해도 걱정할 필요가 없다. 상대와 눈조차 마주치지 않아도 된다. 그러나 텔레비전을 함께 보면서 눈으로 보는 것에 반응하며 같은 시간을 공유하고 감정 등을 나눈다.

고독 관련 대규모 연구 프로젝트에 참여했던 작년, 나는 혼자 사는 사람들이 혼자 살아서 가장 아쉬운 점으로 텔레비전을 같이 볼 사람이 없다는 사실을 꼽는 데 주목했다. 이들은 편안한 정을 느끼고 싶었던 것이다.

텔레비전은 '전자 난로'라는 별명으로 불린다.[6] 인류의 조상들이 난롯가에 둘러앉아 두런두런 이야기를 나누었다면, 현대인은 텔레비전을 둘러싸고 앉아 우리를 위해 촬영한 이야기들을 공유한다. 프로그램을 보면서 그걸 주제 삼아 이야기를 나누고 논쟁을 벌이기도 하며, 다음 날 출근해 정수기 앞에서 또 같은 화제로 한담을 나눈다. 이제는 프로그램을 보는 날짜가 다 달라서 "스포일러 안 돼! 어제 못 봤다고요. 얘기하지 말아요!"라는 소리도 심심찮게 들린다. 앞서 언급한 바버라 리와 로버트 리 박사는 텔레비전을 '사회적 윤활유'라고 본다. 윤활유로서의 텔레비전은 요구하지 않아도 대화거리를 제공한다.

그런데 텔레비전을 여러 사람과 함께 보는 즐거움이 점점 얄아진다고들 분석한다. 현대의 광고들은 사생활을 중요시 하고 홈 시네마 체험 등으로 개인화를 강화해왔다. 그리고 오랫동안 학자들은 텔레비전을 보는 것이 사람들과 어울리지 않는다는 뜻이라고 생각했다. 이미 1990년에 이와 상반되는 내용이 연구를 통해 입증되었는데도 말이다. 즉 사람들은 타인과 함께 보기를 훨씬 더 즐기며, 침묵 속에서 혼자 시청하기는커녕 텔레비전 시청 시간의 20퍼센트 정도는 대화를 나

눈다는 것이다.7

〈고글박스〉Gogglebox라는 텔레비전 프로그램이 있다. 같은 프로그램을 시청하는 사람들을 구경하는 프로그램이다. 〈고글박스〉를 보고 있노라면 텔레비전을 틀어둔 거실에서 들려오는 이런저런 품평들이 많다는 것을 새삼 깨닫게 된다.

- 저 여자 입은 옷이 뭐지?!
- 아아아! 저 가엾은 원숭이는 자기가 혼자 남겨졌다고 생각하는 거야. 다른 녀석들이 저를 싫어하는 줄 아는 거지.
- 텔레비전에 나오는 형사들은 지하실로 내려가면서 도대체 왜 불을 안 켜는 거야? 거기 내려가면 안 된다고! 가지 마! 대체 저길 왜 가느냐고!

물론 요즘에는 트위터가 있다. 〈질문 시간〉Question Time이라는 시사 프로그램에 출연한 정치가가 특별히 불쾌한 말을 하거나, 스칸디나비아 반도에서 제작한 느와르물이 터무니없는 엔딩을 보여줄 경우, 여러분은 텔레비전에 대고 고함을 지를 수도 있다. 파트너와 분노를 공유할 수도 있다. 트위터에 대고 세상을 향해 말할 수도 있다. 아니, 세상을 향해 말할 수 있는 것 같다고 느낄 수도 있다.

텔레비전은 인생에서 가장 힘들고 충격적인 시기에도 편안한 기분 전환거리가 되어준다. 우리 이웃이자 친구인 제리는 퇴직하고 국민의료보험NHS에서 고령자 일자리를 얻어 다시 일을 했다. 그는 자주 자전거도 타고 배드민턴도 쳤다. 문학, 특히 시를 즐겨 읽었다. 셰이머스 히니Seamus Heaney(아일랜드의 자연주의 시인이자 노벨상 수상 작가)를 즐겨 읽었고 열혈 사회주의자였다. 맛있는 음식과 와인을 즐겼다. 가족을 사랑했고 수다스러웠으며 함께 있으면 재미있고 즐거운 사람이었다. 55세가 되고 어느 날 제리는 대장암 진단을 받았다. 처음에는 생존 확률이 높아 보였지만 결국 그도 친구들도 알게 되었다. 암 말기라는 것을. 그는 죽음에 대해 거리낌 없이 이야기했고 대화를 나눌 때도 대체로 주변을 더 챙겼다. 우리가 죽음이라는 고통스러운 주제를 편안하고 쉽게 이야기하도록 만들려고 애썼다.

마지막 두 달 동안 가까운 친지들이 토요일 저녁마다 제리를 찾아왔다. 이들은 남은 시간을 죽음과 삶의 의미에 관해 심오하고 뜻 있는 대화를 나누는 데 쓰지 않았다. 가족과 친구들은 제리와 함께 〈스타와 함께 춤을〉Strictly이라는 프로그램을 보았을 뿐이다. 이 오락 프로그램은 제리를 비롯한 모든 이들의 관심사이자 토요일의 새로운 일상이 되었다. 이 일상의 휴식을 통해 이들은 하나가 되었다.

제리의 추도예배. 제리의 친구는 그 두 달에 대한 추억을 이야기했다. 반짝이 장식이 주렁주렁 달린 옷을 보면서 제리가 가장 많이 내린 평가는 '기괴하다'라는 것이었다는 이야기, 심사위원들의 점수 판정을 보면서 "말도 안 돼!"라며 소리치곤 했다는 추억들. 『런던 리뷰 오브 북스』London Review of Books를 꼼꼼히 챙겨 읽는 것으로 유명했던 이 지적인 남자는 예능 프로그램을 보는 즐거움을 지인들과 나누면서 위안을 찾은 것이다. 본인과 친지들에게도 이 경험은 닥쳐오는 암울한 미래를 잊을 수 있는 더할 나위 없는 기분 전환이자 암을 외면할 수 있는 휴식이었다.

그러나 제리의 병세는 악화되었다. 아래층으로 내려와 소파에 앉아 텔레비전을 보지 못하고 침대에 누워 있을 수밖에 없는 토요일 밤이 닥쳤다. 살날이 얼마 안 남은 것이 분명했다. 장례식에 참석한 친구들의 말대로 "그건 기괴하고 터무니없었다".

생을 마감하는 시기가 다가올수록 텔레비전이 일상을 채우는 일이 드물지 않다. 양로원의 공동 휴게실에는 볼륨을 최대치까지 올려놓은 텔레비전이 늘 켜져 있다. 연령대에 상관없이 퇴직자들은 젊은 사람들보다 텔레비전을 오래 본다. 우리는 밀레니얼 세대가 '텔레비전 몰아 보기'라는 새로운 습관을 만들었다고 생각한다. 아닌 게 아니라 이들은 다음 회를 일주일이나 기다릴 필요 없이 시리즈 전체나 그이상을 몰아 볼 기회를 누리며 성장한 최초의 세대다. 하지만 다수의 퇴직자들이야말로 지난 수십 년 동안 몰아 보기의 달인이 되었다. 이따금씩 눈을 붙여가며 낮 시간대 텔레비전을 보는 둥 마는 둥 대부분의 시간을 보낸 것이다. 텔레비전이 나이든 사람들의 여가 시간 평균의 절반을 차지한다는 연구 결과가 있다.[8]

따라서 휴식 테스트에서 나이든 사람들이 젊은이들만큼 텔레비전을 휴식거리로 여기지 않았다는 사실이 내게는 놀라웠다. 나는 그 이유가 이들에게 텔레비전은 하루를 끝낸 뒤의 휴식 방법이 아니라 하루 일과의 중요한 부분이라서가 아닐까 싶다. 이는 이 책에서 반복해서 되돌아갈 문제와 관련이 있다. 특정 활동이 주는 휴식의 느낌은 일상생활에 어느 정도 의존하는 것일까? 청년층과 중장년층이 텔레비전을 휴식으로 느끼는 까닭은 그 시간이 바쁜 하루를 보낸 끝에 오기 때문일 것이다. 분주한 하루가 끝나면 휴식이라는 호사를 만끽할 수 있다. 그렇다면 텔레비전보다 더 나은 휴식이 어디 있겠는가? 반면 노인들에게 텔레비전은 이들이 가진 전부나 다름없기 때문에 대단한 호사로 느껴지지 않는다.

바보상자라는 케케묵은 오명에 관하여

　지금까지의 논의는 텔레비전을 보는 일에 죄책감을 느끼지 말자는 것, 텔레비전을 칭송까지는 아니더라도 최소한 방어하자는 의도였다. 하지만 심리학자들이 텔레비전을 부정적으로 보는 경향이 있다는 사실을 피할 수는 없다. 무엇보다 텔레비전이 강박이 될 때 그러하다.

　일부 심리학자들이 표명하는 우려는 텔레비전이 지나치게 많은 일을 해준다는 것이다. 책을 읽거나 라디오에 귀를 기울일 때는 보거나 듣는 사람이 머릿속에 그림을 그려 상상의 세계를 스스로 창조해야 한다. 반면 텔레비전은 모든 일을 대신 해주기 때문에 상상력을 약하게 만들고 잡념에 빠지거나 자기만의 이미지를 떠올리지 못하게 방해한다는 느낌을 준다. 이 책에서 또 다루겠지만 잡념은 휴식에 도움이 될 수 있으므로 텔레비전이 잡념을 방해한다면 딱한 일이다. 하지만 걱정은 금물. 이런 가정을 실제로 뒷받침하는 증거는 없다. 사실 우리는 텔레비전을 보는 동안에도 얼마든지 다른 세상으로 들어갈 수 있다.9 곰곰이 생각해보면 당연한 일이다. 소셜미디어 활동을 하거나 수다를 떨거나 밥을 먹거나 다림질을 하는 등 텔레비전을 보면서도 잡념에 빠지기는 쉽다. 그리고 텔레비전과 다른 활동을 동시에 하느라 주의력이 분산되는 것이 21세기에 나타난 새로운 현상도 아니다. 이미 1981년 연구에서 밝혀진 바에 따르면 사람들은 텔레비전을 보는 동안 67퍼센트 정도는 다른 활동을 하고 있었다. 여러 프로그램을 동시에 보지는 않았지만 식사나 숙제를 하기도 하고 심지어 독서까지 병행했다.

심리학자들이 표명하는 또 한 가지 우려는 텔레비전 때문에 시간의 경과를 느끼는 지각에 부정적인 영향을 받을 수 있다는 것이다. 텔레비전을 보느라 소요되는 시간은 때로 '공허한 시간'이라 일컬어진다. 기억 창출의 측면에서 볼 때 텔레비전 시청에 쓴 시간은 별 가치가 없다는 점이 문제다. 텔레비전을 보는 순간에는 즐길 수 있지만 특별하게 예외적인 것 말고 우리는 본 내용을 대부분 잊어버린다(여기서 나는 〈브레이킹 배드〉Breaking Bad를 보느라 쓴 수많은 시간을 옹호할 것이고 앞으로도 수년 동안 뇌리를 떠나지 않을 장면들이 있다고 주장할 것이다. 뭐, 좋은 장면만 있었던 것은 아니지만).

텔레비전을 본 기억을 대부분 잊는 것이 문제인 까닭은, 시간이 얼마나 흘렀는지 판단할 때 우리가 쓰는 기준이 새로운 기억의 양이기 때문이다. 텔레비전을 많이 보았는데 기억이 별로 안 난다면 시간은 쏜살같이 흘러간 셈이 될 테고, 인생이 나를 그냥 스쳐 지나간 느낌이 들 것이다. 이런 걸 좋아할 사람은 별로 없지 않겠는가.

가장 우려되는 점은 텔레비전의 중독성이 지나쳐서 텔레비전에 탐닉하는 경향이 있다는 것이다. 물론 매일 저녁 혹은 주말 내내 텔레비전을 끼고 있는 것은 이롭지 않다. 텔레비전 시청은 본질상 앉아서 이루어지는 수동적인 활동이기 때문이다. 그럼에도 텔레비전 보기는 다른 문화생활에 비해 지나치게 혹독한 평가를 받는 듯 보인다. 주말 내내 톨스토이의 『전쟁과 평화』를 처음부터 끝까지 읽느라 보내는 것 역시 수동적인 활동임에도 불구하고 이를 두고 '몰아 읽기'라고 비난하지는 않으니까. 바그너의 대작 오페라 〈니벨룽의 반지〉를 열다섯 시간 동안 본다고 욕하는 일도 없지 않은가. 텔레비전은 얄팍하고 얼빠진 짓에 불과하다는 관념을 비롯해, 텔레비전에만 여전히 들러붙어 있는 문화적 속물근성이 도사리고 있는 게 틀림없다. 다시 한번 강조하지만 이는 기술 혁신이 이루어질 때마다 찾아왔던 동일한 불안이다. 소설은 뇌를 썩게 한다, 다음은 영화, 그다음은 텔레비전 차례다. 21세기의 표적은 게임과 소셜미디어다.

그러나 미국 학생들을 대상으로 실행한 혁신적인 실험 결과에 따르면, 텔레비전이나 영상물을 여러 시간 몰아서 본다고 시청자들이 수동적인 무감각 상태가 되지는 않았다. 오히려 이들은 등장인물들과 함께하면서 행동이나 사건에 몰입한다.[10] 연구 관련 저자들이 요약한 바대로 "마라톤을 하듯 텔레비전을 보는 사람들은 매체에 노출된 동안과 그 이후에도 인지와 정서 면에서 능동적이다. 이들은 노출 순간 이후에도 화면 속 등장인물들과 의미 있는 유대를 형성한다. 이들은 오락을 제공받기만 하는 게 아니다. 깊은 생각에 빠져 있기 때문에 계속 봐야 한다는 강한 의무감을 느낀다".

내가 놀란 것은 텔레비전 시청에 관한 이러한 설명이 소설을 읽는 일에도 적용 가능하다는 것이다. 그러나 독서에 텔레비전과 동일한 도덕적 잣대를 들이대며 비판하는 일은 거의 없다. 등장인물을 향한 몰입은 휴식의 기능으로 입증된 이점 가운데 하나다. 독서와 마찬가지로 텔레비전 시청 역시 감정이입 능력을 높이고 타인의 입장에서 상황을 더 잘 볼 수 있게 해준다.

외로움을 잘 느끼는 사람일수록 텔레비전을 몰아 볼 가능성이 높아진다는 것을 발견한 연구도 있다. 연구자들은 대체로 몰아 보기를 부정적으로 판단한다.[11] 하지만 텔레비전을 몰아 보는 것을 단기적인 대처 전략으로 재고해야 하는 게 아닌가 싶다. 물론 텔레비전이 고독을 치유하는 장기적인 해결책은 아닐 것이다. 그런데 고독은 일시적인 경우가 대부분이고, 그럴 때 텔레비전은 고통스러운 고독감으로

부터 잠시나마 마음을 돌리도록 해주고 모종의 유대감을 제공해줄 수
있다.

텔레비전 때문에 우리는 정말 불행해지는가

사람들에게 행복감과 활기와 친밀함을 불러일으키는 다양한 활동에 순위를 매겨보라고 할 때 텔레비전은 순위 저 아래에 있다. 독서와 빈둥거림도 인기 있는 휴식법이지만 순위가 낮기는 마찬가지다.[12] 그리고 기억해야 할 한 가지. 우리의 주요 관심사는 활기를 주거나 인기를 불러오는 활동이 아니라 편안하게 휴식을 취한다는 느낌을 주는 활동이다.

아무리 그렇다 해도 편하다는 이유만으로 자신을 불행에 빠뜨리는 활동에 골몰해 있다면 딱한 일이 아닐까. 그렇다면 질문해보자. 텔레비전 때문에 우리는 불행해지는가? 이 질문에 대한 빤한 대답은 무엇을 보는지에 따라 달라진다는 것이다. 폭력적인 스릴러물이나 범죄물은 기분을 좋게 하거나 세상을 낙관적으로 보게 해주지 않을 확률이 높다. 요즘 내가 가장 좋아하는 드라마는 예산 삭감에 맞서 환자들을 구하려고 고군분투하는 의사와 간호사들을 다루는 〈병원〉Hospital이

다. 나는 이 드라마를 즐겨 보지만 환자가 치유되지 못할 때는 어쩔 수 없이 눈물이 흐르고 의사와 간호사들이 무료 병상을 구하느라 애쓰는 모습을 보면 언짢다.

뉴스 역시 비참한 기분을 불러일으킨다. 뉴스로 인한 불행한 느낌이 얼마나 큰지, 어떤 연구자들은 뉴스를 보고 난 뒤에는 이완 운동을 해서 다시 기운을 회복해야 한다고 권고할 정도다. 뉴스가 끝나자마자 놀이를 하나 정해 몰입하라는 조언도 있다. 물론 이 연구자들도 뉴스를 보자고 이완 운동을 하라고까지 하는 것이 과도한 조언이라는 점을 인정한다. 그러나 그렇게라도 하지 않으면 고약한 뉴스를 본 뒤 숙취 같은 부정적 후유증이 남는다는 것이 이들의 주장이다.[13]

우리에겐 시청할 프로그램에 대한 선택권이 있다. 따라서 나의 더 큰 관심사는 우리의 행복감과 매일 텔레비전을 보며 보내는 시간 사이의 연관성이다. 나쁜 소식 하나. 많은 연구 결과가 텔레비전을 많이 보는 사람일수록 행복감이 평균적으로 더 낮다는 것을 발견했다. 일례로, 6만 명 이상의 브라질 성인을 대상으로 한 연구에 따르면 하루에 텔레비전을 다섯 시간 이상 시청하면 우울증 위험이 높아진다.[14]

물론 이러한 결과가 텔레비전 자체가 문제라는 것을 입증하지는 못한다. 텔레비전 평균 시청 시간이 긴 사람들은 실업자이거나 몸이 안 좋아 주로 집에 있는 이들이다.[15] 텔레비전은 값싼 오락물인데다 변화와 혁신이 필요 없고, 몸이 건강해야만 볼 수 있는 것도 아니다. 게다가 한꺼번에 여러 시간 동안 즐거움을 제공할 수도 있다. 실업자나 몸이 아파 주로 집에 있는 사람들은 직장이 있거나 건강한 사람보다 애초부터 행복을 적게 느낀다. 이렇게 해서 영원히 해결되지 않는 쟁점 하나가 등장한다. 상관관계 대 인과관계의 대결이다. 불행이 텔레비전 시청의 원인인지, 아니면 텔레비전 시청이 불행의 원인인지는 아무도 알 수 없다.

하루 종일 텔레비전을 보면 당연히 고립되고 기분이 가라앉을 수 있다. 아니면 이미 불행하여 이를 감당하기 위해 텔레비전을 이용하고 있는지도 모른다. 앞에서 언급했던바 텔레비전을 몰아 보는 외로운 사람들처럼 말이다. 만일 텔레비전에 대한 이러한 의존이 습관이 될 경우 장차 다른 문제가 누적될 수도 있다. 그러나 텔레비전이 고독과 싸우는 일시적인 수단일 경우 비난해서는 안 된다.

노인을 상대로 한 흥미롭고 고무적인 연구가 있다. 이 연구에서 밝혀진 바에 따르면 노인들은 텔레비전을 전략적으로 이용했을 뿐만 아니라, 자신의 텔레비전 시청 습관을 행복감 점검 방편으로 활용하는 법까지 습득했다. 이를 테면 노인들은 텔레비전을 평소보다 훨씬 더 많이 보는 자신의 모습을 인식하는 순간 이를 경계해야 한다는 점을 알고 대처했다.[16] 일부 노인들은 텔레비전을 효과적으로 이용해 기분을 좋게 만들려고 노력하고 있었던 것이다. 가령 남편과 사별한 71세 노인은 다음과 같은 의견을 피력했다. "텔레비전을 보면 기분이 좋아지고 배가 고파져요. 텔레비전을 통해 다양한 감정을 느끼게 되죠. 대개는 뉴스를 보고 이런저런 감정을 경험하면서 내 문제를 잊는 편입니다."

추가해야 할 사실이 있다. 앞에서 언급한 브라질 성인 대상 연구는 우울증 위험이 더 높은 듯 보이는 집단의 존재를 발견했다. 텔레비전을 하루 한 시간 미만으로 시청하는 사람들이다. 이상한 듯 보이지만 이 우울증의 원인은 다른 데 있는 것 같다. 텔레비전을 적게 시청한 것이 우울증의 원인이 아니라는 뜻이다. 너무 가난해서 텔레비전을 볼 경제적 여력이 없거나, 노동을 하거나 다른 사람들을 돌보느라 바빠 텔레비전을 보면서 쉴 시간조차 없었을 확률이 높다. 이 경우 이들을 불행하게 하는 것은 텔레비전을 한 시간도 볼 여유가 없다는 사실이 아니라 무엇이 됐건 자유 시간이 없다는 것, 그리고 생계유지 스트레스가 엄청나다는 것이다.

우울증과 텔레비전 시청 사이의 관계가 상관관계에 불과한 것인지 아니면 정확한 인과관계가 있는 것인지 알아보기 위해, 미국의 연구자들은 10년 동안 5만 명의 간호사들을 추적해 얻은 데이터를 검토했다. 텔레비전 앞에서 오랜 시간을 보내면 여러 해가 지난 다음 우울증이 유발되는가? 많은 간호사들이 그렇다는 결과를 얻었다. 원인은? 연구자들은 문제의 주요 원인을 텔레비전을 많이 본다는 사실 자체가 아니라 이들의 운동량이 적었기 때문으로 본다.[17]

분명한 사실은 텔레비전을 보는 시간이 길어질수록 몸에 해롭다는 것이다. 텔레비전을 많이 본다는 것은 오래 앉아 있다는 뜻이기도 하다. 그러니 텔레비전 시청 시간과 비만, 심장병, 고혈압, 당뇨, 장 관련 질환들 사이에 강한 연관성이 발견되었다는 사실이 놀랍지는 않을 것이다.[18] 하지만 다시 한번 여기서 신중해야 할 점은, 텔레비전을 보는 시간이 길어진 '까닭'이다. 이미 몸 상태가 안 좋아 외출도 하기 힘들 정도라면 텔레비전이 중요한 취미가 된다 한들 이상할 게 없으니까.

여기서 2016년 일본의 연구 결과 하나를 언급해야겠다. 이 결과에 의하면 하루에 텔레비전을 다섯 시간 이상 본 사람들은 폐색전으로 사망할 위험이 두 배가 되었다. 이들이 다른 신체 활동을 얼마나 했는가와 무관한 결과였다. 그리고 3,500명 넘는 50세 이상의 데이터를 이용한 최근 연구는 하루에 3.5시간 이상 텔레비전을 본 사람들이 그렇지 않은 사람들에 비해 6년 뒤 기억력 검사 점수가 현저히 떨어지는 경향을 보인다는 것을 발견했다. 물론 이들이 이미 인지 감퇴의 초기 단계에 있었는지, 그 때문에 다른 활동을 줄이고 텔레비전으로 시간을 채우게 되었는지는 모를 일이다. 게다가 이 연구는 텔레비전 시청자들이 치매에 걸릴 확률이 더 높은지 여부까지 알아볼 만큼 장기간 지속되지 못했다. 저명한 임상심리학 교수 틸 와이크스Til Wykes의 평가에 따르면 "공포에 떨며 만보계로 재듯 텔레비전 시청 시간을 꼼꼼히 측정하려면 훨씬 더 많은 연구가 필요하다."[19]

텔레비전의 과도한 시청과 관련된 또 한 가지 난제는 늦게까지 안 자려는 유혹에 빠진다는 점이다. 당연히 텔레비전 시청이 수면 시간에 해를 끼친다는 연구들이 있다. 물론 현재 더 해로운 요인으로 지적받는 것은 텔레비전보다는 인터넷이다.[20] 침실에 텔레비전을 두는 것은 대체로 해롭다고 간주된다. 인도와 미국의 연구들이 알아낸 결과에 따르면 침실에 텔레비전을 둔 사람들은 잠이 늦게 들기도 하지만 이튿날 모자란 잠을 보충하느라 더 늦게 일어나는 경향을 보였다.[21] 텔레비전 화면에서 나오는 밝은 빛과 자극적이고 흥미진진한 프로그램들은 밤늦게까지 정신을 말똥말똥하게 만드는 것은 물론 잠자는 데 도움이 되지 않는다. 그러나 심야 텔레비전 시청을 부정적으로 보는 경향은 늦은 밤과 이른 아침에 대한 태도에 따라 달라질 수 있다.

우리 텔레비전 애호가들이 이러한 연구에서 배울 점도 있다. 그렇다. 소파에 눌러앉아 텔레비전만 보는 것, 한참 동안 텔레비전에 들러붙어 저녁밥을 급히 해치우는 일 따위는 분명 피해야 한다. 침대에서 텔레비전을 보지 않는 것도 나쁜 생각은 아니다. 그렇다고 훌륭한 드라마나 코미디를 아예 포기할 필요는 없다. 러닝머신이나 로잉머신 같은 데서 몸을 힘차게 움직이면서 좋아하는 프로그램을 볼 수도 있다. 그것도 힘이 든다면 나처럼 서서 다리미질을 하면서 텔레비전을 볼 수도 있다.

텔레비전이 지니는 더 넓은 사회적 영향에 관해서는 하버드대학교의 정치학 교수 로버트 퍼트넘Robert Putnam의 견해를 참고할 만하다. 퍼트넘은 『나 홀로 볼링』(페이퍼로드, 2016)이라는 중요한 책에서 텔레비전이 미국 내 사회적 자본에 끼치는 파괴적 영향을 비판했다. 간단히 말해 퍼트넘 교수는 텔레비전 소비가 증가한 탓에 점점 더 많은 수의 미국인이 저녁에 볼링, 또는 더 진지하고 능동적인 시민 활동이나 지역 정치 같은 사회 활동에 참여하는 대신 집에만 있게 되었다고 진단한다. 텔레비전 애호가라면 누구라도 텔레비전을 보는 시간이 늘어날수록 삶의 만족도가 낮아진다는 연관성을 보여주는 거대한 데이터를 외면할 수 없다. 그토록 많은 정보와 즐거움을 주는 내 집의 텔레비전이 내가 사는 지역사회의 활동에 참여하기보다 집에 있으라고 유혹하는 경향을 지녔다는 점만큼은 인정해야 한다. 하지만 텔레비전 시청과 삶의 만족도에 관해 80여 개국에서 산출한 데이터를 재분석한 또다른 결과도 있다. 이 결과에 따르면 텔레비전을 보는 시간은 건강이나 자유나 실업 같은 요인보다 삶의 만족도에 끼치는 영향이 훨씬 낮았다.[22]

적정한
균형을
찾아가기

　지금쯤 독자 여러분은 텔레비전을 휴식의 조력자로 활용하는 문제에 관한 나의 결론을 눈치챘을지 모르겠다. 필요한 것은 중용의 미덕이다. 하루 두 시간 정도 텔레비전을 보는 것은 분명 휴식에 도움이될 수 있지만 하루 다섯 시간은 확실히 지나치다. 물론 이 또한 상황에따라 달라질 수 있다. 묘책은 자신에게 알맞은 시간에 적당한 양의 텔레비전을 제공하는 것, 텔레비전 때문에 외출조차 하지 않는 지경에 이르지 않도록 점검하는 것이다.

적정 시간의 텔레비전은 효과적이다. 칙센트미하이가 밝힌 바에 따르면 오후에 우울할 때 몇 시간 정도 텔레비전을 본 사람들은 저녁 무렵 기분이 훨씬 더 나아졌다.[23] 습관적인 과다 시청이 해롭다는 것은 알았지만, 그렇다 해도 텔레비전 자체가 문제라는 여전한 통념, 텔레비전을 전혀 안 보는 것이 더 낫다는 통념에는 반기를 들어야 한다. 2005년 텔레비전을 전혀 안 보는 사람들을 대상으로 실험한 연구가 있었다. 오늘날 텔레비전을 전혀 안 보는 사람들은 거의 없기 때문에 연구자들은 광고를 해야 할 정도였다. 실험 결과에 따르면 고독, 수줍음, 자존감, 우울증이나 삶에 대한 만족도 측면에서 텔레비전을 전혀 안 보는 사람과 적정 시간(대개 하루 두 시간)을 본 사람 사이에 차이가 전혀 없었다.[24]

그러므로 적정 시간만 지킨다면 텔레비전에 대해 우려할 이유는 전혀 없다. 텔레비전을 보고 싶다면 리모컨에 손을 뻗으면서 죄책감을 느끼지 않도록 적극적으로 방어해야 한다. '죄책감에 젖은 텔레비전 붙박이 시청자'라는 제목을 단 독일의 한 연구는 정신이 피로할수록 텔레비전 시청에 죄책감을 더 느끼고, 그 결과 텔레비전을 보고 난 뒤에도 상쾌한 기분을 느낄 확률이 줄어든다는 것을 발견했다.[25] 결국 우리는 자신에게 휴식을 줄 수 있는 매체를 두고도, 그럴 가치가 없는 매체라는 평판에 묶여 스트레스를 자초하는 상황에 처하게 된 것이다.

저녁 한가로운 때 텔레비전을 보는 시간을 게으르다고 폄하하지 말고 힘든 하루에 대한 마땅한 보상이라고 다시 생각한다면 좋을 것 같다. 그렇다. 텔레비전을 보는 대신 다른 것을 할 수도 있다. 그러나 다른 할 일은 항상 있다. 다만 밤새 텔레비전을 보지는 말라. 텔레비전이 주는 이익을 통해 상쾌해진 기분을 느끼려면 이 활동을 포용하도록 스스로를 격려해야 한다.

잡념의 놀라운 능력

8.

데이비드 보위가 살아 있다면 그가 썼을 수도 있는 노래, 이제는 아무도 들을 수 없게 되어버린 아까운 노래들을 생각했다. 데이비드 보위의 음악에 맞춰 춤을 출 때는 내 만보계가 춤도 기록하는지 궁금했다. 삶과 죽음과 하찮은 것들이 한꺼번에 생각났다. 남편의 입술이 내 입술에 닿았던 바로 그 순간 조명이 나갔다는 사실에 깜짝 놀랐다. 이 남자는 도대체 뭔 짓을 한 거지?

내게는 2016년 1월 11일의 기억이 특별히 생생하다. 그날은 월요일이었다. 여러분은 그날이 특별했다거나 뭔가 이례적인 일이 일어난 날일 거라고 예상할 수도 있다. 하지만 그날은 내 생일도 결혼식도 아니었고 휴일도 기념일도 아니었다. 그리고 심리학자들이 말하는 섬광기억flashbulb memories(중요하거나 놀라운 사건을 경험했을 때 이와 관련된 내용, 그 당시의 상황 등에 대해 매우 자세하고 선명하게 기억하는 것)이 각인된 날도 아니었다. 이를 테면 다이애나 왕세자비가 죽었다는 소식을 들었을 때 어디 있었는지 정확히 기억하거나(나는 이불 속에 있었다), 혹은 영국이 브렉시트에 찬성표를 던진 날 어디 있었는지 기억하는 것(나는 이불 속에 있었다), 혹은 도널드 트럼프가 미국 대선에서 승리했을 때 어디 있었는지 기억하는 것(나는 이불 속에 있었다) 따위가 섬광기억이다. 지극히 평범한 날이었다. 보통 때 같으면 완전히 잊어버렸을 법한 그런 날.

그러나 여러 해가 지나도 나는 생생하게 기억해 말할 수 있다. 그날 우리 집 보일러가 고장 났고, 그래서 찬물로 샤워를 해야 했다는 것. 다행히 그날따라 날씨는 꽤 따뜻했다는 것. 전에 쓴 책의 오디오북 일 때문에 녹음실 부스에 앉아 큰 소리로 책을 읽으면서 오렌지 주스와 사과 주스 중 하나를 골랐다는 것. 녹음실에서 집까지 가는 길에 달리기를 약간 하다가 벽과 쓰레기 수거함 사이의 좁은 벽을 간신히 통과해야 했다는 것. 나중에 기차를 탔을 때 내 달리기용 가방의 붉은 천 문양이 육각형이라는 걸 눈여겨봤다는 것. 집에 돌아간 다음에는 내 방을 치우며 데이비드 보위의 〈스타맨〉Starman이라는 노래에 맞추어 춤을 추었다는 것.* 그리고 남편이 집으로 돌아와 내게 입맞춤으로 인사를 했다는 것. 이 모든 일들이 하나하나 세세하게 기억이 난다.

좋다. 그저 평범한 일들이 일어났고 어떤 이유에서인지 나는 모든 것을 기억해낼 수 있다. 하지만 이것이 잡념의 능력과 무슨 상관이란 말인가? 그날에 대한 내 기억이 더욱 인상적인 이유는, 그날 일어났던 사건이나 내가 했던 일뿐만 아니라 그 순간 내가 했던 생각까지 기억나기 때문이다. 그때 했던 생각들은 다음과 같다.

우선 뜨거운 물이 전혀 안 나와서 보일러 제조사에 불만을 제기했는데 제조사 측에서 충분히 공감하는 태도를 보이지 않는 것이 실망스러웠다. 벽과 쓰레기 수거함 사이의 좁은 틈새를 간신히 지나가는 동안 내 윗옷에 얼룩이 묻지 않을까 걱정되었다. 어차피 빨 옷인데 얼룩이 묻는 게 대수인가 하는 생각도 들었다. 기차를 타고 가는 동안 내 배낭 천의 육각형 문양이 디자이너 고유의 아이디어였는지, 다양한 사각형과 팔각형을 고민한 끝에 회의에서 육각형을 최종안으로 선택

♠ 보위는 그 달 초 69세의 나이로 사망했다. 그의 사망 소식을 들었을 때 내가 어디 있었는지도 말할 수 있다. 여러분도 이미 눈치챘겠지만. 역시 침대에 있었다.

한 것인지 궁금했다. 에스컬레이터를 타고 내려가는데 반대 방향에서
올라가고 있던 수많은 사람들의 얼굴이 익숙하게 느껴져 놀라웠다.
너무 오랫동안 같은 곳을 다니면서 많은 사람들을 만난 덕에 이젠 모
든 사람이 누군가를 닮아버린 것인가 하는 생각이 들었다.

우리는
생각보다 많은
것을 기억한다

내가 한 일들과 생각까지 이토록 많은 것을 기억하는 이유는 당
시 내가 실험에 참여하고 있었기 때문이다. 어떤 일에서 다음 일로 생
각이 재빨리 옮겨갈 때 보통의 경우 무엇을 잃는지 포착하기 위한 실
험이었다. 라스베이거스 네바다대학교의 심리학자 러셀 헐버트Russel
Hurlburt는 내 벨트에 작은 블랙박스를 달았다. 헐버트는 북새통 팀과
공동으로 연구를 진행하기 위해 런던에 와 있던 참이었다. 블랙박스
에는 연분홍색 단자가 분홍색 이어폰과 연결되어 있었다. 하루 중 무
작위로 날카로운 삑 소리가 블랙박스에서 내 귀로 전달되었다. 삑 소
리가 나면 바로 그전에 생각했거나 경험한 것들을 가능한 한 정확히
적어놓는 것이 내가 받은 과제였다. 다음 날이면 헐버트가 각 순간에
관해 나와 인터뷰를 진행했다. 그는 각 순간에 삑1, 삑2 등의 이름을

붙였다. 그가 던지는 질문은 아주 상세했고 끝이 없었다. 끝났다고 생각할 때마다 또 다른 질문이 날아왔다.

나는 생각을 볼 수 있었는가? 생각은 언어로 되어 있었는가? 그 생각은 내 머릿속 어디 있었는가? 생각이 내 앞에서 보였는가? 특정 말이 쓰인 것이 보였나? 생각을 들은 것인가? 누구의 목소리가 그 말을 하고 있었는가? 생각을 하면서 나는 나 자신을 보고 있었나, 아니면 내 머리에서 밖을 보고 있었나?

하나같이 대답하기 쉽지 않은 질문이어서 때로는 말을 지어내거나 대답을 꾸미고 싶다는 유혹도 들었다. 그러나 그런 시도를 할 때마다 헐버트는 바로 간파해냈다. 그가 이 작업을 해온 것이 어언 40년이다. 40년간 사람들에게 단일한 순간들 하나하나에 관해 자세한 질문을 던져온 것이다. 점점 단조롭고 지루하나마 더 솔직한 대답을 하는 나 자신을 발견했다. 그래야만 했다. 되풀이되는 과정이었고 다른 모든 이들처럼 나 또한 더욱 능숙해졌다.

헐버트가 쓴 방법은 경험서술표본추출Descriptive Experience Sampling, DES이라는 것이다. 그는 이 방법을 통해 다섯 가지 특정 요소들이 사람들의 잡념에 많이 나타난다는 것을 발견했고, 이를 '다섯 가지 빈번한 현상'이라고 부른다. 다섯 가지 요소란 시각 이미지, 내적 발화, 감정, 감각 인식, 상징이 동반되지 않는 생각 등이다. 나는 시각 이미지

점수가 높았다. 생각을 그림으로 보는 경향이 높은 듯했다. 헐버트는 내 생각의 패턴이 거의 만화경이나 같아서 대부분의 사람들이 서술하는 것보다 더 복잡한 방식으로 꼬리에 꼬리를 물고 나온다고 설명해주었다. 그가 말하는 투로 보아 별로 좋은 것은 아닌 것 같다. 나는 내가 언어 없이 일부 생각을 한다는 것, 이런 방식은 일부 사람들이 많이 하지만 헐버트 같은 부류의 사람들은 전혀 하지 않는 유형이라는 것도 알게 되었다.

헐버트는 왜 이런 연구를 할까? 글쎄, 헐버트가 그렇게 말한 것은 아니지만 나는 그를 잡념을 붙잡는 '생각 수집가'로 여기고 싶다. 그는 꼼꼼한 과정을 통해 그동안 파악되지 않았던 생각을 잡아낸다. 두서없는 생각, 잠시 동안 우리 머릿속에 아무런 이유도 없이 튀어 올랐다 사라지는 그런 생각들, 그리고 이런 생각들 가운데 일부는 바로 잡념의 능력을 발휘한다.

한번 이렇게 생각해보라. 헐버트에게는 커다란 그물이 있다. 그 속에서 그가 잡아내는 것은 샤워를 한다거나 직장에서 집까지 달리기를 한다거나 하는 꾸준히 벌어지는 사건들이다. 이런 것들은 쉬운 먹잇감이지만 정작 그의 관심사는 다른 데 있다. 이런 사건들은 그저 배경일 뿐이다. 그의 그물에는 거대하고 가치 있는 생각들도 걸려든다. 특정 시기에 하고 있는 일이나 씨름해왔던 문제, 우리가 생각한다고 여기고 싶어하는 것들. 그는 그물 구멍 사이로 빠져나가는 것들도 낚고 싶어한다. 누구나 하는, 순식간에 지나가는 생각, 번뜩 하고 드는 생각,

두서없는 생각, 연결고리가 없는 생각, 갑자기 떠오르는 생각, 떠오르자마자 사라지는 생각, 변화무쌍하고 유동적인 생각들. 우리는 늘 이런 생각들을 하고 살아간다.

헐버트의 주의력은 경이롭다. 나 자신은 내가 하는 생각들이 하도 단조로워 실망스러웠고 결국 지루해하고 있었다. 내가 생각하는 것들이란 단 한 번도 뭔가 심오한 게 없었고 심지어 일에 관한 생각조차 없었다. 일만큼은 내 생각의 많은 부분을 차지하고 있다고 여겼는데 말이다. 하지만 헐버트는 내가 말하는 모든 것이 무척 매력적이라는 듯 열심히 들었다. 그에게 우리가 하는 생각들은 보물과 같다. 우리의 내적 삶으로 들어가는 창문 같은 것이다.

이러한 생각들은 그 자체로 귀하거나 가치 있거나 흥미롭지는 않지만 수집하기 매우 어렵다. 헐버트 같은 생각 수집가에게 이러한 생각이 매력적인 이유는 바로 그 때문이다. 그가 해결해야 하는 중요한 문제는 오염이다. 생각을 경험한 사람이 직접 그 생각을 보고해야 한다는 점 때문에 생각이 오염될 위험이 있다는 뜻이다. 그의 실험에 참가하는 피험자들이 보이는 자연스러운 경향은 생각을 윤색하려는 시도, 실제보다 더 재미있게 들리도록 만들려는 태도다. 나도 예외가 아니었다. 헐버트는 무작위로 울리는 삑 소리를 이용하여 우리가 인지하지 못하는 상태에서 우리가 하는 생각들을 있는 그대로 잡으려 한다. 본인도 자각하지 못하는 가장 순수한 상태 그대로 포착하려는 것이다. 따분하고 시시한 생각도, 하찮은 생각도 있는 그대로여야 한다.

우리가 하는 생각 대부분의 실체가 그러하기 때문이다. 그가 연구해 온 것들 가운데 하나는 우리가 아무것도 하지 않는다고, 즉 휴식을 취한다고 하는 바로 그 순간에 머릿속에서 일어나는 경험들이다.

그러나 문제는 남는다. 발달 심리학자이자 저술가인 찰스 퍼니호 Charles Fernyhough 교수는 휴식 테스트를 만든 팀의 일원이었는데 그 또한 경험서술표본추출법의 열렬한 팬으로 보인다. 그러나 이런 퍼니호조차 삑 소리를 듣자마자 자신의 생각을 관찰한다는 그 사실이 방금 한 생각의 경험을 바꾸어놓을 수 있으며 그 경험들을 나중에 논하는 것 자체가 또 한 번 생각을 바꾸어놓을 수 있다고 경고한다.[1] 이런 종류의 내성introspection 때문에 헐버트가 주관적인 윤색 문제로 고통을 겪는 것은 사실이다. 그럼에도 나를 매료하는 것은, 처음에 헐버트의 방법에 회의적이었던 나도 생각 포착을 시도한 다른 사람들을 가끔 만날 때면, 내 생각에서 나타나는 패턴이 그들의 패턴과 완전히 다르다는 것을 발견하게 된다는 것이다. 이는 최소한 헐버트가 다른 방법으로는 포착해낼 수 없는 우리의 생각 방식에 관해 뭔가를 알아냈다는 것을 시사한다. 헐버트는 딱히 잡념을 연구하려고 의도하지는 않지만 그물에 잡념들을 낚고 있는 것이다.

휴식하는 동안
뇌는 왜 쉼 없이
활성화할까

    물론 잡념을 연구하는 방법에는 경험서술표본추출 외에도 더 있다. 주관적 경험에 대한 의존을 피하는 것이 한 가지 방법이다. 당신이 경험한 생각을 적고 상세한 질문을 받는 것이 아니라, 병원 침대에 누워 귀에 귀마개를 꽂고 뇌 스캐너를 연결하는 것 말이다.[2] 그런 다음 까만 배경에 있는 작고 하얀 십자 모양을 응시한다. 이 십자 모양 덕에 누워 있는 사람은 딱히 아무것도 생각하지 않는 상태가 된다. 과거의 생각들이 제거되고 머리는 텅 빈 상태가 된다. 오랜 세월 동안 이 십자 모양은 수천 건의 뇌과학 연구에서 뇌를 중립적 상태, 즉 다음 과제에 준비된 상태로 재설정하는 데 사용되었다. 대체로 이러한 연구에서 피험자는 스캐너에 연결되어 있는 동안 과제를 받는다. 가령 셈을 하거나 상이한 감정을 끌어내도록 설계한 사진을 본다. 스캐너를 통해 이런 과제를 수행할 때 뇌의 어느 부위가 더 활성화되고 덜 활성화되는지 알 수 있다. 이러한 방법 덕에 최근 몇 년 동안 뇌의 특정 부위나 여러 부위들의 조합이 다양한 활동에 어떻게 동원되는지, 휴식을 취

    ⚲ 물론 일부 인지심리학자들이 지적해왔듯, 뇌 스캐너를 달고 누워 있다고 해서 이들이 내성 없이 오롯이 홀로 생각하고 있다고 확신할 수는 없다. 이걸 달고 얼마나 더 오래 있어야 하는지 궁금해할 수도 있고 아니면 특이한 주변 환경을 바라보고 있을 수도 있다.

할 때 뇌에서 무슨 일이 일어나는지 알아낼 수 있었다.

나 또한 이런 경험이 있다. 독일의 라이프치히에 있는 막스 플랑크 인간 인지 및 뇌과학 연구소Max Planck Institute for Human Cognitive and Brain Sciences의 실험에 참가했다. 사람들은 내게 뇌 스캐너라는 거대한 자석이 켜질 때 들리는 연속적인 굉음과 망치로 때리는 것 같은 반복적인 타격 소리에 대해 경고했다. 이러한 소음과 폐소공포증이 생길 것 같은 느낌에 질색하는 사람들도 있지만, 나는 심각한 질환 때문이 아니라 자진해서 스캐너 촬영을 한 것이다. 그 덕에 촬영이 더 쉬웠던 것임에 틀림없다. 망치로 치는 듯한 굉음은 컸지만 리드미컬한 음향 때문에 마치 최면에 걸리는 듯한 느낌이 들었다. 미니멀리즘 작곡가 스티브 라이히Steve Reich의 음악을 듣는 기분이었다. 물론 반복되는 리듬이 점진적으로 변화해가는 음악과는 전혀 달랐지만. 어쨌건 나는 그 소음이 꽤 아늑하고 편안하다고 생각했다. 근무 중에 이렇게 누워 딱히 아무것도 생각할 필요가 없다는 것만으로도 좋았다.

아늑함은 오래 지속되지 않았다. 상세한 질문까지는 아니었어도, 아무 생각도 안 하는 시간이 끝난 뒤 스캐너가 머리에 연결된 상태로 나는 눈앞 스크린에 떠오르는 설문에 답해야 했다. 내 머릿속 잡념에 관한 설문이었다. 여기서도 나는 내가 깊은 생각을 하지 않는다는 것을 발견했다. 내가 생각하는 것은 시시하고 하찮아 보이는 것들뿐이었다. 그러나 생각은 단조로웠어도 확실히 편안하다는 느낌을 받고 있었다. 졸지 않기가 어려울 정도로 말이다.

뇌과학에서는 이러한 상태를 휴식 상태라고 한다. 실제로 나는 생각을 하고 있지 않았다. 집중하거나 몰입하는 식의 생각을 하지는 않았다는 뜻이다. 나는 그저 잡생각에 잠겨 있었고 그건 필시 휴식 상태였으리라. 안 그런가?

하지만 사실 이러한 주장에는 문제가 있다. 20년 전 바라트 비스월Bharat Biswal이라는 학생은 심상치 않은 것을 발견했다. 당시 그는 밀워키에 있는 위스콘신 의대에서 박사과정 연구 중이었다. 그는 뇌 스캐너에서 더 순수한 신호를 얻을 방법을 연구하다가 휴식을 취하는 걸로 알려진 뇌가 실제로는 휴식을 취하지 않는 것 같다는 데 주목했다. 사실 뇌는 생각을 하고 있을 때만큼 바빴다. 아니, 대부분 오히려 더 바빴다.

뇌 스캐너에 연결되어 있는 피험자들은 하얀 십자 모양을 응시하면서 생각을 제거하라고, 아무것도 생각하지 말아달라는 요청을 받았다. 나처럼 이들 역시 대개는 편안히 휴식을 취하는 듯했다. 아무것도 생각하지 않는 상태까지는 아니어도 딱히 특별한 것을 생각하지는 않았다. 그들은 게으른 잡념 상태에 있었던 것이다. 그런데도 이들의 뇌는 어떤 의미에서건 작동을 멈추지 않았다. 이들의 뇌 활동에는 무작위성조차 없었다. 뇌 스캔 결과 상이한 뇌 부위들 간에 어느 정도 조율이 이루어지고 있음이 나타났다.[3]

비슷한 시기, 다른 발견도 이루어졌다. 이번에는 PET 스캔이라는 다른 유형의 뇌 촬영을 통해 얻은 발견이다.[4] 고든 슐먼Gordon Shulman

이라는 연구자는 9개 연구의 결과를 결합하여 사람들이 집중할 때 활성화되는 뇌의 네트워크를 알아내려 했다. 그런데 그가 발견한 것은 정반대였다. 오히려 아무것도 하지 않을 때의 네트워크가 활성화되었던 것이다. 참가자들이 휴식을 중지하고 과제에 집중하기 시작하자 뇌가 활성화되기는커녕 일부 부위는 활동이 줄어들기까지 했다.

뇌과학계의 저항이 만만치 않았다. 오랜 세월 뇌과학자들 사이에서는 뇌를 쓸 필요가 없을 때는 뇌 회로의 스위치가 꺼진다는 것이 정설이었기 때문이다. 불필요한 생각에 에너지를 낭비할 이유가 어디 있단 말인가? 실험에 실수가 있었던 거라고 확신하는 과학자들까지 있었다. 한 심사위원은 뇌과학자 마커스 레이클Marcus Raichle이 1998년에 쓴 논문을 거부했다. 레이클은 현재 뇌과학 분야의 권위자 가운데 한 명이다. 심사위원이 논문을 거부한 이유는 뇌 활동이 있는 듯 보이는 것이 데이터의 오류라고 여겨졌기 때문이다.[5]

오늘날 학계의 정설은 뇌라는 기관이 늘 분주하다는 것이다. 막스 플랑크 연구소의 마르크 로이크너Mark Lauckner는 내가 라이프치히에 머물던 동안 아예 대놓고 말했다. "뇌가 진정으로 휴식을 취할 때는 죽었을 때뿐입니다"라고 말이다.

휴식 테스트의 많은 응답자들은 '고요한 상태에 있을 때'나 '머릿속이 고요할 때' '머리를 비울 때' '진정 상태일 때' '생각이 둔해질 때' '생각을 비울 때' '머리를 전혀 쓰지 않을 때' '생각을 중단할 때' '뇌의 스위치를 꺼버릴 때' 휴식의 느낌이 들거나 그런 상태에서 휴식을 찾으려 했다고 주장한다.⁶ 하지만 말 그대로 이런 상태는 애초에 존재하지 않을 수도 있다.

잡념mind wandering, 다시 말해 두서없는 생각은 휴식이 아니라 뇌의 자연스러운 상태다. 뇌는 뭔가를 찾아 떠난다. 끊임없이 뭔가 탐색하고 다른 생각을 떠올리며 또 다른 흥미로운 아이디어를 모색하는 것이다. 고단하겠다는 생각이 드는가? 고단한 것은 끊임없이 이런 생각을 뒤쫓을 때, 혹은 질서를 부여하려 애쓸 때뿐이다. 잡념이 진행하는 상태대로 내버려둘 때는 피곤할 일이 없다. 접이식 의자에 앉아 쉬면서 마당을 뛰어다니는 아기나 강아지를 보는 것이나 다름없다.

잡념이 휴식처럼 편안하다고 말할 때의 의미가 바로 이런 것이라는 게 내 주장이다. 뇌는 활동을 절대로 중단하지 않지만, 뇌 활동을 통제하기를 포기하고 생각이 가는 대로 내버려둔다면 스트레스도 혹사를 당한다는 느낌도 덜해진다. 예로부터 우리는 어린 시절부터 잡념을 떨쳐버리고 집중하라는 소리를 귀가 닳도록 듣는다. 최근의 마음챙김 명상 추세는 이러한 잔소리의 변종이며 일부 사람들은 이것이 휴식이 된다고 생각하기도 한다. 좋다. 이 책에서 되풀이하는 주제는 '무엇이건 자신에게 효과가 있는 것이 바로 휴식이다'이니까. 자신이 잡념을 휴식으로 생각하는 쪽에 속한다면 그 때문에 자책할 필요는 전혀 없다. 밝혀진 바대로 잡념이 이루어지는 동안 아무것도 안 하는 것 같아도 뇌는 여전히 유용한 일을 하는 셈이고 그것은 결국 당사자에게 이로울 수 있기 때문이다.

뇌가 이렇듯 활성화 상태를 유지하는데 '휴식 상태'라는 표현은 부적절한 명칭일 수 있다. 그래서 일부 과학자들은 생각이 작동하지 않는 동안에도 여전히 활동하는 뇌 부위를 다른 이름으로 부르고 싶어 한다. '디폴트 모드 네트워크'default mode network라는 명칭이다. 디폴트 모드 네트워크라는 용어는 뇌가 다른 일을 하라는 요청을 받지 않을 때 특정 영역의 활동이라는 기본 설정으로 돌아간다는 사실을 더 잘 포착한다.[7]

디폴트 메커니즘을 연구하는 과학 논문은 3천 편 이상 발표되었다. 물론 이 메커니즘을 비판하는 학자들도 있다. 뇌 스캐너를 아무리 많이 찍어도 사람들이 잡념 상태에 있다는 것은 확신할 수 없다. 스캐너를 달고 있는 이들은 스캐너 내부를 보고 있거나 귀에 들리는 소음을 생각하는 것이지 아무 생각도 없는 게 아닐 수 있기 때문이다.[8] 그러나 현재 뇌과학자들은 게으름을 피우는 뇌가 실은 놀라울 만큼 바쁠 뿐 아니라 그 바쁜 활동이 무작위적이지도 않다고 본다.[9] 이 모든 분주함 때문에 뇌가 우리 몸의 총 에너지 가운데 20퍼센트나 쓰는 것이다. 뇌가 기능을 수행하는 데는 에너지 5퍼센트 정도면 충분해 보이는데 말이다. 마커스 레이클은 이 여분의 에너지를 뇌의 암흑 에너지라 부른다. 물리학자들을 당혹스럽게 하는 암흑 에너지처럼, 우리가 아는 한 이 에너지는 존재하지만 설명할 수는 없다.[10]

잡념에 관해 던질 수 있는 또 한 가지 질문. 집중하려고 노력하지만 산만해질 때의 잡념은 아무 생각도 딱히 하지 말라는 요청을 받았을 때의 잡념과 다를까? 그리고 뇌는 왜 그렇게 늘 활동하는 것일까? 뇌의 활동은 더 넓은 이점이 있는 것일까, 아니면 그저 뇌의 내적 작용 과만 관련이 있는 것일까?[11] 아마도 '휴식하는 뇌'는 기어는 중립 상태지만 모터는 계속 돌아가고 운전자가 필요할 때마다 올라타고 떠날수 있는, 길 한편에 정차 중인 차량 같은 것인지도 모른다. 아니면 뇌의 상이한 부분들은 우리가 의식적으로 여러 기능을 통합할 필요가 없을 때는 그저 다른 일을 하면서 시간을 보내고 있다고 생각해도 될까? 아니면 뇌는 잡념을 이용해 우리가 보낸 하루를 재생하여 기억 강화를 돕는 것일까? 자는 동안 꿈이 기억 강화에 일정 역할을 하는 듯 보인다는 것은 알려진 이야기고, (최소한 쥐들의 경우) 낮에도 비슷한 작용이 일어난다는 것을 시사하는 증거가 있다.[12]

생각 작용이 지닌 또 하나의 특징은 곧바로 처리해야 하는 과제를 수행하지 않는 한가한 뇌는 대개 미래에 초점을 맞춘다는 것이다. 미래를 상상하는 것과 관련된 뇌의 주요 부위 세 곳은 모두 디폴트 모드 네트워크의 일부다. 따라서 잡념에 빠져 있을 때 우리는 대개 앞날을 생각하기 시작한다. 가능성이 희박하지만 인생을 바꿀 만한 시나리오를 꿈꾸는 것이다.

하버드 의과대학의 모시 바Moshe Bar는 이 점에 관해 흥미로운 이론을 제시한다.[13] 그의 이론에 의하면 우리는 가능한 미래 사건들의 '기억'을 창조하기 위해 잡념에 빠진다. 이러한 사건들이 실제로 일어날 때 이 '기억'에 기대는 것이 유용하다는 것이다. 깔끔한 설명이다. 비행기를 타본 사람이라면 누구나 추락이 어떤 것일지 궁금해한 적 있을 것이다. 바의 생각이 맞는다면 실제로 추락이 일어날 경우 비행기 추락에 관한 공상 체험으로 실제로나 정서적으로 도움을 받을 수 있다. 산소마스크를 쓰고 바닥 조명을 따라 가장 가까운 출구로 가서 비상착륙용 슬라이드를 타고 비행기를 탈출한다는 것이 무엇인지 이미 상상해보았으므로, 아무래도 신속한 탈출이 가능해진다.

무엇인가 열심히 생각하지 않는 휴식 상태를 경험하는 동안에도 뇌만큼은 계속 일을 한다는 것을 이제 알게 되었다. 뇌의 기능은 온천 휴양지가 돌아가는 모습과 비슷한 데가 있다. 고객이 휴식을 취하고 긴장을 풀면서 즐길 수 있도록 접수원과 마사지사와 풀장 기술자들은 끊임없이 일을 한다. 한편 잡념 관련 연구는 공상이 미래 계획을 세우고 응급 상황을 대비하도록 연습을 시켜준다는 이점뿐 아니라 그 이상의 것들을 하도록 해준다는 것을 밝혀냈다. 심리학자 제롬 싱어 Jerome Singer는 이미 1950년대부터 잡념을 칭송했다. 그와 다른 연구자들이 입증해낸 잡념의 장점은 인상적이다. 상상력 증가, 계획성 향상, 문제 해결 능력 개선, 권태 감소, 충동적 결정 감소, 끈기 있는 결정 증가, 사교 기술의 향상, 호기심 증대 등이다. 잡념을 통해 우리는 자신과의 관계, 타인과의 관계, 세계 내에서 자신이 차지하는 위치 등을 더 잘 이해할 수 있다. 우리의 생각 작용은 과거로 돌아갔다 미래로 향하며 삶에 이야기와 의미를 부여한다. 제롬 싱어와 그의 동료들이 2014년에 발표한 논문에서 말한 대로다. "달걀을 사러 간 상점에서 빈손으로 집에 돌아오는 일은 봉급 인상을 요구하거나 직장을 떠나거나 다시 학교를 다니기로 결정하는 일에 비하면 그저 좀 성가신 일에 불과하지 않은가."

잡념이
나쁜 방향으로
향할 때

물론 잡념에 대한 경험이 늘 긍정적이지는 않다. 420년경, 고행자 요한으로 알려진 기독교 수도사 요하네스 카시아누스는 친구와의 대화 형식으로 된 글에서 경건한 문제에 지속적으로 마음을 쏟는 노력에 관해 이야기했다. "사슬에 묶인 듯 하느님 일에 마음을 집요하게 쏟으려 노력하지만 내 노력은 마음 저 후미진 구석에서부터 미꾸라지보다 빠르게 도망친다네."

역사학자 힐러리 파월Hilary Powell이 밝힌 대로 수백 명의 중세 수도자들 또한 잡념에 시달렸다. 이들의 가장 큰 두려움과 강박관념은 '해로운 육욕'을 향한 마음이 커지는 것이었다. 이들은 외부의 방해가 없는 고요한 성역에 살고 있으면서도 생각을 집중하려 부단히 노력했다. 이들에게 세속적인 생각을 누르는 작업은 고된 노력이 필요한 과제였다.[14]

잡념 때문에 절망했던 것은 카시아누스만이 아니다. 600년 뒤 그의 저작을 연구하며 수행한 중세 수도사들 또한 잡념 때문에 고군분투했다. 그러나 휴식 테스트를 통해 명확히 밝혀진 사실은, 타이밍을 선택할 수 있는 경우 대부분의 사람들은 꼬리를 물고 이어지는 생각이 어디로 향하건 그것을 따라갈 기회를 좋아한다는 것이다. 수도사들은 잡념을 항구적인 위험으로 보았지만 현대인은 잡념을 더 느슨한 태도로 대한다. 잡념을 오히려 휴식으로 간주하는 것이다.

물론 잡념이 나쁜 영향을 주는 두 가지 상황이 있다. 첫 번째는 수도사들처럼 의무에 집중해야 하는데 마음이 딴 데 가 있어 집중하지 못하는 상황이다. 두 번째는 잡념 때문에 비참해질 때다. 한 연구에서 2천여 명에게 각자의 휴대전화로 무작위 경보 신호를 보냈고 그 신호를 받은 다음의 느낌이 어땠는지, 신호를 받을 당시 무엇을 하고 있었는지, 그리고 원래 하던 일이 아닌 딴생각을 하고 있었는지 여부를 물어보았다. 결과에 따르면 잡념이 들던 시간 중 47퍼센트의 시간에 이들은 불행하다고 느꼈다.[15] 설상가상으로 경고음을 받을 당시 잡념에 사로잡혀 있던 사람들은 두 번째 경고음이 울렸을 때 불행을 느낄 확률이 높아졌다.

연구들을 광범위하게 살펴보았던 인지신경과학자 조너선 스몰우드Jonathan Smallwood의 결론은 다음과 같다. 중요한 것은 잡념의 맥락(시험공부를 하려는데 계속해서 집중력을 잃는 상황)만이 아니라 잡념의 내용이라는 것.[16] 때로 생각은 창피했거나 죄책감이 드는 일을 말했던 후회 가득한 대화로 정처 없이 흘러간다. 아니면 미래에 조금이라도 잘못될 가능성이 있는 일을 걱정하기도 한다. 과거에 대한 반추rumination(심리 과정에서 부정적인 감정을 경험한 뒤 그 원인, 상황 요인, 결과 등을 되풀이해 생각하는 것) 와 미래에 대한 염려의 이러한 결합을 보속적 사고perseverative thinking 라고 하는데, 이러한 행동에는 건강상의 함의가 있다. 미국의 한 연구 를 보자. 연구자들은 피험자들에게 일주일 이상 매일 이른 저녁 시간 에 전화를 걸어 이들이 하루를 어떻게 보냈는지, 어떤 감정을 경험했 는지 상세히 질문했다. 10년 뒤 연구자들은 이 피험자들을 다시 추적 했다. 추적 결과 누구나 염려할 만한 사실이 밝혀졌다. 매일 스트레스 가 되는 사건들을 되새긴 사람들, 그 일이 벌어지고 난 뒤 며칠 동안 계 속 걱정했던 사람들은 10년 뒤에 건강이 나빠져 고생할 확률이 높아 진 것이다.[17] 스트레스의 원인이 된 일을 계속 반추하면서 그전에 느 낀 스트레스에 대한 신체 반응이 재활성화되었고 이것이 장기적인 건 강 상태에 해를 끼친 듯 보인다.[18]

　우울증을 느끼거나 자살 충동을 느끼는 사람들은 부정적인 생각 에 침범 당할 뿐 아니라 과거를 반추하는 경향이 더 강하며, 다른 사람 들에 비해 행복한 기억을 떠올리기 더 힘들어한다고 한다. 즐거운 생 각은 저 멀리 2층 서류함에 치워져 있는 반면 불행한 생각은 언제든 손에 닿게 부엌 테이블 곳곳에 널려 있다.

　잡념의 내용이 주로 부정적인 것이라면 잡념 때문에 기분이 더 나 빠지는 것은 당연하다. 하지만 자신의 생각을 흥미롭다고 여기거나 개인적으로 의미 있는 것이라 생각하는 경우, 특히 그것이 미래에 관한 것일 경우 기분은 부정적인 잡념이 들 때처럼 우울해지지 않는다.[19]

　이 주제에 관한 과학 논문 가운데 일부의 제목을 보면 심리학계에서 잡념의 장단점에 관한 논쟁이 어떻게 벌어지는지 가늠해볼 수 있다. 「건설적 잡념에 바치는 찬가」An Ode to Constructive Daydreaming, 「잡념은 불행한 생각이다」A Wandering Mind is an Unhappy Mind, 「잡념은 손실이 아니다」All Minds that Wander are Lost, 「마음챙김 명상과 잡념 사이의 균형 찾기」Finding the Balance between Mindfulness and Mind-wandering 등. 마지막 논문은 조너선 스쿨러Jonathan Schooler의 것으로 균형, 즉 중도를 찾아야 한다는 요청이다. 생각이 갈가리 흩어져 괴로울 때 마음챙김 명상 같은 기법에 의존해 잡념에 대처하는 것이 도움이 될 수도 있지만, 잡념이 좋은 것이라면, 그리고 앞에 놓인 일에 반드시 집중해야 할 필요가 없다면 오히려 잡념을 통해 자신에게 휴식을 허하자.

잡념을 머릿속에 붙잡지 않기

　걱정을 많이 하는 유형이건 아니건 사람들은 대부분 잠자리에 드는 시간만큼은 차분히 생각을 가라앉히고 싶어한다. 성인들 가운데

40퍼센트는 한 달 동안 수차례 잡념에 머리가 어지러워 잠을 못 이룬다고 말한다. 그중 일부는 잡념 때문에 불면을 겪는 빈도가 더 높다.[20]

머리를 어지럽히는 잡념이나 해야 할 일에 대한 불안에서 벗어나도록 다양한 방법을 활용할 수 있다. 마음챙김 명상이 좋은 방법 중 하나다. 마음챙김 명상을 하면서 호흡에 집중하고 그러면서 오가는 생각을 주의 깊게 지켜보는 사람들이 있다. 또 하나는 몸 살피기body scan라는 방법이다. 몸 살피기란 집중한 상태에서 몸의 각 부분을 번갈아가며 근육을 조였다가 풀어주는 방법이다. 대개 발끝에서 시작해 머리끝에서 끝낸다. 5장에서 「아무것도 안 하기」 휴식법을 다룰 텐데 그때 몸 살피기에 관해 더 이야기할 것이다.

나는 머릿속으로 셈을 한다. 잠을 이룰 수 없을 때는 숫자 하나를 골라서 가지고 논다. 지금 생각나는 숫자는 314다. 314를 어떤 숫자들로 나눌 수 있는지 생각해보거나 그 숫자 속에 있는 숫자들을 더하거나 곱하거나 빼거나 나누는 식으로 셈해서 다시 314가 나올 때까지 반복한다. 생각 대신 셈에 집중할 수밖에 없을 만큼 문제가 까다롭되 잠이 안 들 정도로 정신이 말똥말똥해지지만 않으면 된다.

시각 이미지를 불러내는 데 능숙하다면 네덜란드의 임상심리학자 아드 케르크호프Ad Kerkhof가 시험했던 방법을 더 좋아할 수도 있다.[21] 자살 충동을 느끼는 사람의 과거에 대한 강박을 줄이고자 연구하던 케르크호프는 걱정을 조금 덜기 위해 누구나 쓸 수 있는 방법을 개발했다. 밤중에(혹은 낮 동안) 머릿속을 맴도는 잡념을 중지하는 한 가지 방법은, 이들을 상자에 담아 봉한 다음 침대 밑에 넣어버린다고 상상하는 것이다. 생각이 다시 나타날 때마다 몰아내는 방법이다. 잡념은 상자에 안전하게 봉인되어 나오지 못한다. 침대 밑이 너무 가까워 편안하지 않다면 잡념이 색색의 구름 속에서 빙빙 돌고 있다고 상상하면 된다(색깔은 마음대로 선택하면 된다. 나는 보라색을 골랐다). 구름은 바람을 타고 멀리 날아가 버리거나 『오즈의 마법사』에 나오는 토네이도 속 공기로 빨려 들어갈 것이다.

이 방법들 가운데 어느 것이건 해볼 만한 가치가 있다. 물론 모든 방법이 누구에게나 효력을 발휘하지는 않겠지만 실험 결과에 따르면 상당수 사람들에게 이러한 방법들은 실제로 통한다.

미국 베일러대학교의 수면 뇌과학 및 인지 연구소Sleep Neuroscience and Cognition Laboratory의 마이클 스컬린Michael Scullin 대표가 개발한 새 기술 역시 효과가 있다. 자기 전에 다음 날 해야 할 일을 목록으로 작성해 두는 방법이다.

자야 하는데 그런 목록을 작성한다는 게 언뜻 전혀 어울리지 않는 듯 보일 수 있다. 다음 날 해야 할 일을 모조리 떠올려 불안해질 위험을 감수해야 하는 것 아닐까? 그 많은 일을 어떻게 감당할까 염려하다 보면 잠자기는 글렀다는 생각만 들 것 같다. 하지만 실제 실험에서는 자기 직전 할 일의 목록을 만들거나 그날 성취한 일을 만족스럽게 적어 둔 사람들이 평균 9분 더 일찍 잠들었다.[22]

이 방법의 가설은 해야 할 일을 목록으로 써두면 머릿속에서 제거

된다는 것이다. 더 이상 생각 속에 할 일을 살려둔 채 기억하려고 애쓸 필요가 없다. 할 일은 목록에 안전히 담겨 있다. 일어나면 굳이 떠올리지 않아도 기록으로 남아 있고, 해결할 준비가 된 셈이기 때문이다. 할 일이 머릿속에서 무작위로 떠돌아다니는 것보다 일목요연하게 적어두면 관리가 좀 더 편해 보이기도 한다.

해야 할 일 목록이 길고 바쁜 사람들은 그래도 잠들기 어렵지 않을까 생각할 수도 있다. 그런데 더 흥미로운 사실은 연구 결과에 따르면 10개 이상의 항목을 목록으로 만든 사람들이 오히려 15분 정도 더 일찍 잠들었다.

목록은 구체적으로 만드는 편이 낫다. '허드렛일'이나 '할 일' 등 대충 적어두는 것보다 내용이 길어진다 하더라도 자세한 게 좋다. 만일 목록을 작성하는 것이 귀찮다고 머릿속에서만 목록을 만들고 때울 생각이라면 통하지 않는다는 것을 염두에 둘 것. 할 일을 생각하느라 머릿속 평화를 깨뜨리고 싶지 않다면 직접 써두어 짐을 벗어버리는 편이 낫다. 머릿속에 목록을 붙잡아두면 오히려 역효과가 날 수 있다. 뇌가 항목들을 되살려놓아 전면에 등장시키기 때문에 그 일들을 해야 한다는 생각에서 벗어날 수 없게 되어버린다.

목적 없는
잡념에 풍덩
빠지는 능력

앞에서 말한 이런저런 방안들은 어둠을 향해 떠도는 잡념을 중지하거나 양질의 수면이라는 궁극적 목표를 이룰 수 있는 곳으로 우리의 생각을 데려다놓는다는 목적에 복무한다. 이러한 방법들은 나름의 역할이 있고 도움도 된다. 그러나 대체로 말해 몽상이나 잡념을 지나치게 걱정하는 것은 금물이다. 걱정만 하면서 평생을 보낼 수는 없지 않겠는가. 오히려 휴식의 다른 측면들과 마찬가지로 지금보다 잡념에 빠질 시간을 스스로에게 더 허용해야 할 수도 있다.

잡념과 관련된 분야는 비교적 미개척 분야이기 때문에 과학도 애초에 왜 잡념이 생기는지 제대로 알려주지 못하고, 많은 사람들에게 잡념이 어째서 좋은 휴식 방법이 될 수 있는지는 더더욱 말해주는 것이 없다. 앞에서 살핀 바대로 나는 쉬는 것 같아도 뇌는 계속 활동하며, 어떤 면에서는 잡념이 생길 때 어느 때보다 더 바쁜 듯한 느낌이 들 수도 있다. 잡념을 허용하는 데 죄책감을 느끼는 사람들, 잡념이 게으른 짓이라고 생각하는 이들에게 뇌과학은 그러한 생각에서 벗어나도록 해준다. 잡념에 빠진 뇌는 스위치를 끄기는커녕 다른 형태의 정신 활동을 시작한다. 이런 의미에서 잡념은 안락의자에 앉아 있는 것이 아니라 산책을 나가는 일에 가깝다.

느긋하게 시골길을 산책하는 일이 그러하듯, 잡념에는 특정한 목적이 없다. 그저 걷는 행위 자체에 내재된 기쁨이 목적이다. 잡념이라는 산책에서도 중요한 것은 목적지가 아니라 여정 자체다. 최상의 잡념은 어슬렁거리는 걸음, 오고 가는 길에서 만나는 온갖 풍광을 즐기는 태도를 수반한다.

잡념에 빠지는 능력은 과제에 계속 집중하는 능력 못지않게 중요하다. 잡념이라는 문제는 최신 연구 분야지만 걱정과 반추를 벗어나게 해주는 잡념 촉진법에 관해 더 많은 것을 알게 된다면, 이로운 잡념을 처방받는 미래가 올지도 모른다.

그때까지 잡념은 우리가 즐겨 빠지지만 어쩐지 죄책감이 드는 것, 잘 이해하지 못하는 것, 능숙하게 다루지 못하는 일 정도일 것이다. 그러나 이러한 한계에도 불구하고 잡념은 휴식으로 간주된다. 문제는 잡념이 우리가 현대 생활에서 골몰하는 다른 것들과 별로 사이가 안 좋다는 것이다. 잡념은 자연스러운 상태이고 어디서건 가능하지만, 일단 자신에게 잡념을 허용해주어야 하고, 잡념에 편안하게 빠질 수 있는 안식처를 찾아야 할 것이다.

다음 장에서는 그러한 안식처 하나를 살펴보고자 한다. 바로 욕조다.

목욕이라는
따뜻한 섬

7.

목욕을 하려고 욕조에 물을 채워 욕실 가득 수증기가 차는 것만 생각해도 달콤한 설렘에 몸이 떨린다. 그런 다음 물의 온도를 가늠하기 위해 손이나 발을 담그면 천천히 뜨거운 물에 친숙해지는 호사스러움이 온 감각을 기분 좋게 채우기 시작한다. 이제 물 밖에 얼굴만 나올 때까지 욕조 속으로 미끄러져 들어간다. 그런 다음에는······.

뭐, 이제 그저 편안히 누워 있으면 된다.

80세 아모 하지 노인은 60년 이상 목욕을 한 적이 없다. 아니, 그 긴 세월 동안 목욕은 고사하고 세수조차 한 적이 없다. 누군가 목욕을 해야 한다고 감히 제안이라도 할라치면 노인은 벌컥 화를 낸다. '청결은 병을 몰고 온다'고 믿기 때문이다. 하지 노인의 얼굴과 수염은 머스터드 브라운 색으로 떡이 져 있다. 하지 노인이 사막 생활을 하는 이란 남부의 황량한 풍광과 기막히게 잘 섞여드는 통에 그가 앉아 있는 모습은 조각상을 방불케 한다. 그는 썩은 고슴도치 고기로 연명하고 파이프에 동물의 똥을 넣고 말아 피운다. 머리가 너무 길게 자랐다 싶으면 불로 지져 잘라내면 그만이다. 노인은 당연히 혼자 산다. 하지만 2014년 그의 사연이 보도되었을 때 노인은 사랑할 사람을 찾는다고 했다.

그가 사랑을 찾았을지 누가 알겠는가? 하지 노인이 지금 영혼의 동반자와 함께 살고 있다면 두 사람은 현대 세계에서 가장 이례적인 커플로 부각될 것이다. 휴식 테스트 결과가 보여주는 바대로 우리는 대부분 목욕을 청결을 유지하는 기능으로서만이 아니라 욕망을 충족하고 긴장을 푸는 훌륭한 수단으로서도 사랑하기 때문이다.

아무것도 안 하는 것을 제외하면(5장에서 살펴보겠지만 사실 아무것도 안 하는 것은 보기보다 어렵다) 목욕이야말로 가장 순수한 형태의 휴식이다. 휴식이 무슨 뜻이라고 생각하느냐는 질문을 던졌을 때 사람들이 했던 대답을 돌이켜보면 이들이 목욕이라는 경험을 얼마나 잘 표현하는지 놀라울 정도다.

자유롭다, 충만하다, 따뜻하다, 원기를 회복한다, 누워 있다, 꿈결 같다, 기분 좋다, 시원하다, 정화되는 느낌이다, 필요하다, 아무 생각이 안 든다, 숭고하다, 안전하다, 평온하다, 치유 효과가 있다, 소중하다, 사적이다, 동경의 대상이다, 무념무상이다, 사기를 높인다

위의 표현이 가능한 이유는 욕실, 특히 욕조에 있는 동안만큼은 집과 그 주변에서 해야 할 모든 일로부터 차단되기 때문이다. 메일 써야 하는데. 지금은 말고. 다림질할 옷이 많은데. 나중에 하지 뭐. 전화기나 노트북을 갖고 들어가지 않는 유일한 집안 장소는 욕조일 것이다. 그러니 메시지나 이메일에 신경 쓸 필요가 없다. 좋다. 라디오를 듣거나 책을 읽을 수도 있다. 하지만 거기 목맬 필요가 어디 있단 말인가?

아무것도 안 하는 것이 어려운 이유는 그런 상태에 대해 느끼는 죄책감 때문이다. 아무것도 안 하다니, 그것은 시간 낭비이자 게으름이라는 생각. 그래서 많은 사람들은 벌떡 일어나 무엇인가를 해야 한다거나 오랫동안 의자에 앉아 있지 못하겠다고 생각한다. 그러나 목욕을 하면 죄책감으로부터 완벽하게 탈출할 수 있다. 그저 따뜻하고 김이 자욱하게 피어나는 물속에 누워 있으면 된다. 게다가 몸까지 청결해진다. 청결을 지키는 일은 어쨌거나 해야 하는 일 아닌가? 그러므로 목욕은 시간 낭비가 아니며 사치라고만 할 수도 없다. 어떤 의미에서 목욕은 해야 하는 과제인 것이다.

물론 이러한 논리에는 한계가 있다. 요즘 사람들 대부분은 긴 시간 동안 즐기는 목욕을 샤워라는 간단하고 신속한 위생 유지법으로 대체했다. 이제 목욕은 분명 과거에 비해 호사가 되었다. 심지어 집에서 목욕을 할 때조차 향유나 목욕용 소금을 물에 풀거나 욕조 주변에 향초를 빙 둘러 켜놓는 사람들이 많아졌다. 스파 욕조를 설치한 사람들까지 있다. 엄밀히 말하자면 이제 뜨거운 물에 몸을 흠뻑 담근 채 오랫동안 즐기는 목욕은 굳이 필요하지 않은 것이 되었을 수도 있다. 이제 우리에게 목욕이란 그저 하루를 마무리하는 매혹적이고 편안한 사치가 된 것일 수도 있다.

1만 8천 명의
타인과 목욕을
공유하기

선사시대에는 아모 하지 노인과 같은 태도가 흔했다. 오히려 그러한 청결 관념이 정상이었다. 초창기 인류 사이에서 하지 노인은 그다지 튀는 인간도 아니었을 것이다. 그러나 목욕은 점차 전 세계 문명권에서 인간 생활의 특징으로 자리 잡았다. 물론 대체로 목욕은 사적 활동이 아니라 공개된 활동으로 이루어졌다. 목욕에 대한 태도는 세월이 흐르면서 계속 변화했다. 목욕을 해야 하는 기본 근거는 개인위생이었으나, 시대 및 문화권에 따라 목욕은 건강에 긴요한 요소, 종교적 의무, 사회적 오락, 혹은 감각적·성적 쾌락의 형식으로도 간주되었다.

　호메로스가 살던 기원전 약 8세기, 고대 그리스인들은 공중목욕탕에 자주 갔다. 주로 청결을 유지하기 위해서였다. 히포크라테스가 살던 기원전 460년 이후부터는 그리스인들은 목욕을 건강 증진의 방편으로 여겼다. 로마제국 시대가 되면서 공중목욕의 규모가 방대해졌다. 로마의 공중목욕 시설인 카라칼라 욕장은 무려 1만 8천여 명을 수용한 것으로 알려져 있다. 일부 역사학자들은 1만 8천여 명이라는 수치는 동시에 목욕탕으로 들어간 사람들의 숫자가 아니라 하루 입장객의 총수이고, 목욕탕의 실제 수용 인원은 6천 명 정도였다고 말한다. 어떤 가설이 맞든, 로마 시대의 목욕은 오늘날 우리가 즐기는 사적이고 조용한 경험이 아니라 인기 스포츠 행사에 가는 일과 더 비슷했다. 목욕 열기가 절정에 다다른 시기 로마 시민 한 사람당 하루에 쓴 물의 양은 무려 1,400리터나 되었다고 전해진다.[1] 로마인의 수로 건설 역량이 확대된 것은 당연한 귀결이다.

　로마제국 초창기, 공중목욕탕은 주로 군인들이 전투로 부상을 입거나 기진맥진했을 때 회복하는 장소였다. 그러나 세월이 흐르면서 로마의 목욕탕은 일반 대중도 휴식을 취하고 긴장을 풀기 위해 찾는 장소가 되었고, 목욕은 위생과 생리적 장점 덕에 높은 가치를 부여받았다. 다수의 가까운 친구들과 함께 하는 목욕은 풍부한 교제 기회도 제공했다. 그러나 목욕이 긴장을 푸는 수단이 되어가면서 목욕탕 역시 성적인 쾌락을 즐기는 장소가 되었고, 공중의 음란함에 대한 공포 때문에 기독교 교회는 로마제국 멸망 뒤 목욕을 전면 금지했다. 일부 공중목욕탕은 교회로 바뀌었다.

이런 상황에서도 목욕은 소위 중세 '암흑기' 내내 작은 규모로 명맥을 이어갔다. 당시 사람들은 역사책이 말하는 것만큼 불결하고 냄새를 풍기지는 않았을 것이다. 가령 서양의 수도원 교단들이 개인위생을 꽤 중시했다는 증거가 있다. 물론 다른 주요 종교들 또한 분수나 바다에서의 목욕을 정화 의례의 수단으로 오랫동안 활용해왔다. 힌두교도들이 갠지스강에서의 목욕을 신성하게 여기는 것이 한 예다. 18세기 말 감리교 목사 존 웨슬리John Wesley는 "경건함 다음으로 중요한 문제가 청결이다"라고 말한 바 있다. 청결을 어느 정도 중요하게 여기는 이러한 관념은 그 훨씬 이전부터 존재했고 주요 종교라면 모두 공유하는 통념이다.

16세기 무렵 유럽에서는 온천욕이 다시 한번 각광받는다. 건강에 이로울 뿐만 아니라 첨단 유행의 지표가 될 만한 것으로 간주된 것이다. 프랑스 문필가 몽테뉴의 1580~81년 여행이 유명한데, 당시 그는 독일·스위스·오스트리아·이탈리아 등의 온천을 찾아다니며 자신을 괴롭히던 신장결석을 치료하고자 했다. 물속의 광물 성분이 통증을 얼마나 완화하는지, 심지어 치유할 수 있는지는 당시의 논란거리였고 오늘날에도 마찬가지다. 17세기에서 19세기, 심지어 20세기 초까지도 유럽의 중상류층 사이에 유행했던 (귀족 자제들이 교양 삼아 떠난 세계 여행으로 유명한) 유럽 그랜드 투어나 지역 유람에는 어떤 종류건 온천욕이나 광천욕이 포함되었다.

제인 오스틴, 톨스토이, 토마스 만, 헨리 제임스에 이르기까지 얼마나 많은 소설들이 부유층 주인공들이 온천욕 하는 일화를 소개하는지 생각해보라. 19세기 무렵 유럽과 미국 전역에는 크고 매력적인 온천 휴양지가 셀 수 없을 만큼 많았다. 그중 일부는 사치와 탐닉을 크게 강조했고 휴양지에는 극장과 댄스홀, 심지어 카지노까지 구비되어 있었다. 휴식과는 거리가 먼 엄격하고 철저한 기술을 사용하는 치료를 위한 휴양지도 있었다. 찰스 다윈이 1849년 메스꺼움과 어지럼증과 만성 두통을 치료하려고 영국의 온천 요양지인 맬번의 의사를 찾아간 것이 유명하다. 다윈은 수주일 동안 차고 습한 수건으로 몸을 심하게 비벼대는 치료, 얼듯이 차고 젖은 시트에 몸을 감싸는 치료에다 간간이 땀을 내는 목욕까지 견뎌야 했다.[2]

빈곤 계층에게는 공중목욕탕이 몸을 온전히 담그기 위해 갈 수 있는 유일한 장소였다. 이런 곳에 호사스럽거나 긴장을 푸는 요소는 전혀 없었다. 20세기나 되어서야, 그것도 선진국에서나 가내 목욕을 다수가 꿈꿀 수 있게 되었다. '나 홀로 목욕'의 시대, 인구 중 많은 수가 집에서 매일까지는 아니어도 일주일에 여러 차례 목욕을 할 수 있는 시대는 극히 짧았다.

1938년으로 가보자. 당시 런던 동부의 쇼어디치Shoreditch에서는 일곱 가구에 한 집 꼴로 실내 욕조가 있었다. 요즘 이 지역은 쇼어디치화 Shoreditchification라는 현상의 기원지가 되었다. '쇼어디치화'란 도심의 급속한 젠트리피케이션(지역의 고급화)으로 노동자 계급이 살던 지역 인근의 값싼 식당이 사워도우 빵을 쓴 토스트에 으깬 아보카도를 곁들여 파는 카페로 둔갑하고, 모퉁이 상점들이 값비싼 캐시미어 스웨터를 파는 부티크로 바뀌는 현상을 일컫는다. 이 지역에서 주택을 구입하거나 안락한 크기의 아파트라도 얻으려면 100만 파운드(15억 원) 이상은 있어야 한다. 분명 그런 집에는 근사한 욕실이 있을 것이다. 욕실이 있다고 입욕이 보장되는 것은 아니지만.

요즘 신축 건물은 욕실의 규모를 줄이는 추세다. 주로 공간 때문에, 일부는 환경상의 이유로, 또한 변화하는 선호도 때문에 그렇다. 새로 짓는 욕실에는 간신히 설 수 있는 정도의 샤워 부스나 습식 욕실밖에 없다. 고작 몇십 년 만에 인구 밀도 높은 도심 인근 지역에서 집 안에 욕실을 갖추는 일이 드물어진 시대가 다시 온 것이다. 런던의 이 작은 지역에 화려한 스파가 일곱 군데나 되는 이유는 바로 이러한 변화 때문일 것이다. 쇼어디치 같은 곳에서는 공중목욕탕이 부활하고 있다. 다시 한번 우리는 목욕을 위생 수단으로 보는 시각과 휴식을 제공하는 수단으로 보는 시각 사이를 오가는 변화를 목도하게 되었다.

소금과 향초는
필요 없어, 따뜻한
물이면 충분해

일요신문을 펼치면 한 면 전체에 여행, 헬스, 온천, 풀빌라, 건강 요법, 건강센터 등의 광고가 즐비하다.

경제적 여유만 있다면 촉감 좋은 석회암으로 만든 아치형 천장의 지하 스파에 누워 디톡스를 할 수 있다. 거품 가득한 목욕이라는 호사를 누릴 수도 있다. 해초를 가득 넣은 유기농 제품을 몸에 듬뿍 바를 수도 있다. 아기자기한 와일드 스파(사진상으로는 진흙 연못과 더 닮았다)에 몸을 담글 수도 있다. 손으로 딴 약초를 넣은 온천도 즐길 수 있다. 소금으로 꾸민 작은 방의 공기를 느끼면서 치유의 힘을 체험할 수도 있다.

이 모든 과정을 거친 뒤에도 휴식이 필요하다고 느낀다면 전통 터키 욕장으로부터 영감을 얻은 공간에 느긋하게 누워, 복잡하고 정교한 문양의 광택 나는 벽돌과 천장 그림을 쳐다보면 된다.

나는 목욕을 아주 좋아하지만 스파라는 곳에는 거의 가본 적이 없다. 내가 겪은 스파의 대부분이 휴식과 거리가 먼, 모든 걸 다 안다는 식의 엄격한 가부장주의와 위화감 사이를 묘하게 오갔다. 스파에는 규칙이 상당히 많은데, 대부분 나도 모르게 깨뜨리는 것들이다. 이를테면 속옷 가운데 어느 것은 벗고 어느 것은 계속 입고 있어야 하는지 따위의 규칙들. 다른 이용객들은 매우 익숙한 듯 보인다(정기 이용객들임이 분명하다). 하지만 나는 내가 뭘 하는 건지 제대로 모르고 판단도 못 내리는 것처럼 서투르다. 오스트리아에서 당한 일이 떠오른다. 그곳의 한 테라피스트는 날카로운 소리로 내게 명령했다. "속바지 벗어요! 지금 당장!"

목욕을 따뜻한 물에 자신이 내놓은 오물 속에서 노닥거리는 짓으로 보는 이들도 있지만, 그거야말로 내가 더할 나위 없이 좋아하는 일이다. 휴식 테스트 결과는 다소 놀라웠다.

목욕이 이제 내가 속해 있지 않은 청년층에서 특히 인기가 많았기 때문이다. 목욕을 휴식 활동으로 꼽은 18~30세 청년층의 숫자는 60세 이상 노년층 숫자의 두 배에 가까웠다. 정확한 이유는 모르겠지만 아마 요즘 젊은이들은 전보다 물이 귀한 시대에 살아서인지 샤워기에서 물이 펑펑 나오는 시대에 자란 기성세대보다 목욕을 호사라고 생각해서 그럴 수도 있다. 이유야 어떻든 젊은 내 친구들도 나도 목욕이야말로 좋은 휴식 활동이라고 생각한다. 목욕은 매력적이고 편안할 뿐 아니라 이롭기 때문이다. 이를 입증할 증거도 있다.

욕조는 없어도
수도꼭지는
있으니까

시인 실비아 플라스Sylvia Plath는 『벨 자』Bell Jar라는 시집에 이런 말을 남겨놓았다. "목욕으로 치유할 수 없는 것들이 많겠지만 나로서는 아는 바가 없다." 이 위대한 미국 시인이 과학 및 심리학의 증거들을 전부 찾아보지는 않았을 것이다. 어쨌거나 플라스의 주장을 뒷받침하는 증거들이 있다. 우선 규모가 더 큰 연구일수록 집에서 하는 거품 목욕보다 온천 목욕의 긍정적 효과에 초점을 맞춘다고 밝히는 것으로 시작해야겠지만, 집에서 하는 목욕 역시 긍정적 효과가 있음을 시사하는 연구도 있다. 우선 온천욕이 스트레스 호르몬인 코르티솔을 일시적으로 낮춘다는 결론을 내린 15개 연구부터 대략 살펴보자.³ 코르티솔을 낮추는 원인은 온천수에 함유된 특수 광물 성분 때문이라고 결론이 났다. 연구 결과에 따르면 바쁜 스케줄에서 시간을 내어 뜨거운 목욕을 하는 것도 스트레스를 낮추는 데 일정한 역할을 한다.

이 가운데 한 연구에 따르면 온천욕은 5장에서 보게 될 중요한 이완 기법인 몸 살피기보다 더 효과적으로 긴장을 풀어준다. 앞에서도 언급했지만 몸 살피기는 머리나 발가락에 생각을 집중하는 것으로 시작해 자신의 몸을 위아래로 꼼꼼히 살피고 한 번에 하나씩 각 근육을 조였다 풀었다 하면서 몸과 마음을 이완하는 방법이다. 이 방법으로

실제 효과를 본 사람들도 있었지만 온천욕이 훨씬 더 효과적일 수 있다.[4]

리투아니아의 뱃사람들에게 초점을 맞춘 희한한 연구도 있다. 이들은 소금기 있는 뜨거운 지열수 욕조에 앉아 있었다. 지열수란 약 4억 년 전 데본기에 형성된 천 미터 넘는 깊이의 지하 암반수 우물에서 나오는 물이다. 리투아니아 선원들은 2주 동안 일주일에 다섯 차례, 15분간 이 특별한 목욕을 했다. 그리고 2주 뒤 비교했을 때, 목욕 대신 음악 치료를 했거나 특정한 활동을 전혀 하지 않은 대조군보다 이들의 혈압이 더 낮았고 통증도 적었으며 관절 가동력이 향상되었다. 더불어 기분이 더 좋아졌으며 행복감도 더 높아졌다.[5]

온천욕과 관련한 최신 연구를 빠르게 살펴보았다. 마지막으로 소개할 것은 내가 참여했더라면 참 좋았겠다 싶은 실험으로, 독일 프라이부르크 외곽 온천에서 이루어졌다. 피험자들은 섭씨 40도의 물에 30분간 몸을 담근 다음 뜨거운 물병을 속에 넣은 따뜻한 담요로 몸을 감싸고 다시 20분간 휴식을 취했다. 이 활동에 장기적 이득이 전혀 없다손 쳐도 그것만으로도 충분히 좋았을 것 같다. 효과 또한 만만치 않았다. 8주가 지난 뒤 온천 치료 집단의 우울증이 일주일에 두 번 운동에 참여한 유사 집단만큼 줄어들었다는 것이 밝혀진 것이다.[6] 정기적 운동이 중요하지 않다는 뜻은 아니다. 온천에 누워 있는 것만으로도 에어로빅 수업이나 단거리 마라톤만큼 정신 건강을 이롭게 할 수 있다는 것을 알게 되어 매우 흡족하다는 정도로 해두자.

물론 대부분의 사람들은 천연 온천 가까이에 거주할 형편이 안 되기 때문에 목욕의 이러한 심리적·신체적 이점을 누리려면 집 안 욕실 수도에서 나오는 물로 어떻게든 때워야 한다. 더운물의 효과에 대한 연구 또한 있다. 연구들 대부분은 일본에서 이루어졌는데, 뜨거운 목욕이 수면 전의 이완과 수면에 끼치는 영향에 집중하는 경향을 보인다. 뜨거운 목욕이 수면에 영향을 끼치는 원인이라고 하여 뜨거운 목욕을 하면 따뜻하고 아늑해 잠 잘 준비가 잘 되어서라는 식으로 생각한다면 오산이다. 얼핏 생각하면 의아하겠지만 따뜻한 목욕은 몸의 심부 체온을 떨어뜨리며, 수면에 도움이 되는 요인 역시 바로 심부 체온 저하다. 양질의 수면을 취하려면 깨어 있는 상태의 체온이 섭씨 1도 정도 내려가야 한다. 그 때문에 침실 온도를 너무 덥게 해서는 안 되는 것이다. 너무 더운 방보다는 차라리 너무 추운 방에서 잠들기가 쉬운 것도 이 때문이다. 수면과학자이자 베스트셀러 저술가인 매슈 워커 Matthew Walker의 말대로 온도가 찬 방일수록 "두뇌와 신체를 수면에 적절한 체온 하강 상태로 만든다".[7]

아이들이 따뜻하게 자도록 이불을 턱밑까지 끌어올려 덮어주더라도 나중에 방에 들어가 보면 팔다리를 이불 밖으로 꺼내놓고 활개 치며 자는 모습을 자주 본다. 이 또한 심부 체온과 관련이 있다. 아이들은 푹 자기 위해 몸의 온도를 낮추고 있는 셈이다. 손과 발에는 열을 교환하는 혈관이 특히 풍부하므로 너무 더우면 피가 사지로 퍼져 열이 피부 표면 가까이 있는 사지의 혈관을 통해 발산된다.

그렇다면 뜨거운 목욕은 이 과정에서 어떤 도움을 주는 것일까? 이상하게 들리겠지만, 잠자기 전의 더운 목욕은 몸을 식혀준다. 원리는 다음과 같다. 목욕이 몸의 심부 온도를 급속히 올리고 그 때문에 혈액이 사지로 몰려 체온이 다시 내려가는 것이다. 다시 말해 따뜻한 목욕은 잠잘 준비를 할 때 체온을 급속히 올려 오히려 체온이 떨어지는 자연스러운 과정을 촉진한다. 어떤가, 이치에 맞는 이야기인가?

그러나 여기에는 단서가 하나 있다. 여러분이 이미 눈치챘을지도 모르겠다. 잠자기 전 뜨거운 목욕으로 체온을 낮추는 효과를 보려면 자기 전에 시간을 좀 두어야 한다는 것이다. 연구 결과가 제시하는 바 목욕하기 좋은 시간은 잠자기 전 한 시간이나 두 시간 전이다. 그래야 이불 속에 들어가기 전에 체온이 충분히 떨어지기 시작한다.

현실적인 방안은 못 되는 팁 하나. 가장 효과가 좋은 목욕 시간은 오후 한창때라는 것. 오후 한창때 90분간 뜨거운 목욕을 한 학생들이 취침 시간이 되자 목욕을 하지 않은 학생들보다 더 졸리다고 느꼈고 서파수면(낮은 주파수의 델타 활동이 나타나는 3~4단계의 수면)과 깊은 수면(둘 다 뒤척이는 종류의 수면이 아니라 양질의 수면을 나타냄)을 더 많이 경험했다는 연구 결과가 있다.[8] 이러한 실험 결과를 정확히 어떻게 활용할 수 있는지는 잘 모르겠다. 직장 상사가 오후에 한 시간이나 일터를 떠나 목욕을 할 수 있도록 동의해줄지는 의문이다. 하지만 주말에는 해볼 만한 가치가 있지 않을까? 밤에 더 푹 자고 싶다면 주중에도 평소보다 조금 일찍 저녁 목욕을 하는 방법은 특히 해볼 만하다.

불면증 환자에게는 이 방법이 특효다. 과학자들은 신체 말단 부위의 열 손실 때문에 체온을 제대로 조절하지 못하는 것이 불면증의 원인일 수 있다고 본다. 이런 사람들은 밤에 잘 때 팔뿐 아니라 다리까지 이불 밖으로 내놓아도 몸의 심부 온도가 충분히 떨어지지 않는다. 그 이유를 알아보자면 기이하지만, 실제로 일어나는 현상을 살펴보자. 지금부터 설명하는 내용을 읽은 다음 집에서 직접 실험을 해보아도 좋다.

몇 분 동안 한 손을 뜨거운 물속에 넣으라. 물론 그 손은 따뜻해진다. 그런데 다른 손은 어떨까? 뜨거운 물속에 넣지 않았지만 다른 손도 덩달아 따뜻해진다. 감지가 안 된다면 온도를 측정해보면 된다. 몸은 이런 식으로 열을 조절한다. 뜨거운 물은 몸에 퍼져 있는 혈액을 덥힐 뿐 아니라, 손과 발에 퍼져 있는 혈관을 확장해 열을 발산함으로써 몸을 식힌다. 이러한 과정 때문에 잠깐 동안은 물에 담그지 않았던 다른 손까지 더워지는 것이다.

이것이 불면증과 무슨 관계일까? 호주에서 실행한 소규모 실험에 의하면, 불면증 환자들에게는 이 기이하면서도 지극히 정상적인 현상이 나타나지 않았다. 불면증이 없는 사람들은 뜨거운 물속에 왼손을 넣은 결과 오른손의 온도가 평균 섭씨 4도씩 올라갔지만, 불면증 환자들에게 같은 실험을 하자 오른손의 온도는 평균 0.9도밖에 올라가지

않았다. 열을 발산하는 능력이 손상되면서 밤잠을 설치게 된 듯 보인다.[9]

푹 자고 싶다면 굳이 욕조에 물을 받을 필요도 없다. 집에 욕조가 없을 수도 있으니까. 그저 더운물에 족욕을 하거나 따뜻한 수면 양말(특히 발바닥의 탈부착 가능한 부분에 곡물을 채워 전자레인지로 덥힐 수 있는 특수 양말이 있음)을 신으면 된다.

실험 결과들을 보면 나이가 이러한 효과에 영향을 끼칠 수 있다. 젊은 사람들일수록 가열한 양말이, 나이가 많은 사람들에게는 30분 정도의 족욕이 수면 촉진 효과가 더 좋다.[10] 대만과 일본의 다양한 연구는 불면증에 걸린 노인들의 수면을 돕기 위해 족욕을 시도했고 실제로 효력이 있었다. 족욕을 해도 일찍 잠이 깨긴 했지만, 그래도 족욕은 밤에 잠이 들도록 긴장을 풀고 적정 체온에 이르도록 하는 데 도움이 되었다.

족욕을 할 여유도 없이 바쁘게 자야 하는 상황이라면 짤막한 샤워는 어떨까? 너무 더워서 잠자기 전에 찬물로 몸을 흠뻑 적시고 싶지 않은 다음에야 아침에 샤워를 하는 사람들이 있다. 잠자기 전의 짧은 샤워가 수면에 도움이 된다는 증거가 많지는 않지만, 젊은 축구선수들을 대상으로 한 연구에서 대개 운동선수들이 그러하듯 큰 경기를 앞두고 밤잠을 설치는 선수들이 잠자기 전에 뜨거운 샤워를 하자 평소보다 평균 7분 이르게 잠이 들었다.[11]

목욕은
몸과 마음의
만병통치약

이렇듯 많은 실험 결과로도 뜨거운 목욕이 이롭다는 확신이 영 들지 않는다면 『온도』Temperature라는 간단한 이름의 저널에 실린 다음 연구는 어떨까? 연구자들은 뜨거운 목욕 한 시간이 30분 걸었을 때 소모되는 것과 동일한 열량을 소모한다는 것을 보여주었다. 자, 진짜라고 믿기에는 좀 지나치다 싶게 좋은 소식이다. 염두에 둘 점은 물의 온도를 일정하게 섭씨 40도로 유지하는 것이다. 집에서 해보고 싶다면 욕조에 뜨거운 물을 계속 보충해주어야 한다. 결과는 명확했다. 실험에서 피험자들이 착용한 포도당 모니터는 이들의 에너지 소모량이 욕조에 있는 동안 80퍼센트 증가했음을 보여주었다.

그렇다면 운동을 포기하고 뜨거운 욕조에 누워 있기만 해도 된다는 주장이 가능할까? 애석하게도 그렇지는 않다. 동일한 피험자가 실내 운동용 자전거를 탔을 때 훨씬 더 많은 열량을 소모했기 때문이다. 따라서 연구자들은 다른 방식으로는 운동이 불가능한 대사 질환을 가진 사람들에게만 더운 목욕을 치료책으로 제안한다.[12] 그렇다 해도 더운 목욕이 제공하는 이익은 꽤 인상적이다.

더운 목욕이 심장에 좋을 수 있다는 결과도 있다. 최근의 한 연구에서는 일본의 노인들에게 주당 목욕 횟수를 물어보았다. 대답은 0회부터 무려 24회까지였다(24회라니! 로마인들과 같은 수준이다!). 요점은 이것이다. 일주일에 5회나 그 이상 목욕을 하는 사람들(나도 여기 속한다)은 심장과 순환계가 더 튼튼한 것으로 밝혀졌다.

그러나 지나치게 더운 목욕이나 오랜 시간 지속하는 목욕은 경계해야 한다. 오스트리아의 철학자 비트겐슈타인은 델 정도로 뜨거운 목욕물을 좋아했고 자신이 버틸 수 있는 높은 온도를 자랑하곤 했다.[13] 목욕물 온도를 자랑하다니, 이상한데다 당연히 좋은 생각도 아니다. 목욕에 강박이 있는 듯 보이는 도쿄의 검시관사무소가 보고한 바에 의하면 2009년에서 2011년까지 고작 2년 동안 발생한 목욕 관련 돌연사는 3,289건에 달했다. 놀라운 수치다. 사망자의 대다수는 60세 이상의 노인들이었고 계절은 대개 겨울이었다. 사망자 중 거의 절반에게 심장병이 있었고 25퍼센트는 술에 취해 있었다. 걱정스러운 것은 3분의 1 정도의 사인이 밝혀지지 않았다는 점이다. 개연성 있는 원인은 목욕물 온도가 지나치게 높았다는 것이었다.[14]

도쿄의 목욕 관련 참사를 2006년 한국의 사례와 함께 보라. 당뇨병을 앓던 한국 남성이 뜨거운 욕조에서 세 시간을 보내자 열사병 때문에 다발성 장기부전이 발생했다.[15] 4년 뒤 중국에서도 비슷한 사례가 있었다. 온천욕을 한 환자가 사망한 것이다.[16] 1985년 알래스카의 옥외 온수 욕조에 들어갔던 사람들이 물의 오염 때문에 집단으로 모공 감염을 일으킨 일도 있다.[17] 이쯤 되면 목욕이 휴식과 거리가 멀다는 느낌, 아니면 최소한 목욕이 우리가 찾던 형태의 휴식을 제공하지는 않는다는 느낌이 들기 시작할 것이다. 다행인 점은 목욕이 유발하는 사망 사고가 극히 드물다는 것이다.

그럼에도 불구하고 과열이 걱정된다면 냉수욕은 어떤지 볼까? 냉수욕이라고? 형용모순 같은가? 최근 찬물에서 수영하는 트렌드가 생기면서 많은 이들이 얼음처럼 차가운 물에 몸을 담그면 정신이 맑아지고, 몸에 활기가 돌고, 기운이 난다며 입이 마르도록 칭송하고 있다. 스코틀랜드 포스만의 작은 고장에 사는 내 친구들은 새해 첫날 바다에서 수영하는 자기들에게 합류하라고 오랫동안 나를 졸라댔다. 바다 냉수욕이 스코틀랜드 고유의 전통이라는 것이다. 친구들은 이 냉수욕이 매우 '자극적인 경험'이라고 말한다. 하지만 내 생각에 자극이란 '지독한 고통'이다. 나는 괜찮다며 사양했다. 새해 전날 과음 뒤 회복하는 나만의 전통이 있다고 말하면 그뿐이다. 길고 긴 늦잠과 함께.

게다가 밝혀진 연구 결과로 보면 과학은 내 편이다. 온욕과 냉수욕이 건강에 미치는 효과를 놓고 오랫동안 논쟁이 벌어졌다. 대부분의 연구는 경기가 끝난 뒤 최적의 근육 회복을 원하는 엘리트 운동선수들에게 집중되어 있다. 얼음 목욕의 장점을 옹호하는 증거는 부족한 편이다. 나로서는 이런 결과를 전하게 되어 기쁘다. 영국의 프로 테니스 선수 앤디 머리Andy Murray는 얼음 목욕의 효능을 신봉한다. 그는 경기를 마칠 때마다 샤워를 하고 음식을 좀 먹은 다음 마사지를 받고, 마지막으로 섭씨 8~10도의 찬물에 8분 동안 앉아 있는다. 머리만이 아니다. 올림픽 7종 경기 금메달리스트인 제시카 에니스 힐Jessica Ennis-

Hill도 근육 증강을 목적으로 얼음물을 담은 통에 서 있곤 했다.

머리와 에니스 힐은 얼음물에 몸을 담그면 운동 뒤 회복이 가속화된다고 믿는다. 체온과 혈류량과 근육 조직의 염증이 저하되기 때문이다. 얼린 콩 주머니를 다리에 대면 결리는 근육의 통증과 부기가 빠지는 것과 같은 이치다. 이따금씩 부상을 당하는 경우에는 이러한 방법이 효과가 있지만 프로 운동선수들과 열성적인 아마추어 선수들은 통증 완화뿐 아니라 근육이 강해지기를 원한다. 그러나 근육을 키우려 할 때는 찬물을 이용해 염증을 완화하려는 시도가 역효과를 낼 수 있다. 혈류량이 감소하면서 삐거나 부상을 당한 근육의 재건 능력이 둔화될 수 있기 때문이다.

일부 선수들은 정기적으로 얼음 목욕을 하지만, 냉수욕에 대한 무작위 대조군 연구는 생각보다 별로 없다. 호주·노르웨이·일본에 기반을 둔 연구팀이 얼음 목욕과 부드러운 (많은 운동선수들이 실제로 하는) 정리운동을 비교했다.[18] 실험 과정이 너무 복잡해 다수가 참가할 수 없어 적극적인 남성 9명만 참여했다. 이들은 각기 다른 날짜에 실험실로 들어와 런지, 스쾃, 얼음 목욕, 천천히 실내용 자전거 타기, 혈액 검사, 심지어 허벅지 근육의 생체검사에 이르는 복잡한 요법을 거쳤다.

테스트 결과는 예상대로였다. 근육의 염증 징후는 운동 뒤에 증가했다. 얼음 목욕은 올라간 염증 수치를 줄이지 못했고 근육의 휴식과 회복에 도움이 되지 않았다. 내겐 이러한 결과가 매우 흡족하다. 얼음 목욕도 찬물 샤워도, 새해 첫날의 포스만 수영도 아니올시다.

잔잔한
물이
깊다

나는 더운 목욕을 고수할 것이다. 답해야 할 질문이 하나 더 있다. 가장 중요한 질문이다. 목욕할 때 거품을 내야 하는가? 그리고 오해를 피하기 위해 명확히 해두겠다. 지금 말하는 주제는 내가 가장 좋아하는 아이버 윈디 보텀Ivor Windy Bottom의 미치게 재미있는 책 『욕조의 거품』Bubbles in the Bath을 말하는 것이 아니다. 지금 하는 질문은 평범한 욕조 물을 호사스러운 샴페인 목욕으로 둔갑시키는 거품 목욕제에 관한 것이다.

답은 거품을 내라는 것이다. 목욕물을 더 오랫동안 따뜻하게 유지하고 싶다면 말이다. 거품 층은 물에 차단막을 쳐 열이 달아나지 못하게 한다. 목욕물 거품이 더 편안하게 휴식을 취하게 해준다는 증거는 못 찾았다. 증거가 없다고 그렇지 않다는 뜻은 아니다. 그나마 실마리를 던져줄 만한 연구에서는 좀 다른 질문을 다루었다. 기포가 부글부글 나오는 월풀 욕조의 목욕과 기포가 없는 조용한 욕조의 목욕 중 어느 것이 더 편안한가 하는 질문이다.

이 중요한 문제를 말끔히 정리하기 위해 1990년 미네소타의 월풀 진열실에서 실험이 진행되었다.[19] 연구가 진행된 장소에 관해 읽자마자 머릿속에 한 장면이 떠올랐다. 진열실 주변을 서성거리며 살까 말까 고민 중인 욕조에 벌거벗은 사람이 앉아 있는 것을 보고 고객들이 민망해하는 장면. 그러나 나중에 밝혀진 바로 실험은 상점을 닫는 일요일에 진행되었다. 품위나 상점 판매고를 위해서는 실험이 조용히 진행된 편이 다행이었다. 요란한 월풀 욕조 목욕이나 조용한 욕조 목욕이나 불안을 감소하고 행복감을 높이는 데는 별반 차이가 없다는 결과가 나왔다.

미네소타의 실험을 통해 밝혀진 목욕 일반에 대한 희소식 하나. 실험 참가자들은 월풀 목욕이건 일반적인 목욕이건 모두 목욕을 하고 나서 편안한 휴식을 누렸다는 느낌을 받았다. 설문지에 피험자들은 이런 말을 남겼다. "근육이 몽땅 풀어진다."

"이게 사는 거지"라는 달콤한 말도 있었다. '사는 건 이런 것'이라는 말이야말로 모든 것을 요약해주지 않는가. 일단 여기까지. 여기서 중단하는 것을 용서하시길. 목욕물이 넘치면 안 되니까.

산책의 화설한

보상

6.

산책에는 힘이 든다(일단 다리를 쓴다).
하지만 분명하게도,
책상에 앉아만 있는 것이 더 힘들다(다리를 쓰지 않는데도).
왜일까.

노력과 에너지가 드는 산책을
휴식과 정반대라고들 여기곤 한다.
그럼에도 산책을 편안한 휴식으로 느끼게 만드는
신체적이고 정신적인 요인이 있으며,
그것이 이 장의 핵심이다.

지금보다 젊었던 시절 나는 산책의 광팬은 아니었다. 칠레 남부에 있는 토레스 델 파이네 국립공원Torres del Paine National Park으로 장엄한 도보여행을 나서기 전까지는. 그토록 장대할 줄 모르고 나선 여행이었다. 물론 산책을 택한 건 내 의지였다. 거대한 탑처럼 생긴 화강암 봉우리 셋을 보고 싶었다. 공원 이름은 이 봉우리에서 유래했다. 토레스 델 파이네는 '파이네의 탑'(푸른 거탑이라는 뜻)이라는 뜻이다. 길을 나서면서 내가 제대로 몰랐던 사실은 이 여정이 상당히 길고 고되다는 것이었다. 당시에는 남편의 말을 믿었다. 길을 떠나기 전날 밤, 목조 숙소 안의 공동 침실 이층침대에 누워 남편은 날 안심시켰다. "다섯 시간 정도면 왕복할 수 있어." 잠들기 전 생각했다. '꽤 걷겠군. 하지만 그 정도라면 괜찮아.'

이튿날 아침 우리가 가야 할 길은 내내 푸르고 평평한 계곡이다가, 자갈 비탈을 둘러갔다가, 바위가 흩어진 야트막한 강을 따라 숲으로 들어가는 경로였다. 숲의 어느 지점에선가 다른 배낭여행객이 나무에 배낭을 자물쇠로 걸어놓고 가라고 조언해주었다. 이제부터 길이 더 험해진다는 뜻이었다. 남편과 나는 절반은 걷고 절반은 두 손으로 바위를 짚어가며 기듯 비탈을 오른 다음 바위를 타고 넘어 결국 반달 모양의 고원에 도착했다. 믿을 수 없을 정도로 푸른 호수와 하늘은 경이 그 자체였다.

드디어 우리 앞에 암석이 드러났다. 거대하고 평평한 암석 덩어리 세 개가 거대한 노처럼 푸르른 풍광 위로 들쑥날쑥 솟아 있었다. 이 유명한 천연 탑들은 높이가 엄청나기 때문에 등반할 배짱이 있는 사람들은 바위 절반 정도의 높이까지 올라간 다음 멈춘 채 그대로 하룻밤을 보내야 한다. 공중에 떠서 바람에 흔들리며 클립과 강철 고리에만 의지한 채 바람막이에 몸을 맡기고, 허공을 응시하고, 허공에 소변을 뿌려가면서 말이다.

그야말로 엄청난 광경이었다. 그곳은 내가 그때껏 본 것 중 가장 장려한 풍광에 속했고, 거기까지 가는 노력이 아깝지 않을 만큼 근사했다. 그러나 왕복 다섯 시간이라는 남편의 말은 정확한 것이 아니었다. 사실 소요 시간은 남편이 말한 두 배 이상이었다. 길을 나선 지 여섯 시간이 지나서 우리는 주저앉아 도시락으로 싸간 점심을 먹었고 경이로운 경치를 구경했지만 귀로에는 들어서지도 못했다.

숙소로 돌아오는 길은 그다지 나쁘지 않았고 중간에 따뜻한 초콜릿에 찍어 먹는 추로스를 파는 카페가 있어서 풍광 구경 못지않게 신이 났다. 풍경이 아무리 근사해도 마지막 두세 시간은 탈진할 정도로 힘들었다. 나를 계속 움직이게 한 것은 딱 한 가지였다.

길을 나서기 전 우리는 아늑한 숙소를 예약해두었다. 돌아올 때를 대비해서였다. 흥미진진한 대목은 욕조가 딸린 방이었다는 것. 세 개의 봉우리에서 돌아오는 내내 욕조의 뜨거운 물로 미끄러져 들어가 쑤시는 발과 무릎과 타는 듯한 허벅지 통증을 푸는 상상에 잔뜩 들떠 있었다. 그러나 상황은 예상대로 돌아가지 않았다. 늦은 밤 어둠 속에서 목조 주택을 닮은 호텔로 들어서는데 '우리' 방에 불이 켜져 있었다. 다른 커플이 짐을 푸는 중이었다. 그중 한 명은 더운 물 그득한 욕조가 있는 '나의' 욕실로 발을 들이려는 게 분명했다! 마음이 찢어지게 아팠지만 무슨 이유가 있겠지 싶었다. 사연은 이러했다. 우리가 너무 늦는 바람에 호텔 주인이 오지 않는가보다 오해하고는 방을 다른 손님에게 내준 것이다. 결국 우리는 숙박 시설을 찾아 동네 주변을 헤맸다. 나는 욕조가 있는 방이어야 한다고 고집을 부렸다.

칠레의 여정은 아름다운 풍경과 피로에서 끝나지 않았다. 나는 그곳에서 큰 깨달음을 하나 얻었다. 여정에서 돌아온 날 밤 나는 지치고 여기저기 쑤신 몸을 부여잡으며 잠자리에 들었다. 산책 소요 시간에 대한 남편의 틀린 계산, 아니 거짓말을 호락호락 봐주고 싶지 않았다. 긴긴 산책은 피곤할 뿐 아니라 지루했다. 그러면서도 나는 더없이 행복한 상태였다. 그랬다. 행복감 가운데 일부는 내가 그토록 먼 곳까지 걸어갔다는 사실에 대한 자부심에서 비롯된 것이었다. 인정한다. 세계적으로 불가사의한 절경의 한 곳을 보았다는 느낌 또한 근사했다. 하지만 그것만은 아니었다. 어마어마한 만족감과 내적 평화가 나를 감쌌다. 드디어 나는 왜 사람들이 산책을 그토록 좋아하는지 이해하게 되었다. 이후 나는 산책을 꽤 즐기는 사람이 되었다. 물론 내가 했던 가장 긴 산책은 여전히 칠레에서의 산책이지만.

휴식 테스트에 참여한 사람들 가운데 38퍼센트가 산책을 최고의 휴식 셋 중 하나로 꼽았다. 산책이 인기를 끄는 요인은 물론 많다. 내 경우에는 무엇보다 첨탑처럼 독특하게 생긴 장대한 바위를 볼 수 있다는 점이었다. 보통 긴 산책의 즐거움은 도시의 콘크리트와 분주함과 교통 혼잡으로부터 멀리 떨어져 자연을 느끼며 걸을 수 있다는 데서 온다. 자연과 더불어 시간을 보내는 것은 휴식 테스트에서 2위를 차지한 휴식 활동이다. 더 자세한 이야기는 뒤에서 다룰 것이다. 여기서 초점을 맞추고 싶은 것은 다른 요인들이다.

한 것도 없는데 ⎯ 참신한 생각이 ⎯ 떠오르다니 ⎯

산책을 나설 때 필요한 것은 약간의 시간뿐 다른 것은 없다. 산책의 기쁨 중 하나는 소박함이다.

산책이 제공하는 휴식의 진정한 열쇠는 우리가 아무것도 하지 않으려 애쓸 때(이 문제는 다음 장에서 자세히 다룬다) 마주하게 되는 가장 큰 장애물 두 가지를 산책이 해결해준다는 점이다. 첫 번째 장애물은 죄책감이다. 우리는 늘 휴식을 간절히 원하고 귀하게 여기며 휴식이 이롭다고 생각한다. 그렇다 해도 집이나 사무실에는 할 일이 그득히 쌓여 있다. 게다가 닦아야 할 곳, 갈아야 할 전구, 채워야 할 서식, 써야 할 보고서 등 해야 할 일이 죄다 가까이 있다. 하지만 산책하러 집이나 일터를 떠나는 순간 할 일과는 안녕이다. 해야 할 일이 사라지지는 않겠지만 나중에 해도 된다. 나가서 걷는 동안만큼은 걷기만 하면 된다. 할 일은 그뿐이다. 물론 휴대전화는 무음으로 해두어야겠지.

미국의 시인이자 수필가인 헨리 데이비드 소로Henry David Thoreau는 산책이 주는 재충전 효과를 칭송한 선구자다. 그는 산책이 주는 커다란 이로움으로 집과 일터의 할 일로부터 멀리 벗어나게 해주는 점을 꼽았다. "하루에 최소 네 시간, 사실은 그보다 더 많은 시간을 모든 세상사에서 벗어나 숲과 언덕 너머와 들판을 거닐지 않았다면 내 건강과 정신은 온전히 유지되지 못했으리라. (…) 수리공들과 상점 주인들이 오전 내내뿐 아니라 오후까지 가게에서 대부분 다리를 꼬고 앉아— 다리라는 기관이 서거나 걷는 것이 아니라 앉기 위해 만들어진 양— 있다는 생각이 들 때면 그들이 오래전에 자살하지 않고 버텼다는 사실을 칭송 받아야 하지 않을까 싶다. 나는 단 하루라도 방에만 있으면 녹이 슬고 말 사람이다. (…) 그래서 고백한다. 수주일, 수개월, 아니 수년, 수십 년 동안 하루 종일 상점과 사무실에 스스로를 가두어두는 내 이웃들의 정신적 마비 상태와 인내심이 놀라울 뿐이라고 말이다."[1]

소로가 쓴 구절에서 내가 가장 좋아하는 점은 흔한 통념을 뒤집는다는 점이다. 소로는 긴 산책이 아니라 오히려 책상 앞에 앉아 있는 일이 더 힘들다고 주장한다. 이 책을 쓰느라 노력하는 내내 이러한 주장은 내 심금을 울렸다. 소로는 많은 단어를 동원해 말하지 않지만, 산책이 훌륭한 휴식이 된다는 것을 잘 알고 있다. 정신뿐만 아니라 몸에도 그러하다. 다리를 펴는 것이 궁극적으로는 다리를 아예 쓰지 않는 것보다 휴식이 된다.

휴식을 방해하는 장애물 가운데서 훌륭한 산책이 제거해주는 또한 가지는 지루함에 대한 공포다. 산책도 물론 어느 정도는 지루할 수 있지만 대개는 기분을 바꾸어줄 자연 경관이 함께 있다. 반짝반짝 빛나는 영롱한 바다와 하얀 절벽, 완만히 경사진 푸른 언덕과 옥수수가 노랗게 익어가는 들판, 높은 울타리와 녹음 짙은 숲 같은 풍광이 산책에 수반된다. 도시를 걷는다면 집과 정원의 변화무쌍한 풍경도 있다 (나는 이런 풍경이 늘 재미있다). 그리고 교회(별로 재미없다), 공관들과 술집(잠깐 한잔? 왜 안 되겠는가?)도 있다. 산책길에 마주치게 되는 작은 것들도 기분을 전환해주고 우리를 순식간에 매료한다. 저 발자국, 비정상적으로 크지 않나? 저 계단 참 희한하게 생겼군. 저 새는 이름이 뭘까?

눈길을 끌 외부적인 요소가 전혀 없다 치더라도 걷는 행위의 반복적인 리듬 덕에 지루함조차 몰입 경험을 준다. 몰입해 걷다 보면 다리가 길을 잃기도 하고 마음까지 어딘지 모를 곳에 가 있을 수도 있다. 걷는 일이 가령 집에서 역까지 걷듯 목적지로 가는 방편이라 하더라도 걷기라는 행위 자체가 목적이 될 수도 있다. 하루 중 뭔가 다른 것을 생각하지 않는 진귀한 시간이라는 뜻이다. 나는 런던에서 일하면서 직장 회의 막간을 이용해 산책을 한다. 산책 시간은 생각을 정리하거나 닥칠 일을 준비하는 시간이 아니라 그저 몇 분 동안 머리의 스위치를 끄는 시간이다. 산책의 리듬 덕에 나는 스위치를 끌 수 있다.

걷기의 역사를 다룬 『걷기의 인문학』(반비, 2017)을 쓴 리베카 솔닛 Rebecca Solnit은 역설적이게도 자신이 쓰는 책에 관해 가장 집중적으로 생각할 수 있다고 느낀 때가 산책 시간이었다고 한다. 물론 솔닛은 책상 앞에 앉아 생각을 할 수도 있었을 것이다. 그러나 요즈음 생각하는 행위 자체는 생산적인 시간 활용법으로 간주되지 않는다. 현대인들은 생각하는 동안을 아무것도 안 하는 것으로 여기며, 깊은 사유를 위해서는 생각하는 행위가 필요함에도 생각이라는 행위 자체를 못 견뎌한다. 그렇다면 어떻게 해야 깊은 사유 모드로 전환할 수 있을까? 솔닛은 "생각이 가장 잘될 때는 그 행위를 뭔가 다른 행위로 위장할 때다. 가장 효과적인 위장 행위가 바로 산책이다"라고 제안한다.[2]

나는 자동차가 없다. 그래서 상점, 병원, 친구네, 식당이나 술집 등 인근의 모든 곳을 걸어서 간다. 그러면 지역의 특정 거리들과 더 친숙해진다. 수백 번은 걸어본 길이기 때문이다. 이웃들과 우연히 만나 수다를 떨기도 한다. 끈으로 가로등 기둥에 걸어둔 '잃어버린 고양이를 찾습니다' 게시물을 읽기도 한다. "스위트콘, 리오와 루시가 행방불명 됐어요. 모두 사랑하는 아이들입니다" 같은 문구가 쓰여 있다. 해가 지고 집집마다 불이 들어오면 집 창문을 들여다보며 그 집의 생활을 상상하기도 한다. 늦은 밤이면 앞의 포장도로에서 여우들이 음식 쓰레기를 기웃거리며 코를 킁킁대는 모습을 목격하기도 한다. 내가 다가오는 것을 보아도 녀석들은 겁을 내지 않는다. 가야겠다는 생각이 들면 느긋하게 사라진다.

하늘이 검푸른 빛으로 변하면서 폭우가 쏟아질 때, 손에 든 쇼핑백들이 무거워 자국이 날 지경일 때는 내가 상점가에서 가장 먼 도로 끝에 산다는 사실이 저주스럽다. 어느 날 도로가 기적적으로 짧아지는 걸 발견하는 상상에 빠지기도 한다. 내가 사는 지역에서 걷는 모든 걸음이 휴식으로 충만하거나 몰입하게 해주거나 즐거운 것은 아니다. 그러나 문밖으로 나가 정처 없이 돌아다닐 수 없는 곳에서 밤을 보낼 때면 걸을 기회가 없어 아쉽다. 한번은 안전하게 걸을 만한 인도와 멀리 떨어진 숙소에 묵은 적이 있다. 출장으로 방문한 미국의 한 모텔이었는데 접수원에게 어느 방향으로 가야 산책을 할 수 있느냐고 물었더니 황당하다는 표정을 지었다. 뭘 한다고요? 어디를 가고 싶다고요? 그저 그 지역을 둘러보고 싶다고 말하자 접수원은 렌터카로 운전을 하면 되지 왜 걷겠다고 하는지 이해하지 못했다. 그날 나는 고속도로 옆, 고가도로 아래, 쇼핑몰 사이 등을 걸었다. 그다지 마음에 남는 산책은 아니었다.

그래도 산책은 대체로 새로운 장소를 발견할 수 있는 훌륭한 방법이다. 속도는 주변 대상을 차분히 보고 받아들일 정도면 된다. 주위 환경을 흡수하고 시선을 붙드는 것들을 위한 여지를 남기되 생활의 다른 측면을 걱정할 여지는 주지 않는 정도라면 완벽하다. 걷는 일로 감각이 압도되지는 않을 만큼 느리게, 자유로이 잡념에 빠질 정도면 좋다. 딱히 할 일이 없어도 참신함을 느낄 수 있는 걷기. 더할 나위 없는 균형이다.

삶의 속도를 자연스럽게 늦추는 방식

산책이 제공하는 휴식의 또 한 가지 측면은 시간의 흐름이 다르게 느껴진다는 것이다. 더 정확히 말해 산책을 해야 비로소 시간 흐름이 자연스러운 속도가 된다고 해야 할 것 같다. 걸으려면 얼마간의 시간을 희생해야 하지만 걸으면서 시간이 팽창하는 듯 느껴진다는 점에서 희생한 시간은 보상을 받고도 남는다. 걷는 속도를 늦출수록 시간은 느려진다.

시간이 얼마나 지났는지 가늠할 때 우리가 사용하는 표식 중 하나는 움직인 공간의 거리다. 현대 교통수단은 엄청난 속도로 긴 거리를 주파해 이러한 시간상의 표식을 엉망으로 만든다. 가령 비행기는 어마어마하게 먼 거리를 지극히 빠른 속도로 가기 때문에 거리와 시간이 잘 안 맞는다. 멀리 여행을 갈 때 우리는 분명 지루한 비행 시간을 지나왔는데, 목적지에 도착해보면 출발지보다 더 이른 시간대를 만나서 과거로 돌아가 시간을 번 듯한 느낌을 받는다. 아예 앞서가서 며칠을 잃어버리는 경우도 있다. 우리의 생체시계는 잃어버린 그 시간을 따라잡으려 고투를 벌인다. 반면 자동차 이동은 누구나 익숙하기 때문에 자동차가 거리를 줄여주어 시간을 아껴준다는 사실은 정상으로 느껴진다. 자동차 이동 때문에 방향감각이 교란되거나 혼란을 느끼는 일은 없다는 뜻이다. 자동차의 긍정적인 효과 한 가지는 인간의 자연스러운 걷는 속도가 더 느리게 느껴진다는 것, 따라서 시간이 더 확장되는 느낌을 준다는 것이다.

체코공화국의 일부 지역을 나흘간 걸어서 여행한 적이 있다. 여행이 끝나갈 무렵 그간의 에너지 소모에 기분 좋을 정도로 지친 우리 일행은 출발한 곳으로 돌아가면서 버스를 탔다. 두 발로 정복하는 데 나흘이 걸린 광대한 땅은 버스로는 고작 25분 정도면 갈 수 있었다. 당시 우리는 시간이 쏜살같이 지나가는 현대의 생활방식으로부터 멀리 뒤처져 있었던 것이다. 버스를 타고 간 고장에서 다른 버스로 갈아타고 프라하의 버스 정류장까지 간 다음 전철을 타고 도심으로 들어갔다. 버스와 전철을 탄 이동 시간은 지루했지만 순식간에 지나갔다. 자세한 추억은 하나도 남지 않았다. 반면 걸었던 길에 대한 추억은 아직도 모조리 생생하다. 그때도 지금도 걷는 행위는 시간을 확장해주고 시간의 깊이감을 만들어주는 것 같다. 우리가 산책을 꽤 큰 휴식으로 간주하는 것은 이런 까닭이다. 오늘날 생활 속도는 대부분 지나치게 빠르다. 걷기는 살아가는 속도를 느리게 만들어준다.

거인들의
발자국을
밟다

"산책을 하면 자신의 몸에 치이지 않은 채로 몸속과 세상 속에 동시에 존재할 수 있다. 걷는 행위를 통해 우리는 자신의 생각 속에서 길을 잃지 않으면서도 자유로울 수 있다." 리베카 솔닛이 쓴 위의 두 문장은 걷기의 독특한 속성을 잘 짚어낸다. 걷기는 몸과 마음의 작용에 적절한 균형을 부여한다.

리베카 솔닛뿐 아니라 베토벤, 디킨스, 괴테, 키르케고르, 니체, 워즈워스, 칸트, 아리스토텔레스 모두 긴 산책을 좋아했고 산책이 좋다는 근거도 비슷하게 제공했다. 긴 산책을 통해 이들은 사유할 기회를 얻었다. 독일의 철학자 니체는 1889년 "진정으로 위대한 모든 사유는 산책에 의해 잉태된다"라고 썼다. 그로부터 100년 전 프랑스의 사상가 루소는 집중할 수 있는 유일한 방법이 산책이라며 "발걸음을 멈추면 생각도 멈춘다. 나의 사유는 다리와 함께할 때만 작동한다"라고 주장했다. 우리 같은 보통 사람들은 이 위대한 인물들의 재능을 가질 수는 없더라도 산책의 경험만큼은 공유할 수 있다. 뭔가 해결되지 않아 빠져나오지 못하는 상황이라면 포기하고 산책을 나선다. 나를 붙드는 일에 관해 생각하기를 중단한다. 운이 좋다면 해결책이 다가올 수도 있다. 확신컨대 많은 사람들이 '머리를 비우려고' 산책을 나간다고 말할 것이다. '머리를 비운다'고 할 때는 생각이 실타래처럼 이리저리 얽혀 있다는 뜻이다. 산책은 엉킨 실타래를 풀어주는 듯 보인다. 흐린 구름을 걷어낸 하늘처럼 머리가 맑게 갠다.

걷기가 창의력을 높인다는 탁월한 증거가 있다. 스탠퍼드대학교의 연구자들은 피험자들을 무작위로 분류한 다음 네 가지 상이한 활동을 시켰다. 실내의 텅 빈 벽 앞에 설치한 트레드밀에서 걷기, 실내의 텅 빈 벽 앞에 놓은 의자에 앉아 있기, 대학 캠퍼스 주변 걷기, 다른 사람이 밀어주는 휠체어에 앉아 캠퍼스를 걷는 사람과 동일한 경로로 돌기. 그런 다음 피험자들에게 창의력 실험을 치르게 했다. 과제는 단추 같은 물건의 용도를 가능한 한 많이 생각해내는 것이었다(한 피험자는 단추를 작은 체로 쓰자고 제안했다. 참 신선한 아이디어라고 생각한다). 점수를 따려면 다른 피험자가 전혀 생각 못한 독창적인 대답을 내놓아야 했다. 그렇다고 단추를 우주선으로 쓰자는 따위의 제안은 아무 소용없다. 실행 자체가 불가능하기 때문이다.

논문에서 연구자들은 신선하고 실용성 있는 답을 '참신하면서도 적절한 제안'으로 명명했다. 이러한 제안의 반례로 연구자들이 제시한 사례는 단추를 더 가벼운 유동체로 만들어 수프의 재료로 쓰자는 안이었다. 연구자들의 절제된 표현에 따르면 이것은 독창적이지만 '부적절한' 안이었다. 어쨌건 연구자들이 발견한 것은 야외 산책이 아이디어의 흐름을 자유롭게 풀어놓는 가장 좋은 활동이었다는 것이다. 2위는 실내에서 걷기, 3위는 밖에서 휠체어 타고 돌아다니기였다. 실

내에 앉아 있는 것은, 당연히, 꼴찌였다.[3]

산책의 장점을 발견한 이 연구 논문에는 동음이의어를 활용한 말장난이 간간이 섞여 있다. 일반적인 건조한 학계 논문에서는 찾아볼 수 없는 재미있는 말장난을 연구자들이 일부러 심어놓았다는 것이 놀랍고 재미있었다. 추상적인 뜻을 지닌 표현들에 걷기, 다리, 발 등의 단어가 들어가 있었다. 가령 "관측을 견고한 '토대' 위에 놓다"putting observations on a solid 'footing'라거나, 있는 힘을 다한다는 뜻으로 "최상의 '발'을 앞으로 내밀다"putting your best 'foot' forward 등의 표현이 등장했다. 논문 제목은 아예 「당신의 생각에 '다리'를 제공하라」Give your ideas some 'legs'였다. 경이로웠다. 연구자들이 연구 결과를 직접 행동으로 옮겨, 창의적인 글을 쓰기 위해 긴 산책을 한 게 아닌가 싶을 정도였다.

그건 그렇고, 휠체어 사용자들을 안심시키려는 듯 논문의 저자들은 휠체어를 탄 피험자들이 휠체어를 직접 밀었다면 이들의 창의성 역시 걷는 사람들만큼 높았으리라는 데 주목했다. 이 연구와 다른 연구들을 통해 분명해진 점은 우리 자신이 주도적으로 실행하는 움직임에 자유로운 생각을 가능하게 해주는 무엇인가가 있다는 것이다. 물론 아리스토텔레스를 비롯해 위대한 사상가들은 그 점을 이미 알고 있었을 것이다. 하지만 연구란 새로운 것을 발견하는 것이라기보다 우리의 직관을 과학으로 확증해주는 것이 아니던가.

걷기를 통해 얻을 수 있는 것은 창의력(그리고 물론 건강)뿐만이 아니다. 다른 사람과 함께 걸을 경우 공감 능력이 높아지고 협동에도 더욱

능해진다는 증거가 있다. 누군가와 나란히 걸을 때는 부지불식간에 상대와 보폭을 맞추기 시작한다. 분주한 도로를 건너기 위해, 또는 우리를 지나치는 뭔가가 주의를 끈다는 이유로 대화를 자동으로 중단한다. 그런 다음 무언의 규칙에 의해 대화를 언제 중단했냐는 듯 다시 이어간다. 사람들에게 발을 맞추어 걸어야 한다는 지침을 주는 경우 심지어 집단을 위해 희생하려는 의지가 더 커진다고 한다. 교전 협상을 성공적으로 진행하려면 교전 당사자들이 야외에서 함께 걸어야 한다는 제안도 이런 근거에서 나온 것이다.[4] 협상 당사자들이 (고정된 위치가 강조되도록) 회의실 탁자를 사이에 두고 상대를 마주하는 대신 나란히 서서 세계를 함께 바라볼 수 있기 때문이라는 것이다. 실제 평화 회담에서 이러한 제안을 시도해보았는지는 의심이 가지만 시도해볼 가치는 있는 착상 같다. 정장을 차려입은 남녀들이 엄숙한 얼굴을 하고 함께 길을 나서서 걷기 시작하는 모습, 높은 산길을 걸으면서 창의적인 타협책의 영감을 받는 모습을 그려보라. 파견된 대표들이 어느 날 오후 늦게 계곡까지 내려간 뒤에 좀 지쳤지만 희열에 가득 차 '자, 이제 우리가 시리아 내전 문제를 해결했군요!'라고 말한다면 정말 멋지지 않겠는가!

물론 평화로운 도보여행이 냉담한 침묵 속에 흘러갈 가능성도 늘 있다. 나는 수다를 떨면서 걷는 쪽이다. 나는 꽤 말이 많은 사람이다. 이런 나에게도 걷기는 때로 대화를 동반하지 않는 고요한 편안함에 절묘하게 어울린다(다른 사람과 같이 걸을 때조차). 프랑스의 철학자이자 교수이자 작가인 프레데리크 그로Frédéric Gros는 타인과 걷는 일을 가리켜 '고독의 공유'라고 표현한다.[5] 원하면 말을 할 수도 있지만 누구도 굳이 침묵을 채울 필요는 없다. 걷는 행위가 이미 침묵을 채우기 때문이다. 이것을 고독과의 동행이라고 할 수 있을지.

나란히 걷는다는 이야기를 하다 보니 '현관 앞에 나와 앉아 있기'가 떠오른다. 현관 앞에 앉아 있을 때처럼 때로는 상대와 마주 앉기보다 상대의 옆에 앉아 있을 때 내밀한 개인 문제를 이야기하기가 더 편하다는 뜻으로, 상담에서 비롯된 아이디어다. 십 대 자식들에게 말하기가 가장 편할 때는 자신이 운전을 하고 아이가 조수석에 앉아 있을 때라는 데 주목하는 부모들도 있다. 서로 마주보지 않아도 이야기를 나눌 수 있는 것이다. 이러한 대화에는 격식을 차린 맞대면의 요소가 제거되어 있다.

산책에는 또 다른 요소도 있다. 일상의 세계에서 좀 떨어져 있기 때문에 산책을 통해 생각을 할 수 있는 것처럼, 걷는 동안만큼은 연애나 인간관계나 미래 혹은 인생의 의미, 아니면 심지어 사후에 일어날 일 등 단조로운 일상으로부터 떨어진 문제들을 논할 수도 있다. 요는, 걷기를 통해 자유롭게 사유할 수 있을 뿐만 아니라 사유의 깊이 또한 키울 수 있다는 것이다. 그런데 이런 사유가 휴식이 될까? 글쎄, 때때로 가장 심오한 평화는 심오한 문제들을 생각할 때 찾아올 수 있는 것 아닐까.

몸이 이렇게
지쳤는데
휴식이라고요?

걷기에는 온갖 종류의 장점이 있지만 정작 휴식 문제로 들어가면 역설은 여전히 남는다. 진정한 휴식은 분명 뭔가를 중단한다는 뜻인 반면 걷기는 죄다 앞으로 나아가는 추진력과 관련된 것이라는 역설이다. 여기서 더 폭넓은 문제가 제기된다. 휴식을 주고 싶은 것은 마음인가 아니면 몸인가? 둘 중 하나를 소진하면 다른 하나가 자유를 얻어 휴식이 될까? 아니면 진정한 의미의 휴식은 몸과 마음 사이에 올바른 관계를 맺는 문제인가?

스티브 파울러Steve Fowler라는 시인이 있다. 그는 현재 시인이지만 격투기 선수 경력이 있다. 만나보면 지나칠 정도로 온화한 사람이라 격투기를 했으리라 상상이 잘 안 된다. 그러나 여전히 매우 건강하고 근력도 좋다. 요즘 그는 상대 선수에게 날리던 펀치를 체육관의 샌드백에 날린다. 샌드백을 치고 또 치고, 지쳐 곤죽이 될 때까지 친다. 심지어 '기진맥진할 때까지 샌드백 치기' 영상까지 찍었다. 영상에 나오는 파울러는 몇 시간이고 샌드백을 손으로 치고 발로 차면서 완전히 지쳐 떨어질 때까지 멈추지 않는다. 파울러는 이것이 자신의 휴식 방법이라고 주장한다.

그는 내게 불안해 안절부절못한다고 느낄 때는 지칠 때까지 운동하는 것이 불안하지 않은 휴식 상태에 도달하는 가장 빠른 방법이라고 말해주었다. 그렇게 운동을 하고 나면 더 창의적인 시를 쓸 수 있을 뿐 아니라 더 나은 사람이 되었다는 확신도 든다고 했다. 극도의 에너지 소모가 왜 휴식이 될 수 있는지 그 이유의 핵심이라 할 만한 것도 말해주었다. '자신에게서 자신을 빼내는' 가장 직접적인 방법이라는 것이다.

스티브 파울러가 말하는 활동은 걷기보다 훨씬 더 힘들고 에너지가 필요하지만 그런 사람들은 파울러 말고도 더 있다. 걷기를 휴식으로 선택한 38퍼센트의 사람들뿐 아니라 16퍼센트는 특정 종류의 운동을 선택했고 8퍼센트는 심지어 달리기가 휴식이 된다고 말했다. 달리기는 아무리 보아도 휴식의 정반대 개념이다. 앉아 있는 게 아니라 서 있고, 가만히 있는 게 아니라 움직이며, 천천히 숨을 쉬는 게 아니라 빨리 쉬는데다 근육을 쉬게 하기는커녕 활성화하기 때문이다. 그러나 많은 이들이 달리기를 휴식으로 여기며 심지어 휴식으로 가는 필수 경로라고까지 생각한다.

다시 걷는 이야기로 돌아가겠지만 일단 나는 달리는 사람들로부터 배울 게 있는지 궁금하다. 한발 앞으로 또 한발, 한발 앞으로 또 한발, 한발 앞으로 또 한발. 여가가 날 때면 장거리 달리기를 하는 어느 기업의 고위 간부는 언젠가 내게 이렇게 말해주었다. 한발 앞으로 또 한발이라고 계속 주문을 되풀이하다 보면 1마일 또 1마일 끊임없이 뛸 수 있다는 것이다. 우리는 자신의 생각보다 훨씬 멀리까지 뛸 수 있다고 했다. 한발 앞으로 또 한발 움직이다 보면 멈추기가 불가능하다면서. 그는 사하라 사막 마라톤Marathon de Sables에 참가했을 당시 모로코의 험준한 모래 언덕을 밤새 뛰어서 횡단하는 동안 '한발 앞으로 또 한발'을 끊임없이 되뇌며 스스로 동기를 부여했다.

사하라 사막 '마라톤'이라고 하니 42.195킬로미터를 뛰는 한 경기처럼 보이지만 실제로는 여섯 경기를 잇달아 뛰어야 한다. 경기 도중에 포기하고 하차하는 사람들은 '낙오자'라 불리며, 중간 집결지에서 누가 낙오자인지 표시해주는 녹색 완장을 찬다. 낙오자가 되다니 창피하긴 하겠지만 최소한 쉴 기회가 생겨 기쁘지 않을까 생각했지만 천만의 말씀이었다. 낙오자 처지가 된 사람들은 그야말로 처참한 상태가 된다고 한다. 이유가 무엇이건 그 정도로 낙담한다면 도저히 휴식 상태에 있다고는 볼 수 없을 것 같다.

새로운 연구를 살펴보면 극한의 운동을 휴식이라고 간주하는 이유가 어느 정도 밝혀진다. 뇌과학자들이 발견한 바에 따르면, 프로 장거리 달리기 선수들의 뇌는 거의 안 움직이는 사람들의 뇌와 연결 패턴이 다르다. 심지어 이 선수들은 뇌 스캐너에 연결된 채 누워 특별히 아무것도 안 해도 작업 기억 및 실행 기능과 관련된 뇌 부위의 공동 활동이 증가했다. 그리고 뇌 속 수다쟁이인 디폴트 모드 네트워크의 활동은 감소했다. 이 연구는 아직 예비 단계이지만 이러한 패턴은 정기적으로 명상을 하는 노련한 사람들의 뇌에서 발견되는 신경 패턴과 유사하다. 운동선수들이 장거리 경기에 더 자주 참가할수록 이러한 작용의 효과도 강력해진다. 달리기가 뇌에 끼치는 영향이 명상이 뇌에 끼치는 영향과 거의 같은 듯 보일 정도다. 몸에 힘을 쓰는 동안 뇌가 쉬게 되고 뇌의 수다 또한 잠잠해지는 효과가 있었던 것이다. 게다가 이 효과는 달리기가 중단된 이후까지 지속되었다. 달리기보다는 덜 극단적이겠지만 걷기에서도 이와 비슷한 일이 일어날 수 있다. 프레데리크 그로는 그것을 '서구식 명상'이라고 불렀다.

격렬한 운동을 중단했을 때의 기쁨

또 한 가지 궁금한 점은 운동이 주는 휴식이라는 성질이 운동을 중단했을 때의 기쁨과는 얼마만큼 관계가 있나 하는 문제다. 나는 규칙적으로 뛴다(장거리 선수들이 그걸 뛴다고 인정해줄지 확신은 없지만). 그리고 뛰러 나갈 수 없다면 아쉽기는 하겠지만, 뭐니 뭐니 해도 가장 좋은 부분은 막판에 집으로 돌아와 자기만족에 취해 휴식하는 것이다.

중단할 수 있다는 것은 걷기의 기쁨 가운데 하나다. 루소는 이렇게 말했다. "나는 편안하게 걷고 멈추고 싶을 때 멈추는 게 좋다." 혼자 걸을 때는 중단하기 위해 상대와 의논할 필요조차 없다. 편할 때 멈추어 주변 시골의 풍광을 받아들이고 따스한 빛처럼 퍼져나가는 성취감을 한껏 누리면 그만이다. 바람을 벗어나 어딘가 쉴 곳을 찾을 수도 있다. 암석의 노두 아래도 좋다. 배낭 바닥에 깔려 짓눌린 잼 샌드위치, 다른 때 같으면 입에도 안 댈 그런 샌드위치도 아주 맛나다. 마침내 집에 돌아와 제대로 쉴 수 있을 때 느껴지는 피로는 어쨌건 아주 흐뭇한 종류의 노곤함이다. 책상 앞에서 여러 시간 일한 뒤에 느끼는 경직된 피로도, 체육관에서 과도한 운동을 한 다음에 쑤셔대는 근육통도 아니다. 그것은 이제 마침내 '진정으로' 쉴 수 있다는 흡족함이다.

의문은 여전히 남는다. 운동선수들은 여섯 번째 마라톤의 모든 순간을 즐기는가, 아니면 그들도 주로 경기가 끝나기를 고대하고 있는가? 답을 알아낼 유일한 방법은 선수들에게 직접 물어본 다음 솔직한 대답을 기대하는 것뿐이다. 한 연구팀이 마라톤 선수들에게 바로 이 질문을 던졌다. 첫째, 마라톤 선수들은 뛰는 동안 하는 생각을 중계 방송하도록 훈련을 받았다. 그 과정은 다음과 같이 진행되었다.

내가 여러분에게 동물 스무 가지를 대고 여러분의 생각 과정을 자세히 말해보라고 요청했다고 상상해보라. 정말 한번 해보자. 퍽 재미있고 흥미진진하다. 나의 동물 목록은 다음과 같다. 개, 고양이, 생쥐, 큰 동물은 어떨까? 사자, 호랑이, 코끼리, 물속에 사는 고래, 돌고래, 알락돌고래, 물개, 바다코끼리. 좀 작은 야생동물은 여우, 담비, 오소리, 토끼, 산토끼, 사슴. 이 정도면 충분한가? 아니, 좀 더 필요하다. 비버, 수달. 아프리카 동물도 좀 더 있어야 할 것 같다. 표범, 치타, 사자. 사자는 했

나? 한 것 같다. 원숭이. 그건 안 했다. 침팬지, 고릴라, 여우원숭이. 이제 다 된 것 같다. 아이디어를 얻기 위해 야생동물 영화를 생각해보자. 날개구리, 악어, 앨리게이터, 뱀. 자 이제 확실히 스무 가지 동물을 다 댔다. 도마뱀. 자꾸 생각나 멈추기가 어려울 지경이다.

일단 마라톤 선수들에게 이런 종류의 연습을 시킨 다음, 선수들은 달리기를 시작했고 뛰면서 떠오른 생각에 관한 의견을 녹음했다. 선수들이 항상 솔직했다고 100퍼센트 확신할 수는 없지만 그래도 결과는 흥미로웠다. 내 경우로 말하자면 나는 뛸 때 항상 뛰는 행위 자체 때문에 생각이 딴 데로 샌다. 때로는 팟캐스트 방송이나 음악을 듣느라 그렇게 된다. 거리에서 보는 것들 때문에 생각이 딴 곳으로 향할 때도 있다. 그러나 마라톤 선수들은 달랐다. 이들이 했던 생각의 72퍼센트는 뛰는 속도와 거리, 통증과 불편함, 그리고 어떻게 해야 계속 뛸 수 있는가에 집중되어 있었다. 단 28퍼센트만이 지형, 날씨, 교통 등에 대한 생각이었다. 선수들은 스스로 동기를 부여하기 위해 자기와의 대화 같은 것을 시도했는데, 그 사례를 여기 소개한다.

로리라는 선수가 한 말은 "기세 꺾이지 마! 절대 꺾이면 안 돼. 다시 시작해. 별 일 아냐"라고 한다. 빌이라는 선수는 가파른 언덕을 뛰어가면서 "정신, 이건 정신 문제야"라고 말했다.[6] 이들이 이러한 경험을 휴식이라고 여겼다는 것을 암시하는 바는 없지만 아마 나중에는 휴식이라는 느낌이 들었을 것이다. 경기에 본격적으로 나섰다면 달리기에 집중하는 일은 아마도 경기에서 이기는 성공의 열쇠겠지만, 다른 모든 것에서 벗어나기 위해서나 마음을 쉬게 하고 원기를 회복하기 위해 운동을 하려는 것이라면 잡념을 허용하는 쪽이 더 나은 길일 것이다.

앉은 곳을 벗어나는 것이 휴식이다

산책은 생각을 딴 데로 향하게 하고 몸을 피곤하게 해서 휴식한다는 느낌을 준다. 그러나 걷기를 바라보는 또 다른 방식이 있다. 특히 짧은 시간 걷기에 관해서다. 잠깐 동안의 걷기는 하루 종일 앉아만 있어야 하는 상황에서 벗어나 휴식을 취하는 것이나 마찬가지라는 이야기다. 오늘날 사무실에서 일하는 사람들은 자기 시간의 75퍼센트를 책상 앞에 앉아 보낸다. 그중 많은 부분은 불가피하다. 근무 시간인데 몇 시간이나 걷자고 사무실을 나가버릴 수는 없는 노릇 아니겠는가. 그러나 희소식이 있다. 그리 긴 시간 나갈 필요가 없다는 것이다. 아주 잠깐 산책하는 일도 건강은 아니더라도 행복감에서 차이를 만드는 것으로 나타났다.

한 연구에서 피험자들은 컴퓨터 앞에서 여섯 시간 동안 앉아 일을 했고 논문에 표현한 대로 '방광을 비워야' 할 때만 책상 앞을 떠날 수 있었다(완곡어법이 꽤 요란하다. 차라리 그냥 '화장실 간다'라고 하는 편이 덜 혐오스러웠을 것 같다). 하루를 시작할 때 이 사람들 중 절반은 30분 동안 트레드밀에서 좀 빨리 걸었다. 나머지 절반은 같은 양을 걸었지만 1시간마다 5분씩 짬을 내어 걸었다. 두 그룹 중 어떤 이들이 하루가 끝날 무렵 더 쉬었다는 느낌을 받고 에너지가 충전되었을까? 정답은 잠깐 짬을 내어 여러 번 걸었던 그룹이다. 두 그룹 모두 걸은 직후에는 에너지가 충전되는 느낌을 받았지만 잠깐씩 걸었던 사람들에게는 효과가 하루 종일 지속되었다. 이들은 퇴근 시간이 되자 기분이 더 좋았을 뿐 아니라 한 번에 오래 걸은 사람들보다 허기도 덜 느꼈다. 걷기로 휴식의 이득을 누리기 위해 꼭 산기슭에 살면서 매일 오후 긴 산책을 나갈 필요는 없는 셈이다. 심지어 도시를 오래 걸어 다닐 필요조차 없다. 그저 책상에서 일어나 건물 주변을 잠깐 도는 것만으로도 원기 회복과 휴식 효과를 볼 수 있다.

업무 중 점심시간이 되었을 때 다음 두 가지 선택지 가운데 어느 것이 휴식에 도움이 될까? 인근 공원에서 15분 걷기, 이완 운동 15분. 핀란드의 한 연구에 따르면 정답은 무엇이건 좋지만 두 가지가 효력을 내는 방식은 다르다고 한다.[7] 양쪽 모두 끝난 뒤에 사람들이 평소보다 덜 피곤해했고 오후에 집중력도 더 높아졌다. 이완 운동이 가장 큰 효력을 냈을 때는 사람들이 일에서 벗어났다고 느꼈을 때고, 걷기가 가장 효과적이었을 때는 이들이 잠깐이라도 밖으로 나가는 것을 즐겼을 때다. 즉 원기 회복을 위한 활동을 고를 때 일 생각을 멈추어줄 수 있느냐, 혹은 자체로 즐길 수 있느냐를 중요하게 고려해야 한다.

많은 연구들이 입증한 바에 따르면 운동은 기분을 상쾌하게 하고, 스트레스 저항력을 높여 부정적인 기분을 예방해주는 데까지 도움을 준다. 이러한 종류의 연구들은 걷기보다는 힘을 더 많이 쓰는 운동에 초점을 맞추는 경향을 보였지만, 최근 들어 추세가 다소 바뀌었다. 연구자들은 기분 향상에 가장 이상적인 운동 강도를 찾아내고자 전 세계 최상의 연구들을 샅샅이 뒤졌다. 걷기는 달리기만큼 좋을까? 시간은 얼마만큼 소요해야 할까? 희소식은 10분에서 30분 정도면 충분히 의미 있는 변화가 일어난다는 것이다. 달리기나 걷기나 큰 차이가 없으므로 자신이 실제로 할 가능성이 가장 높은 활동을 고르면 된다. 연구자들이 우연히 알아낸 바에 따르면 기분 향상의 폭이 가장 큰 활동에는 역기 들기도 포함되어 있었다. 이러한 활동을 하면 생각을 딴 데로 돌릴 수 있고 재미없지도 않으며 성취한 바를 측정하기도 쉬워서 내가 뭔가 해냈다는 결과로 기분이 쉽게 좋아질 수 있다. 물론 내가 보기에는 희한하지만 말이다(역기를 들어 올린다고?).

2018년 미국에서 100만 명 이상을 대상으로 연구를 진행한 결과, 산책이 정신 건강 문제를 17퍼센트 감소시킨다는 결과가 나왔다.[8] 실험 기간이 짧았기 때문에 걷기가 문제를 줄여주는 것인지 아니면 미연에 예방하는 것인지 확신할 수는 없다. 이미 정신 문제로 고통을 겪는 중인 사람들은 걷는 일을 아예 감당 못할 수도 있으니 말이다. 이러한 횡단 연구는 어떤 것이건 함부로 인과관계를 상정해서는 안 된다. 산책이 정신 질환을 막아주는 것일까, 아니면 정신 질환 때문에 애초에 걸을 수가 없는 것일까? 2018년에 진행된 또 다른 연구는 10년이라는 꽤 오랜 기간 3만4천 명의 피험자들을 추적 관찰해 앞에서 진행한 연구의 방법론적인 난제를 극복했다. 새로운 실험에서 연구자들은 우울증을 앓지 않았던 사람들은 규칙적인 운동이 실제로 우울증을 예방해주었다는 것을 발견했다. 물론 운동이 우울증 환자 전체에게 도움을 주지는 못했지만, 연구 수치들은 일주일에 한 시간 정도 운동을 하면 우울증 환자 가운데 12퍼센트는 예방할 수 있었으리라는 점을 보여준다. 다시 한번, 정신 건강의 측면에서는 걷기도 달리기만큼 좋다는 희소식을 전한다. 달릴 만큼 신체적으로 건강하지 않은 사람들도 이득을 볼 수 있다는 뜻이다.

하지만 우울증을 앓는 사람에게 운동을 시도해보았느냐고 물을 작정이라면 주의해야 한다. 의사들은 우울증 환자들에게 운동을 처방하고 대개 성공하지만 내가 아는 우울증 환자들은 남들이 달리기할 생각을 해봤느냐는 질문을 끊임없이 해댄다며 질색한다. 아무리 이롭다 해도 달리기가 누구한테나 적합한 운동은 아니다. 그리고 우리 대부분은 얼마간 걸어야 하긴 하지만 모두가 즐기지는 않는다. 이 책의 주제는 휴식을 찾는 다양한 길이 있다는 것이다. 자신에게 가장 잘 맞는 방법을 찾아야 한다. 물론 운동을 하고 난 날 밤에 숙면 효과가 크다는 훌륭한 증거도 있다.

이제 휴식과 운동의 관계에서 또 하나 기이한 부분을 언급해야겠다. 휴식 테스트 결과, 운동을 많이 하는 사람들일수록 자기가 더 많이 쉰다고 생각했다. 이들의 말은 틀리지 않다. 전날 시간을 어떻게 보냈느냐고 질문했을 때 운동한 사람들은 운동을 안 한 사람들보다 더 많은 시간을 쉬면서 보낸다고 대답했다. 이런 대답이 나오는 까닭은 외외로 간단하다. 운동을 하는 사람들은 운동 자체를 휴식이라고 생각할 뿐 아니라 운동 뒤에도 자신에 대한 보상 격으로 앉아서 쉬는 경향이 있다. 그러니 운동이라는 휴식과 운동 뒤의 휴식, 이중의 휴식을 취하는 셈이다.

걷기의 즐거움을
만보계한테
빼앗기지 말 것

내가 칠레에서 도보여행을 한 이후 산책이 주는 즐거움에 빠졌던 때로 돌아가 보자. 당시에는 핏빗Fitbit(이용자의 하루 걸음 수나 달린 거리, 소모 칼로리 등 운동량과 심장박동 수, 수면 시간 등을 측정해 데이터화하는 스마트워치)이나 걸음을 세는 앱 등의 기기가 전혀 없었다. 시리얼 회사들이 때로 만보계를 무료로 주기도 했지만 그걸 쓰는 사람은 많지 않았다. 지금 내가 사용하는 앱이 칠레 여행 때도 있었다면 걸은 거리가 목표치의 4분의

1이 되기도 전에 연녹색 종잇조각이 휴대전화 화면으로 쏟아져 내리면서 1만 보 위업을 달성했다고 축하해주었을 텐데. 그러한 축하가 내게 격려가 되었을까? 아마 그랬을 것이다. 그러나 가장 좋은 방식의 격려는 아니었을 것이다.

핏빗을 쓰는 사람들의 수가 급상승하고 있다. 걷기를 열망할 뿐 아니라 걸음 수를 측정해 수량화하고, 그것으로도 부족해 그래프로 시각화한 다음 초등학교 때 받았던 '참 잘했어요' 별 같은 것을 받아 자신에게 보상을 해주고 싶은 이들이 늘어난 결과다. 나 역시 그런 사람에 속한다. 하지만 걷기를 휴식으로 원한다면 이러한 생각은 재고해야 한다.

바야흐로 '자아 수량화'의 시대다. 이제 테크놀로지를 이용해 기분부터 소변보는 횟수까지 모든 것을 추적할 수 있다. 건강을 생각하면서 자신의 몸을 더 움직이도록 독려하는 방법을 찾아낸다면 분명 바람직한 일이다. 월드서비스 영국 공공보건청이 발표한 바에 따르면 중년을 맞이한 사람 열 명 가운데 네 명 정도는 한 달에 10분도 걷지 않는다고 한다.[9]

스스로 걷도록 설득하는 최상의 방법이 걸음 수를 세는 것일까? 걷기를 수량화하면 걷기가 주는 편안한 휴식의 성격이 사라질 위험이 있을까? 미국 연구자들은 몸무게를 줄이려 애쓰는 두 집단을 비교했다. 한 그룹은 걸음 수를 셌고 다른 그룹은 세지 않았을 때, 걸음을 수량화했던 그룹의 체중이 덜 빠졌다는 것이 밝혀졌다.[10] 영국에서 진행한 또 다른 실험에서는 13세와 14세 피험자들에게 8주 동안 핏빗을 착용하게 했다. 처음에 이들은 핏빗이 신선하다며 반겼고 서로 경쟁하는 일도 즐거워했지만 곧이어 지루함을 느꼈고 하루에 만 보 걷기 목표치가 너무 높아 부당하다며 불평했다.[11]

아마 이들이 그저 변명거리를 찾은 것인지도 모른다. 하지만 이들의 말에도 일리는 있다. 나는 만 보라는 이 마법의 숫자가 근사한 어림수라는 것을 제외하고 도대체 어디서 유래한 것인지 오랫동안 궁금했다. 밝혀진 바에 따르면 만 보의 연원은 1964년 도쿄 올림픽까지 거슬러 올라간다. 올림픽 경기가 시작되기 직전 일본의 한 기업이 만보계라는 기기의 마케팅을 시작했다. 이는 엄청난 성공을 거두었고 그 이후 만 보라는 숫자가 정착해 오늘에 이른 것이다. 훗날 5천 걸음과 1만 걸음 걷기의 건강상 이점을 비교하는 실험이 진행되었고 건강 수준은 당연히 1만 보에서 더 높아졌다. 그러나 목표치를 광범위하게 설정해 검사하자 1만 보가 1위를 차지하지는 않았다. 무조건 많이 걸을수록 좋은 것은 아닐 터였다. 많이 걷는 일의 이점이 사라지기 시작하는 지점이 분명 존재할 테고, 9천 보나 1만1천 보가 최적의 숫자일수도 있다.

최신 연구가 밝힌 바에 따르면 70대 여성들의 경우 장수라는 측면에서 걷기의 이득은 약 7,500보에서 정체를 보였다. 건강에 가장 큰 영향을 끼친 것은 약 2,700보에서 4천 보 이상으로 걸음 수를 대폭 늘렸을 때였다.[12] 심리적 측면에서 최적의 숫자가 어느 정도인가에 관한 문제도 있다. 1만 보의 5분의 1을 규칙적으로 걷는 이들에게 1만 보는 높은 수치, 거의 불가능한 목표치처럼 보일 것이다. 따라서 이들은 1만 보를 시도조차 못하고 좌절할 것이다. 반면 목표치에 쉽게 도달하는 사람들은 더 할 수 있다 하더라도 마법의 1만 보에서 멈추고 싶은 유혹을 느낄 수 있다.

발걸음 숫자를 세는 일의 장점은 아무리 바쁘고 능동적인 생활을 한다고 생각하는 사람도 이틀 정도는 별로 걷지도 않고 지내기가 얼마나 쉬운지 알 수 있다는 것이다. 걷기를 휴식으로 보는 쪽이라면 핏빗을 휴식빗Restbit으로 다시 규정해야 할 것이고, 지극히 중요한 그 휴식에 충분한 시간을 할애했는지 자문하고 답해야 할 것이다. 단, 걷기의 즐거움을 만보계한테 빼앗기지 말 것. 미국 듀크대학교의 심리학자 조던 엣킨Jordan Etkin은 만보계를 쓰는 이들이 걸음 수는 많았지만 즐거움을 덜 느낀다는 것을 발견했다. 자기 의지로 만보계를 착용했음에도 이러한 결과가 나온 것이다. 그들은 만보계를 착용하고 걷는 경우 걷기가 일에 더 가깝게 느껴진다고 말했다. 주목할 점은 하루를 마칠 때 이들의 행복 수준이 더 낮았다는 것이다.[13] 점심시간 15분 걷기 실험을 되새겨보면 피험자들의 원기를 회복해주는 걷기의 효과는 이들이 얼마나 즐거웠는가에 따라 달랐다. 따라서 걸음 수를 세는 일 때문에 걷기에 내재된 즐거움이 감소한다면 휴식 효과 또한 망가질 수 있다.

만보계를 쓸 때 또 하나 기억해야 할 점은 만보계가 연령이나 걸음 속도를 고려하지 못하는 무딘 도구라는 점이다. 앞에서 언급한 대로 내 만보계는 9천 보를 걸었을 때보다 1만 보를 걸었을 때 축하의 뜻으로 연녹색 종이를 더 많이 뿌려준다. 결국 정답은 만보계를 안내자 기능으로 쓰되 자신만의 규칙을 직접 만들어야 한다는 것이다. 꼭 걷기가 아니더라도 다른 활동 무엇이 어떻게 좋았는지 아는 것은 자신뿐이다. 매일 목표 달성을 위해 어떤 활동을 하기로 결심하고 휴식을 망치고 싶지 않다면 슬쩍 부정행위를 하면 된다. 방법은 여러 가지다. 기르는 개에게 만보계를 채우거나 메트로놈에 부착하거나 아니면 만보계를 찰 사람을 빌려서 여러분 대신 공원을 걷게 하라. 그러는 동안 여러분은 해먹에 누워 게으름을 떨 수 있을 테니까.

물론 농담이다. 진지하게 접근하자면, 일상생활에 걷기를 더 많이 끼워 넣으면서도 만보계의 채찍질을 당하지 않을 수 있는 전략이 있다. 버스에서 한 정거장 먼저 내리거나, 보통 때 걷는 길과 비슷한 다른 길을 골라 약간 더 걷되 걷기의 재미가 반감되지 않도록 신경 쓰는 것이다. 건물의 옥상, 특히 상점이 즐비한 도로에 있는 건물의 옥상은 생각보다 다채로운 풍광을 제공한다. 시골이라면 자신의 눈높이를 벗어난 풍경을 많이 볼 수 있는 곳을 다니는 것도 방법이다. 자연을 사랑하신 내 아버지는 내가 못 보는 야생동물을 찾아내는 데 명수였다. 아버지는 발밑 대지와 나무속과 하늘, 그리고 눈높이 쪽을 끊임없이 살피면서 귀신처럼 야생동물을 찾아냈다. 이러한 것들을 찾아낼수록 산책의 즐거움은 배가되고 휴식을 취한다는 느낌 또한 커진다. 기억할 점은 우리가 충분한 휴식을 누리려고 애쓰고 있다는 것이다. 결국 걷기를 지속하지 못하거나 자신을 더 먼 곳까지 걷도록 밀어붙이지 못한 다는 사실 때문에 죄책감을 느끼지 않는 것이 중요하다. 산책을 가고 싶은 마음이 안 드는데 그래도 나가야 한다면, 휴식을 위한 산책으로 틀을 바꾸어 자신에게 동기를 부여하라.

이 책 내내 내가 강조하는 것은 일상과 휴식 사이에 균형이 필요하 다는 점이다. 그렇다면 걷기야말로 특별한 휴식법이 아닐까. 걷는 행 위에는 균형이 내재되어 있다. 걷기는 일에서 벗어나게 해주지만, 걷 는다는 사실 때문에 아무것도 안 하는 것은 아니다. 휴식과 일의 절묘 한 균형이다. 따라서 걸을 때는 죄책감 없이 마음의 평화를 얻을 수 있 다. 걷기 덕택에 사유를 할 수도 있고 또 한편으로는 전혀 다른 잡념에 잠겨 즐거움을 만끽할 수도 있다.

아무것도
안 하기

5.

"안 하는 편을 택하겠습니다."

– 바틀비[●]

● 　미국의 금융 중심지 뉴욕 월가를 배경으로 산업화·도시화된 미국 자본주의 사회의 물질
주의를 비판한 허먼 멜빌의 소설 『필경사 바틀비』Bartleby the Scrivener의 주인공.

뉴욕의 법률 사무소에서 필경사로 일하는 바틀비는 법률 문서를 검토하라는 상관의 지시를 받고 이렇게 대답한다. "안 하는 편을 택하겠습니다." 바틀비는 교정을 해야 하니 서류를 갖고 오라는 지시에도 똑같은 답을 내놓는다. 우체국 심부름 지시도 역시 거절한다. 단지 안 하겠다는 게 이유다.

허먼 멜빌의 소설 『필경사 바틀비』에 등장하는 주인공 바틀비는, 1850년대 월가에서 일한다. 바틀비는 19세기 문학사상 가장 과격한 나태함을 표방하는 인물로 유명하다.[1] 러시아의 소설가 이반 곤차로프Ivan Goncharov가 쓴 소설 『오블로모프』Oblomov의 주인공 오블로모프는 자신이야말로 최고로 과격한 게으름뱅이라며 이의를 제기할 수도 있겠다(오블로모프가 그 정도로 부지런할 것 같지는 않지만). 『필경사 바틀비』가 자아내는 유머는 대부분 바틀비의 상관이 부하 직원의 수동적인 저항을 반박하려다가도 형편없이 무력해지는 자신의 모습을 발견하는 데서 온다. 게다가 바틀비는 아무 일도 안 하겠다는 이유를 설명하지도 않는다. 소설 속 무명의 화자와 독자들이 부아가 치밀 정도다. 바틀비는 그저 일을 안 하고 싶어할 뿐이다. 그는 곧 아무 일도 안 하는 채 하루 종일 벽만 응시한다. 심지어 해고하며 마지막 봉급을 주고 나가달라 요청하는데도 "안 하는 편을 택하겠습니다"라고 대꾸한다. 결국 그는 나가지 않는다. 바틀비를 피하기 위해 사무실을 옮길 수밖에 없는 상황에 처하는 것은 상관인 변호사다.

바틀비는 아무것도 안 하는 기술을 보유한 최고의 장인이다. 하지만 바틀비가 아무것도 안 하는 것은 휴식과 같을까? 오블로모프는 바틀비보다 더한 게으름뱅이다. 그는 애초부터 사무실 출근 자체에 관심이 없다. 침대 밖으로 나갈 생각도 하지 않는다. 반면 바틀비는 시키는 일을 하지 않기 위해 꽤 큰 집중력과 결단력을 발휘한다. 그는 아무 일도 안 하는 것이 실제로는 아주 힘들다는 것을 보여준다. 상관이 자신을 귀찮게 괴롭히지 않을 정도로만 일을 하는 편이 차라리 더 쉬웠을 테니 말이다.

휴식으로서 '아무것도 안 하기'가 지니는 본질을 살피기 위해 바틀비의 사례를 고찰하는 것은 꽤 유용하다. 물론 아무것도 안 하는 것은 어떤 의미에서는 가장 순수한 형태의 휴식이다. 이보다 더 휴식을 주는 일이 어디 있겠는가? 휴식 테스트에서 5위에 오른 것도 당연하다. 하지만 좀 더 깊이 파고들어가 보면, 아무것도 안 하는 것이 휴식을 위한 인기 있는 방법이라 해도 사람들 대부분이 아무것도 안 하는 것을 쉽다고 생각하지 않는다는 점을 발견한다.

휴식 테스트에 참여한 사람들 가운데 10퍼센트는 어떤 종류의 휴식이건 죄책감이 들어 어렵다는 느낌을 받는다고 말했다. 이런 사람들에게 아무것도 안 하는 것은 또한 얼마나 어렵겠는가? 바틀비의 경우 아무것도 안 하는 것은 고용주의 지시 때문에 쉽지 않았지만, 보통 사람들의 경우 아무것도 안 하는 것이 어려운 단 하나의 요인은 바로 자기 자신이다. 심지어 쓰레기나 다름없는 텔레비전 프로그램을 보는 것이 소파에 앉아 아무것도 안 하는 것보다는 낫겠다는 생각을 할 정도다. 텔레비전을 보면 그래도 최소한 무언가는 한다고 느끼니까. 다음 날, 간밤에 뭘 했느냐는 누군가의 질문에 텔레비전을 보았다고 대답하면 편하게 넘어간다. 어쩌면 "딱히 한 게 없어"라고 대답할 수도 있다. 이 말은 빈둥거렸다는 뜻이다. 하지만 "앉아서 아무것도 안 했다"라는 대답은 어떤가. 그걸 인정하는 마음이 편할까?

현대인들의 눈에 벽을 응시하며 앉아 있는 것을 선호하는 바틀비의 태도는 어쩐지 기괴하게 보인다. 아무것도 안 하는 것은 불안하고 괴롭다. 그것은 휴식으로 가는 길이 아니다. '아무것도 하지 않으려는' 욕망 가운데 가장 중요한 부분은 '딱히'라는 수식이다. 사실 우리는 늘 뭔가를 어느 정도는 하고 있다. 몸으로가 아니면 머릿속 생각으로라도 말이다. 그뿐 아니라, 아무것도 안 한다는 환상이라도 성취하려면 대체로 꽤 큰 집중력과 단련이 필요하다. 요즘은 아무것도 하지 않게 해주는 상품과 지침서에다 전문가까지 있다. 아무것도 안 하려는 일 때문에 오히려 피곤해질 수도 있다. 그렇다고 노력을 덜 들이자는 말은 아니다. 여기서는 '정확히' 아무것도 안 하는 것이 아니라 '거의' 아무것도 안 하는 것의 장점을 제시할 것이다. 늘 그렇듯 문제는 균형이다. 모 아니면 도라는 식으로 결정을 내리거나, 양극단 사이에서 중도를 찾자는 말이 아니다. 우리는 대부분 휴식이 더 필요하니, 균형추를 휴식 쪽으로 살짝 기울이자는 말이다.

휴식은 게으름뱅이의 변명일까

우리는 아무것도 안 하는 것과 애증 관계를 맺고 있다. 바쁠 때 아무것도 안 하는 것은 애타는 동경의 대상이지만 정작 게을러도 될 때는 게을러지지 못한다. 오히려 우리는 게을러도 되는 자유 시간을 다른 활동으로 꽉꽉 채워버린다. 아무것도 할 필요가 없는데도 계속 뭔가를 하는 것이다. 직장인들은 대체로 퇴직을 꿈꾸다가도 막상 퇴직할 시기가 닥쳐오면 미래를 두려워한다. 남아돌 시간과 할 일 없는 상태가 두렵다. 그러나 딱히 아무것도 안 하는 것만으로도 시간을 꽤 쓸수 있다. 퇴직한 사람들은 일단 아무것도 안 하는 상태가 되면 "시간이 어디로 가는지 모르겠다" "하루하루가 그냥 꽉 찬다"라고들 한다. 퇴직자들은 공식적으로 '노동만' 하지 않게 된 것이다. 독서클럽, 산책동아리, 필라테스, 노인대학, 크루즈 여행 등 해야 하는 활동으로 보자면 퇴직자들도 한창 일하는 연령대 사람들 못지않게 바쁘다. '아무것도 안 한다'라고 강변하는 사람들조차도 가만히 살펴보면 대개 '아무것도 안 하는 것'이라기보다는 '하는 일이 많지 않거나' '딱히 하는 일이 없는' 상태에 가깝다. 이들은 흡족해하면서 빈둥거린다. 신문을 읽고, 물건을 정리하고, 상점에 가고, 점심밥을 만들고, 물건을 고치고, 청소를 하고, 퀴즈 프로를 보거나, 저녁식사를 고민한다. 그러다 미처 알아차리기도 전에 하루가 끝나버린다.

그런데도 모든 사람들의 내면에는 아무것도 안 하고 싶은 마음이 여전히 남아 있는 것 같다. 많은 이들이 나무늘보에게 은밀한 애정을 품는 것은 이런 이유에서다. 아주 천천히 내려오고 하루 종일 나무에 거꾸로 매달려 있는 녀석. 나무늘보는 해먹에 누워 있는 습관을 아예 삶의 방식으로 정착시킨 동물이다. 사실 나무늘보라는 이름은 녀석에 대한 중상모략이다. 나무늘보는 영어로 sloth로, '나태, 태만'을 뜻한다. 하지만 녀석들은 그렇게 나태하지 않다. 오히려 이들의 게으름에는 목적이 있다. 에너지를 아낄수록 먹을 것이 덜 필요하니, 가만히 있는 편이 합리적이기 때문이다. 나무늘보의 소화 속도는 어마어마하게 느리다. 아마 녀석들이 아무 일도 안 하는 건 아니라고 말하는 편이 더 정확하리라. 소화를 하느라 애쓰는 중이니까.

1970년 연구에서 관측한 바에 따르면 나무늘보가 식사 한 끼를 마치는 순간부터 먹은 음식이 몸을 떠날 때까지는, 아니면 앞 장에서 알게 된 것처럼 일부 연구자들의 표현대로 '방광을 비울 때'까지는 무려 50일이 걸렸다. 게다가 나무늘보는 화장실 문제에 깐깐하다. 대체로 신체 활동이 없음에도 이들은 볼일을 볼 때만큼은 꼭 나무에서 내려와 땅에다 깨끗이 일을 본다. 환경보호론자들이 늘 가슴 아파하는 것이 바로 이 문제다. 이 깐깐한 배설 습성 탓에 나무늘보는 농촌에서 늘 어나고 있는 들개들의 공격 표적이 되기 쉽다. 나무 위에서는 전혀 안 움직이는 덕분에 포식자들로부터 몸을 숨길 수 있고 정글을 걷다 이들을 보고 싶어하는 여행객들의 눈에도 잘 안 띄지만 땅에 내려오면 사정이 달라진다.

나무늘보는 예로부터 나쁜 함의를 지녀온 '나태함'이라는 단어의 의미를 바꾸는 데 기여하고 있는지 모른다. '나태함'은 기독교에서 말하는 일곱 가지 죄악에 포함될 만큼 평판이 나쁜 단어다. 중세 신학자 토마스 아퀴나스는 『신학대전』Summa Theologiae에서 나태함이라는 문제를 개괄한다. 그의 주장에 따르면 나태함은 "선을 시작하기를 태만히 하는 정신의 게으름"으로서, 인간으로 하여금 신의 일을 못하도록 만들기 때문에 "효과 면에서 사악하다". 아무것도 안 하는 것을 나쁘다고 여기는 관습은 기독교 전통의 전유물만은 아니다. 그리스의 사상가 히포크라테스도 "나태함과 하는 일 없음은 악을 향한다. 아니, 악으로 질질 끌려가도록 만든다"라고 비판한 바 있다.

현대를 사는 우리 대부분에게는 이러한 비판이 좀 지나친 말일 수 있다. 현대인은 이를 죄라고 여기지는 않으니까. 그렇다 해도 우리 역시 아무것도 안 하는 것을 좋다고 여기지는 않는다. 누구나 노력이 가치 있는 일이라는 것을 알기 때문이다. 노력은 성취와 성공으로 이어진다. 반면 아무것도 안 하는 것은 그렇지 않다. 활동은 건강과 장수로 이어지지만 아무것도 안 하면 건강과 장수가 불가능하다. 움직이지 않는 생활 방식은 나쁘다. 신문마다 앉아서 생활하는 것이 '신종 흡연'에 버금간다고 떠들어댄다. 심지어 나는 서서 이 책을 쓰고 있다. 책상 자체가 선 채로 사용할 수 있는 제품이다. 담배를 뻐끔거리는 일과 비슷하다고 여겨지는 앉기를 할 엄두가 안 난다. 스칸디나비아 반도 국가의 많은 일터에는 서서 쓰는 책상이 아예 표준 용품으로서 붙박이로 구비되어 있다. 영국에서도 점차 흔해지는 추세다. 조만간 서 있기가 '신종 앉기'가 될지도 모를 일이다.

침대에서 게으름을 피우는 것은 어떨까? 생각조차 하지 말 일이다. 이따금씩 늦잠을 자는 건 괜찮지만 그 이상은 꿈도 꾸지 말라. 침대에서 긴 시간을 보내는 것은 건강에 너무 해로운 나머지, 무중력이 몸에 끼칠 수 있는 손상을 가늠할 목적으로 우주비행을 하는 일이나 다름없는 것처럼 여겨진다. 침대에서 온전히 쉬는 것은 좋아 보이지만 그럴 경우 칼슘 흡수율이 떨어지고 몸무게가 감소하며 근육량과 근력이 감퇴할 뿐만 아니라, 골밀도와 뼈의 강도와 24시간 하루 주기까지 바뀐다.[2] 큰 수술이나 중증 질환에서 회복 중인 사람들조차 가능하면 침대에서 일어나 생활해야 한다. 오랜 기간 누워 있는 것은 말 그대로 죽음으로 이어질 수 있다. 서서 장시간 생활하는 사람들일지라도 이리저리 움직이지 않으면 또 문제가 생긴다. 앉아서 생활하는 방식이 비만, 2형 당뇨, 심장병, 뇌졸중, 암 등의 발병 위험을 높인다는 증거는 많다.

건강상의 경고들이 요란하게 날아다니는 상황에서, 통념에 따라 앉아서 딱히 아무 일도 안 하는 게 건강에 하등 도움이 안 된다고 생각한들 무슨 죄가 되겠는가. 여기서도 문제는 균형과 리듬이다. 아무것도 안 하는 휴식의 순간은 하루 종일 그러는 것만 아니라면 괜찮다. 나는 거기서 좀 더 나아가려 한다. 아무 일도 안 하는 것은 괜찮을 뿐만 아니라 이롭다. 앞으로 살펴보겠지만 아무 일도 안 하고 잠시 쉬는 것은 너무나 중요하다.

올빼미족의
자부심

휴식을 향한 도덕적 잣대질은 휴식이 아무것도 안 하는 형태를 띨 때 가장 가혹하다. 우리의 언어는 아무것도 안 하는 것을 태평하고 무심하고 속 편한 것으로 들리게 만들 만한 표현들을 고안해냈다. 늘어져 있기chilling, 빈둥거리기loafing around, 느긋하게 쉬기vegging out 같은 표현이다. 그러나 게으름을 다른 어떤 표현으로 칭하건 우리 현대인은 게으름이 도덕적으로 올바르지 못할까 봐 여전히 두려워한다. 우리는 아무것도 안 한다고 하면 곧장 게으름을 연상하며, 게으름을 피우다가는 추락하는 것 외에 다른 길이 없을까 봐 겁을 낸다.

잠에서 깨어난 뒤 한 시간쯤 침대에 그대로 누워 물끄러미 천장을 바라보거나, 창밖을 보면서 마음 가는 대로 편안하게 가만히 있는 자신의 모습을 그려보라. 이런 식으로 하루를 시작하는 데 잘못은 전혀 없다. 그러나 사회의 구성원인 우리는 반짝거리며 일찍 일어나 무엇이건 시작하려는 아침형 인간을 더 정력적이고 바람직하다고, 다시 말해 더 바르다고 은연중에 생각한다. 종달새처럼 아침형 인간들은 새벽의 여명을 숭앙하고, 일을 시작하기 전에 수영을 하거나 건강에 좋은 신선한 주스를 짜 먹으려 한다. 반면 올빼미족인 야행성 인간들은 게으름뱅이slobs, 부랑자layabouts, 나태한 인간slackers으로 폄하당한다. 종달새들은 아침을 잘 활용하는 반면 올빼미들은 잠에 빠져 코를 드르렁거리거나 설상가상으로 깨어 있더라도 침대에 누워 아무 일도 안 하는 족속이다.

지금쯤 여러분은 내가 올빼미족이라는 것을 눈치챘을 것이다. 더 과학적인 언어로 나는 야행성 인간이다. 과학적인 언어를 들먹인 까닭은 과학은 나쁘게 보이지 않기 때문에, 다시 말해 이른 아침을 좋아하지 않는 사람들은 유전적인 특질 때문에 그렇다는 것을 새삼 우리에게 일깨워주기 때문이다. 과학을 언급하며 나 자신을 정당화해보려 하긴 했지만 굳이 그래야 하는지는 의구심이 든다. 그렇다, 나는 올빼미족이고 이 사실을 부끄러워해서는 안 된다.

전체 인류 가운데 5~10퍼센트는 극단적인 종달새이거나 올빼미다. 종달새족은 저녁 8시 30분이 채 안 되었는데도 저녁밥 먹는 자리에서 깜빡깜빡 졸고(내 친구가 그렇다), 올빼미족은 아침 10시 1분 전, 지각할 상황인데도 잠이 안 깨서 게슴츠레한 눈으로 휘청거리며 직장에 간다(내가 바로 이런 유형이다). 대부분의 사람들은 올빼미와 종달새 중간 쯤에 자리 잡고 있으며, 그 자리가 어디쯤이건 게으름과는 무관하다. 하지만 이런 말을 종달새족에게 해보라.

강제로라도 매일 일찍 일어나는 습관을 들이면 곧 익숙해질 것이라는 게 종달새들의 주장이다. 올빼미들은 하루 중 가장 좋은 때를 놓치고 있다는 것이다. 일찍 일어나면 기분도 더 상쾌해진단다. 그러나 종달새들에게 늦은 밤의 미덕을 설교하는 사람은 아무도 없다. 심지어 올빼미들조차 그런 시도는 하지 않는다. 올빼미들은 밤 아홉 시가 되어도 쌩쌩하게 활동하는 데 반해 종달새들은 그 시간에 누워 잔다며 그걸 게으르다고 비난한다면 그 사람은 어딘가 삐딱한 인간 취급을 받는다. 그렇다. 올빼미들에게는 게으른 자들이라는 영원한 낙인이 찍혀 있다. 십대들이 받는 취급이나 별로 다를 바가 없다.

아니, 최소한 십대들은 상황이 낫다. 이들의 생체시계가 나이든 사람들보다 더 늦게 설정되어 있다는 것을 밝히는 연구가 늘어나 유명해진 덕에, 이제 주말에 일찍 일어나라는 부모의 잔소리를 듣는 십대들은 줄어들고 있다. 물론 그런 연구 결과에도 오전 9시 이후로 수업을 시작하는 학교는 여전히 1퍼센트에 불과하다.[3] 나는 이런 이야기를 할 때 감정이 북받치는 걸 어쩔 수가 없다. 비참했던 내 십대 시절이 떠올라서다. 요즘 나는 원하면 늦잠을 잘 수 있다. 최악의 경우 남편은 아침 9시라는 사악한 시간에 당당하게 들어와서는 창문의 블라인드를 걸어버린다. 주말이라는 점을 덧붙여야겠다. 참, 난 또 왜 방어적이 되는 거지? 주중이라 해도 아침 9시에 침대에 누워 있는 게 뭐가 나쁘단 말인가?

실상은 다른 것이, 나는 늘 아침 8시 45분 정도면 일어나 침대 밖으로 기어 나온다. 월요일부터 금요일까지 예외 없이. 하지만 조찬 모임을 수락하는 법은 없다. 업무를 마친 뒤에 사람을 만나는 일은 늘 환영이지만 업무 전에 만나자는 청은 거절이다. 그렇지만 어쩐 일인지 업무 전에는 쉬기 때문에 만날 수 없다는 이유까지는 감히 대지 못한다. 그저 이른 아침이 내게는 적당하지 않다고 둘러댈 뿐이다. 거절당한 이들이 내가 아침 시간에 침대에 누워 있다고 생각하기보다는 아이를 학교에 데려다주거나 아침 달리기를 한다고 생각해주기를 바라면서 말이다.

물론 나는 더 일찍 일어나도록 스스로 강제할 줄도 알고, 비행 때문에 혹은 시간대가 다른 곳에 있는 사람들과 라디오 인터뷰를 하느라 아침 일찍 일어나는 것밖에 선택지가 없을 때도 있다. 그러나 종달새로 사는 일에 익숙해진다는 것은 신화에 불과하다. 나는 종달새로 사는 일이 부자연스럽고 건강에도 나쁘다고 느낀다. 나는 이른 아침을 좋아하도록 타고난 인간이 아니다.

나를 뒷받침해주는 연구도 있다. 아기가 우는 바람에, 아장아장 걷는 아이가 침대로 뛰어드는 바람에, 더 자란 아이를 학교에 바래다주어야 해서 이른 아침에 일어날 수밖에 없는 올빼미족 부모들은 의무에서 벗어나는 순간 바로 옛날의 삶으로 돌아간다. 몇 년 혹은 몇십 년이 지나도 마찬가지다. 이들은 결국 다시 올빼미가 된다.

바쁜 일정은 높은 사회적 지위의 상징?

휴식할 자유, 특히 아무것도 하지 않을 자유를 상당 정도 좌우하는 것은 물론 일이다. 많은 사람들은 일이나 바쁜 생활의 반대가 휴식이라고 생각한다. 그러나 다 그렇지는 않다. 영국과 미국에 사는 휴식테스트 응답자들은 대부분 휴식을 일의 반대라고 말한 반면, 인도 거주 응답자의 57퍼센트는 다른 시각을 갖고 있었다. 이들은 자기 일을 사랑하고 일을 대하는 느낌이 너무 좋아서 일이 휴식이라고 생각하는 사람들, 즉 하루가 저물 때 지치기는커녕 더 에너지가 넘치는 부류였다. 그리고 업무 중 휴식 시간이 존재하는 일터도 있었다.

낮잠이 이롭고 생산성을 높인다는 증거가 있음에도, 최신 트렌드를 따르는 광고 회사나 테크놀로지 기업 외에 직원들에게 낮잠 시간이나 공간을 제공하는 직장은 거의 없다. 게다가 직장에서 두 발을 책상 위에 올려놓거나 잠깐 눈을 붙이는 행동, 아니면 잠깐 생각에 빠지는 행동은 여전히 주변 사람들의 따가운 눈총을 받는다.

누구에게나 일이 항상 고되기만 한 것은 아니며, 일하는 중간에도 휴식 같은 순간이 불쑥 튀어 오른다는 것을 모르지 않는다. 주말에 업무 관련 이메일이 갑자기 오는 바람에 휴식을 망치는 것처럼.

수백 년 동안 인간의 부를 측정하는 탁월한 척도는 노동 시간이었다. 간단히 말해 부자일수록 일하는 시간이 짧았다. 경제학자 소스타인 베블런Thorstein Veblen은 '유한계급'leisure class이라는 용어를 만들어냈다. 유한계급이란 고된 노동이 아니라 과시적 소비와 과시적 여가로 유명한 계급을 가리키는 말이다. 유한계급에 속하는 전형적인 사람들은 부유한 기업가이거나 러시아 같은 나라에서는 오블로모프처럼 돈 많은 지주였다.

오늘날에도 이러한 이미지는 어느 정도 통한다. 도심의 오피스 빌딩을 상상해보라. 한쪽에서는 청소부가 교대로 일을 해 근근이 먹고 살 정도의 돈을 벌어들이고 한가한 퇴직은 꿈도 못 꾸는 반면 다른 쪽에서는 실업가(대부분은 여전히 여성이 아니라 남성이다)가 돈을 왕창 벌고 사십대에 퇴직해 골프로 시간을 보낸다. 그런데 요즘에는 도심의 기업가들 또한 장시간 근무가 흔하고, 그것도 아주 열심히 일하는 걸로 평판이 높다. 이들은 조증을 앓는 것이 아닐까 싶을 정도로 일에 빠져 산다. 왜 그럴까? 물론 지독한 부자가 되기 위해서다. 그러나 그것만은 아니다. 현대인들에게는 장시간 노동과 바쁜 생활을 바라보는 또 한 가지 인식이 있다. 바쁜 사람, 일을 오래하는 사람은 중요한 인간으로 보인다는 인식이다.

컬럼비아대학교 경영대학원의 실비아 벨레차Silvia Bellezza 교수의 실험. 벨레차는 사람들에게 샐리 피셔Sally Fisher라는 가공의 여성이 쓴 가짜 페이스북 게시물을 평가해달라고 요청했다.[4] 샐리가 올린 글의 버전은 두 가지였다. 한 버전에서는 "점심시간을 오래 즐기다"라는 글과 금요일 오후 5시에 "근무 끝!"이라는 글을 게시했다. 다른 버전에서는 바쁜 샐리 피셔가 "10분 만에 점심을 해치우다"라는 글을, 오후 5시에는 "여전히 근무 중!"이라는 글을 올렸다. 실험에서는 참가자들에게 샐리의 소셜미디어 글이 지루하다거나 하는 의견을 제시할 기회는 전혀 주지 않고, 샐리의 사회적 지위만 평가해달라고 요청했다. 당연히 바쁜 샐리가 지위가 더 높고, 찾는 사람도 많다는 평가를 받았으며 부의 사다리에서도 꼭대기에 위치하는 듯 보인다는 의견이 나왔다. 너무 바빠 점심도 제대로 먹을 수 없다면 샐리는 중요한 인물임에 틀림없다. 반면 게으른 샐리는 사다리 아래쪽으로 밀려났다.

벨레차 교수의 설명에 따르면, 상품이 희소성에 따라 가치를 평가받듯 사람들의 역량 또한 마찬가지다. 찾는 사람들이 많다는 것은 희소성과 같은 말이고 희소성이 높을수록 가치가 높다는 결론이 나온다. 따라서 바쁜 사람은 사회적으로 가치가 더 높다고 평가받는다. 벨레차 교수는 바쁜 사람들 일수록 일도 더 빠르게 해치우며 멀티태스킹에 능하고 의미 있는 직업의 소유자라는 인식이 팽배해 있다는 점 또한 발견했다. 그렇다면 바쁜 것을 과시하는 유행이 소셜미디어를 장악하고 있다고 해도 전혀 놀랄 일이 아니다. 벨레차 교수의 연구팀은 소위 '은근한 과시'humblebrag 현상을 발견했다. 사람들(때로 아주 유명한 사람들)이 소셜미디어에 글을 게시하는 목적은 자신이 얼마나 똑똑하고 탁월한지 과시하기 위해서라는 것이다. 게시물 가운데 12퍼센트는 이들이 얼마나 바쁘고 얼마나 열심히 일하는지를 다루고 있었다. 이제 부자와 유명인들이 아무 일도 안 하는 것으로 유명해지고 싶어 하던 시절은 끝났다는 결론을 내려야 할 것 같다.

그러나 세상 어디서나 그런 것은 아니다. 벨레차는 열심히 일만 하면 자수성가할 수 있다는 신성한 믿음을 표방하는 미국 특유의 진취적인 문화에 비추어, 높은 지위를 상징하는 바쁜 일과 역시 미국 고유의 특성은 아닐까 하는 의문을 품었다. 아메리칸 드림의 근간인 근면과 바쁜 일과는 미국만의 특성인 걸까? 이 가설을 검증하기 위해 벨레차는 미국인들과 이탈리아인들을 모집한 다음, 한 그룹에게는 장시간 일하는 35세 남성(미국인들에게는 제프, 이탈리아인들에게는 조반니라는 이름으로 알려주었다)에 관한 이야기를 들려주었고 다른 그룹에게는 일을 거의 안 하는 제프/조반니의 이야기를 들려주었다. 벨레차의 예상대로 미국인 피험자들은 여가 시간이 많았던 제프보다 열심히 일하는 제프에게 더 높은 사회적 지위를 부여한 반면, 이탈리아인 피험자들은 열심히 일한 조반니는 장시간 노동을 강요당한 것이고 여가 시간이 많은 조반니는 부자고 성공했기 때문에 일을 많이 할 필요가 없으리라 생각했다. '달콤한 인생'la dolce vita은 이탈리아에서만 살아남았다. 나로서는 이탈리아를 좋아할 이유가 하나 늘어난 셈이다. 애석하게도 영국인의 태도는 유럽 이웃나라인 이탈리아의 세련된 감수성보다는 미국인과 가깝다.

바쁘다는 것이 사회적 지위의 상징이라는 인식에 대한 태도가 어떻든, 분명한 것은 우리가 기대한 여가 사회는 아직 오지 않았다는 것이다. 2030년이 되면 주당 15시간 노동이 표준이 되리라 예언했던 존 메이너드 케인스John Maynard Keynes의 말이 실현될 거라고 믿는 사람이 요즘 과연 있을까? 2019년 1월 휴식 테스트에 지원금을 제공했던 웰컴 트러스트Wellcome Trust는 본사 직원 800명 전부 4일제 노동을 실시하도록 할 것을 '고려 중'이라고 발표했다. 주요 신문에서 보도할 만큼 이례적인 뉴스였다. 나흘만 일하는 체제가 된다 한들 업무량이 줄지 않는다면 결국 직원들이 일하는 내내 전혀 쉬지 못하는 예기치 못한 결과가 나올 수도 있다. 해볼 때까지는 누가 알겠는가!

희소식은 있다. 시간 활용 조사들이 제시하는 바를 살펴보면 1950년대에 비해 우리 여가 시간이 더 많다. 실감은 안 난다. 사람들은 어느 때보다 더 바쁜 듯 보인다. 일과 여가 시간 사이의 경계 자체가 모호해졌다. 오늘날 사람들은 늘 비상 대기 상태라는 압박감 속에서 살아간다. 꼭 고용 때문이 아니라도 그러하다. 문제는, 여가 시간에 그렇게까지 빈번히 일의 방해를 받지는 않는다는 것이다. 방해는 그저 가능성일 뿐이다. 우리는 늘 메시지가 왔을까 봐 반사적으로 휴대전화를 확인한다. 주의가 필요한 급박한 소식이 올 확률은 극히 적은데도 말이다. 이런 탓에 우리는 월요일 아침까지 이메일 알림을 꺼두지 못하고 토요일 자정이나 일요일까지 업무 이메일에 답장을 쓴다. 답장을 쓰지 않더라도 이미 그 이메일은 우리 생각을 온통 차지하고 있다.

이러한 상황은 비단 선진국만의 문제가 아니다. 많은 저소득 국가의 무수한 사람들에게도 일과 여가 사이의 경계는 유동적이거나 거의 존재하지 않는다. 방글라데시에서 도심으로부터 멀리 떨어진 어느 거리의 작은 과일 가판대를 운영하는 여성은 하루에 많은 시간을 '일하지 않으면서' 보낼 수 있다. 쉬거나 잠깐 눈을 붙일 수도 있다. 그러나 퇴근은 불가능하다. 언제가 됐건 손님이 도착하면 휴식은 중단된다. 첨단기술을 보유한 국가에서는 문자와 이메일이 이와 같은 기능을 한다. 선진국이나 개발도상국이나 이것만큼은 평등하다고 말하자니 껄끄럽다. 이러한 평등은 이로운 유형이 아니니까. 가난하건 부유하건 고소득 국가이건 저소득 국가이건 실제로 일을 하지 않아도 일에서 완전히 빠져나오기는 점점 어려워지고 있다.

짬을 내어 쉬는 똑똑한 기술

일각에서는 오늘날의 경제를 '관심경제'the attention economy라고 한다. 기업은 소비자의 관심을 받으려 매순간 경쟁을 벌이고, 소비자는 끊임없이 휴대전화를 살피면서 기업이 원하는 관심을 제공한다. 관심을 주는 것은 노동인가, 여가인가? 그것은 대기 상태 개념의 끊임없는 연장이다. 우리는 일을 안 할 때도 가스 요금 고지서를 읽거나 온라인 구매를 하거나 당장 할 필요도 없는 일을 하는 자신을 발견한다. 파티 초대에 답하거나 휴가를 어디로 갈지 생각하는 일조차 이제는 행정적인 일로 여겨지기 시작한다. 정보가 우리를 포위한 채로 해야 할 일을 부단히 일깨우는 문화 속에 살고 있기 때문이다. 이런 일들이 우리의 여가 시간을 침해하는 통에 '아무것도 안 하는' 순간들은 더더욱 귀해진다.

한 가지 프로젝트에 헌신하는 모습을 보이고 싶을 때 우리는 대개 '일이 끝날' 때까지 못 쉰다고 말한다. 그 프로젝트가 꼭 일이 아니더라도 상관없다. 자발적인 프로젝트일 수도 있고 심지어 여가활동이어도 마찬가지다. 휴식이 꼭 필요하다는 건 누구나 알지만 이럴 경우 휴식은 필수품이 아니라 선택할 수 있는 사은품 정도의 취급밖에 못 받는다.

이러한 태도는 현대에 이르러 등장한 현상도 아니다. 역사학자 마이크 그리니Mike Greaney는 최소한 서구 사회의 경우 지난 수백 년 동안 종교적 가르침이 노동 윤리의 중요성을 하도 강조한 탓에, 사람들은 이승에서 나태하면 저승에서 영겁의 벌을 받는다는 이야기에 겁을 집어먹게 되었다. 오늘날 영겁의 저주를 믿는 사람은 거의 없다. 현대인은 게으름의 악덕을 설파하던 성직자들이 사실은 부자가 되기 위해 노동자들의 노동을 착취한 영주들이나 제분소 주인들과 결탁한 역사를 안다. 이제 우리는 옛날 사람들보다 더 편하게 자신의 게으른 성향을 포용할 수 있다. 아니, 관심경제의 요구만 없다면 더 그렇게 될 수 있을 것이다. 그리니는 관심경제의 압력에 대응하려면 의도적으로 게을러져야 한다고 촉구한다. '관심경제가 만들어낸 피조물로 정의되는 것'을 피하고 싶다면 게으르지 않을 도리가 없는 것이다.[5]

그렇다! 다 맞는 말이다. 하지만 정작 우리는 그러한 경지에서 한참 멀리 떨어져 있다. 당분간 휴식은 겁쟁이나 약골들의 전유물이다. 특히 휴가가 짧기로 악명 높은 미국을 보면 그런 생각이 절로 든다. 미국에서 신참 직원의 연간 평균 휴가는 10일, 5년 근속 직원의 휴가는 약간 더 많은 15일이다. 유급휴가가 이렇게 부족한데도 끊임없이 이루어지는 여론조사(참 우습게도 후원자는 언제나 휴가 관련 기업들이다) 결과 미국인들은 가용 휴가조차 다 못 쓰는 경우가 많은 걸로 밝혀졌다.

충격적인 사실 한 가지. 미국에서 어떤 종류건 유급휴가를 쓸 자격이 되는 노동자는 74퍼센트에 불과하다.[6] 나는 휴가에 애착이 많아서 휴가 혜택이 턱없이 적은 미국에 살면서 일하느라 진을 빼는 사람이다. 그런 사람으로서 나는 이러한 사실들이 경악스러운 한편 흥미롭다. 미국 내 노동자들도 비슷한 수준의 소득을 지닌 타국의 국민들보다 자신들의 유급휴가가 훨씬 짧다는 것을 모르지 않는다. 그렇다면 왜 변화를 위한 대규모 운동이 벌어지지 않는 것일까? 유럽인 사이에서는 유럽 국가 평균치에 최대한 가까운 휴일 수, 가령 25일 휴가를 얻기 위한 캠페인이 엄청난 인기를 끌며, 기업과 정치가들이 이에 저항하는 건 거의 불가능하리라고 생각한다. 그러나 미국에서는 최소 유급휴가 일수를 강제하려는 캠페인조차 그다지 지지를 받지 못한다. 현실이 그렇다.

호텔스닷컴hotels.com이 '휴가 평등 프로젝트'Vacation Equality Project를 시작하면서 미국 내 모든 기업이 유급휴가를 제공해야 한다고 주장했을 때, 탄원서에 100만 명의 서명만 받으면 백악관에 공식적인 답변을 요구할 수 있었다. 2주일이 지난 뒤 탄원서에 서명한 사람은 몇 명이었을까? 1만3천여 명에 불과했다.[7]

휴가일 부족이 미국 내의 절박한 사안이 아니라면 이제 절박한 사안이 되어야만 한다. 미국인의 기대 수명은 다른 고소득 국가 국민에 비해 낮다. GDP 중 상당한 비율을 건강에 할애하는데도 그러하다. 게다가 휴가는 장수의 요인이다. 이 문제는 다시 살펴볼 것이다.

휴가가 장수의 요인이라는 주장을 뒷받침하는 최상의 증거를 설명하는 동안 여러분이 내 이야기를 참을성 있게 들어주셨으면 한다. 유행병이나 전염병을 연구하는 역학에서 무엇이건 입증하려 할 때는 대규모 인간 표본이 필요할 뿐 아니라 장기간 추적해야 한다. 티모 스트란드베리Timo Strandberg 교수가 '헬싱키 회사원 실험'Helsinki Businessmen Trial에서 했던 작업이 바로 이런 것이다.

1970년대 말, 스트란드베리의 연구팀은 1천 명 이상의 회사원 표본을 모집했다. 모두 평균 이상의 심장병 발병 위험을 지녔고 1920년대와 1930년대에 태어난 사람들이었다. 5년 동안 이들 가운데 절반은 4년에 한 번씩 연구자들을 방문해 건강에 관한 방대한 조언을 들었다. 금연 경고를 받았고 건강에 좋은 식사와 활발한 운동의 장점에 대해서도 많은 얘길 들었다. 다른 절반에게는 이러한 조언을 전혀 하지 않았다. 그 뒤 40년에 걸쳐 두 그룹에 속하는 사람들 가운데 일부가 사망했다. 당연히 예상되는 일이다. 평균적으로 어떤 그룹의 구성원들이 더 오래 살았을까? 물론 건강한 생활방식에 관한 조언을 들은 그룹이라고들 생각할 것이다.

실상은 달랐다. 건강 관련 조언을 받은 집단의 평균 조기 사망률이 더 높았다. 상상할 수 있겠지만, 건강업계로서는 충격적이고도 우려할 만한 결과였다. 스트란드베리의 결론은 더 건강하게 살아야 한다는 압박이 건강 증진 조언을 받은 그룹 가운데 일부에게 극심한 스트레스를 유발했다는 것이다.[8] 물론 흥미로운 결과지만 내가 이 연구를 소개하는 것은 그 때문이 아니다.

우선 나쁜 소식이다. 스트란드베리 팀의 연구가 내놓은 증거는 휴가 시간을 늘리면 수명이 연장된다는 통념을 뒷받침해주지 못한다. 왜냐하면 건강 조언을 전혀 받지 않은 대조군이 누린 휴일 수가 이들의 장수에 의미 있는 차이를 만들지는 못했기 때문이다. 그런데 건강 조언을 받은 사람들 사이에서는 휴일의 증가가 꽤 큰 차이를 만들었다. 1년에 3주 미만의 휴가를 받은 사람들은 3주 이상 휴가를 간 사람들에 비해 2004년 이전에 사망할 확률이 37퍼센트나 더 높았다. 당시 회사원들의 나이는 70~85세였다.

물론 이것이 휴가가 장수에 끼치는 좋은 영향에 관한 가장 확실한 증거가 아니라는 사실은 인정한다. 연구란 이런 식으로 좌절을 안길 수도 있다. 그러나 휴가는 가장 필요로 하는 사람들에게만큼은 실제로 도움이 되었다. 휴가가 기대 수명에 끼치는 영향을 조사한 연구는 또 있다. 2000년에 발표된 연구다. 이 실험에는 관상동맥질환 위험이 있는 중년 남성 9천 명이 포함되었다. 결과는 더 명확했다. 불과 9년 만에 사망률을 살펴보았는데도 휴가를 가지 않은 사람들의 사망 확률이 확실히 더 높았다.[9] 두 연구 모두 우리의 직관을 어느 정도는 뒷받침한다. 휴가는 우리에게 좋다는 직관. 물론 휴가에 아무 일도 안 하는 것이 얼마나 포함되어 있는가는 또 다른 문제다. 어떤 사람은 휴가를 꽤 많은 활동으로 빽빽하게 채우는 반면 풀장 옆에서 그저 쉬면서 휴가를 보내는 사람들도 있다. 어느 쪽이건 휴가는 재충전을 가능하게 하고 건강 회복 및 유지에 도움이 된다.

스트란드베리는 확실히 그렇게 생각하는 듯 보인다. 2018년 스트란드베리가 연구 결과를 최초로 의학 학회에서 발표했을 때 그는 그래프와 데이터로 가득한 슬라이드를 모두 보여준 다음 물 위에 비친 석양 사진으로 발표를 마무리했다. 그 사진은 휴가 때 스트란드베리가 직접 찍은 풍경이었다고 한다.

어떤 일을 하건
휴가를 최대한
확보하라

휴가는 유익하다. 잠깐 동안의 휴식도 마찬가지다.

당장 가서 차 한 잔 만들어 드시라. 독서가 최고의 휴식이라는 사실을 안다고 해도 지금 읽는 페이지를 잠깐 덮고 쉬는 것은 전혀 해롭지 않다. 당신이 세계 어느 지역에 사는 독자냐에 따라 홍차일 수도, 커피일 수도, 마테mate(남미에서 즐기는 차)일 수도 있고 아니면 다른 종류의 음료일 수도 있다. 누구나 하던 일을 멈추고 다른 사람에게 함께 마시자고 청하는 음료가 있게 마련이다. 차를 마시는 시간은 하던 일을 잠시 멈출 것을 허용하고, 하루의 흐름에 간간이 끼어들어 다시 일을 할 수 있도록 도와준다. 가장 효과적인 휴식에는 상황을 바꾸는 것, 풍광을 바꾸는 것도 포함된다. 어딘가 다른 곳으로, 심지어 밖으로 나가는 것, 그리고 뭔가 다른 일을 하거나 딱히 아무 일도 하지 않는 것이 휴식이다. 누구나 본능적으로 휴식을 좋아한다. 휴식을 취한 다음 실적이 향상된다는 증거 또한 도처에 널려 있다.

잠깐의 휴식은 몸과 마음을 모두 회복시켜, 우리가 다시 활동할 수 있게 재정비해준다. 운동선수들은 훈련이 과해지지 않도록 유의한다. 이들은 회복을 심각하게 생각하기 때문에 하루 종일 운동하는 일이 없다. 휴식도 스케줄에 따라 행하며 부상을 입은 경우는 더욱 그러하다. 그러나 대부분의 사람들은 그렇게까지 하지는 않는다. 휴식을 취하는 사람들은 닥치는 대로 쉰다. 바쁠 때는 휴식 시간이나 심지어 점심시간에도 일을 한다. 프로 스포츠계에 있는 것도 아닌데 누가 쉬는 시간을 계획까지 짜겠는가? 하지만 우리 역시 그래야 할 것 같다.

휴식이 중요하다는 것은 누구나 경험으로 알지만, 바쁜 나날 가운데서도 휴식으로 가장 큰 이득을 볼 확률이 높은 때는 마감 기한 때문에 멈추기가 아예 불가능하게 느껴지는 시간이다. 멈출 수가 없어서 우리는 꾸역꾸역 일을 한다. 하지만 꼭 길어야만 휴식의 이익을 누릴 수 있는 것은 아니다. 아주 짧은 잠깐의 휴식만으로도 좋다. 그저 사무실 의자에 앉아 몸을 뒤로 젖히고 몇 초라도 두 눈을 감는 것, 일을 잠시 멈추고 남의 농담에 끼어드는 것, 혹은 잠깐만이라도 아무것도 안 하는 게 도움이 된다. 짧지만 더 순수한 형태의 휴식이니까. 업무나 잡다한 허드렛일이라 간주되지 않는 것이라면 무엇이건 짧은 휴식이 될 수 있다. 많은 연구에서 밝힌 바에 따르면, 우리는 인지하지 못하는 사이에 이 짧은 휴식을 원기 회복 전략으로 활용한다. 그리고 이러한 휴식은 효력이 있다. 아주 짧은 휴식 뒤 한 시간 동안의 에너지 수준은 휴식을 취하기 전보다 훨씬 높다.

대한민국에서 이루어진 연구를 살펴보면 어떤 종류의 짧은 휴식이 효과가 좋은지 몇 가지 팁을 얻을 수 있다. 사무실 직원들에게 열흘 동안 점심시간에 계속 메모를 쓰게 했다. 처음에는 자신의 느낌과 오후 일에 대한 기대를 기록했고 나중에는 오후 동안 취한 잠깐의 휴식과 하루 끝에 받은 느낌을 기록했다.[10] 짤막한 휴식을 취한 사람들은 대개 하루를 더 기분 좋게 마무리했다. 다른 활동에 비해 효과가 큰 구체적인 활동이 있었다. 창문 밖을 응시하는 것, 스트레칭, 뜨거운 음료를 마시는 것, 음악을 듣는 것 등이 독서나 온라인 검색보다 더 효과가 좋았다. 이 작은 휴식이 사람들의 기분에 무엇보다 큰 영향을 끼친 때는 할 일이 가장 많은 날이었다.

물론 직장들이 다 이러한 자율성을 허용하지는 않는다. 상사가 사무실로 들어왔는데 직원 절반이 담소를 나누고 있고, 또 어떤 이들은 커피를 만든다며 자리를 떠나 있고, 나머지는 창밖을 내다보는 꼴을 본다면 마뜩찮아 할 것이다. 그러나 실정을 제대로 아는 영리한 고용주라면 잠시 동안의 여가가 직원 개개인에게 긴요할 뿐 아니라 회사의 이익에도 필수불가결하다는 점을 인식한다. 생산성의 증대는 끊임없는 고된 노동이 아니라 더 높은 집중력과 창의력에서 비롯된다. 휴식은 이러한 집중력과 창의력을 향상시킨다.

흔히 인용하는 한 연구에 따르면 판사들도 휴식 뒤 업무 시간이 길어질수록 집행유예 판결을 더 가혹하게 내린다고 한다.[11] 이 연구를 재분석하면서 이러한 결과의 다른 원인 역시 밝혀졌다. 석방을 불허하는 판결은 더 신속하게 처리할 수 있기 때문에 판사들이 이러한 판결을 법정 개정 시간 끝 무렵에 빽빽하게 배치한다는 것이다.[12] 정확한 이유는 아무도 모른다. 그러나 다른 연구들의 증거만으로도 충분한 휴식을 취할 때 가장 좋은 결정을 내리고 더 많은 일을 성취한다는 것은 확신할 수 있다. 시험을 예로 들어보자. 200만 개 이상의 시험 점수를 분석한 덴마크의 한 연구에서, 재학생들은 하루 두 번의 휴식 시간 가운데 한 번을 지내고 난 뒤 시험을 치를 때 성적이 더 높았다.[13] 하지만 학생들은 휴식 시간을 선택할 자유가 없고 어른도 사정은 별반 다르지 않다.

그런데 휴식 시간을 선택할 수 있을 때조차 사람들은 휴식을 취할 최상의 순간을 선택하는 데 서툴다. 독일 연구자들이 발견한 바에 따르면 대체로 사람들은 피로로 고투를 벌일 때 휴식을 바로 취하지 않고 일을 끝낼 때까지 기다린 다음 보상으로 쉰다.[14] 자신의 꾸물거리는 성향을 통제하느라 힘들어도 계속 일하는 경우도 있으리라. 그러나 일을 끝낼 때까지 멈추지 않는 것이 설사 미덕이라 해도 진실은 달라지지 않는다. 우리는 아무것도 하지 않는 것의 이점을 놓치고 있다. 과제를 하는 중간에 단 2분만 휴식을 취해도 일의 질과 기분 둘 다에 긍정적인 영향을 끼칠 수 있다. 2분 쉴 시간조차 없다면 10초 정도의 짬도 좋다. 2019년의 한 연구는 그 정도 시간만으로도 피험자들의 수행 성적(당시 수행한 과제는 네 손가락으로 뭔가를 연속해 두드리는 것)이 향상되었다는 것을 발견했다.[15]

휴식은 진지한 고려 대상이 되어야 한다. 일하면서 아주 잠깐 쉴 짬도 낼 수 없다면 스트레스가 커질 수밖에 없다. 독일과 네덜란드에서 이루어진 연구 결과 "퇴근하고 집에 가면 잠시라도 평화롭게 있고 싶다"라는 문장이나 "퇴근하고 집에 온 직후에는 다른 사람에게 관심을 보이는 게 힘들다" 같은 문장에 강하게 동의하는 현상은 장기화된 피로와 행복감 저하를 암시하는 경고 신호였다. 여러분에게도 이러한 말이 해당된다면 업무 중에 더 많이 쉴 방안을 찾아야 한다. 아무리 찾아도 불가능하다면 집에 돌아가서 쉬는 양이라도 늘려야 한다.

번아웃 상태에서 변화는 바람직하지 않다. 변화를 꾀하는 것은 휴식만 못하다. 꼭 필요한 것은 진짜 휴식이다. 스트레스가 많은 날 회복을 돕는 가장 효과적인 활동은 집안일이나 육아가 아니라 소파에 누워 있는 것처럼 노력이 적게 드는 일이라는 것을 밝힌 연구 결과도 있다.[16] 이에 놀라는 사람은 아무도 없겠지만 이러한 결과는 정말 아무것도 안 해야 할 때가 있다는 것을 새삼 일깨워준다.

서서히 이완하며
아무것도 안 하는
상태로 나아가다

아무것도 안 하는 깊은 휴식이 이롭다는 관념은 21세기 웰빙 운동 한참 이전에 이미 등장했다. 1930년대라고 하면 대개 긴축과 근면한 노동을 연상하지만, 대공황으로 가장 큰 타격을 입은 도시 가운데 한 곳인 시카고의 에드먼드 제이콥슨Edmond Jacobson이라는 정신과의사는 아무것도 안 하는 것의 만만찮은 과학적 이점을 초창기부터 옹호했다. 제이콥슨은 '점진적 이완 기법'을 개발하여 명성을 얻었다.

여러분은 밤에 잠이 안 올 때 이 기법을 시도해봤을 수도 있다. 앞부분에서 이 기법을 언급한 적 있다. '몸 살피기'라는 기법으로, 요가에서 마음챙김 명상에 이르기까지 온갖 수업에 자주 등장하는 방법이다. 구체적인 방법은 다음과 같다.

먼저 바닥에 납작하게 눕는다. 그런 다음 발가락이나 머리 꼭대기에서 시작해 몸 위쪽과 아래쪽에 골고루 정신을 집중한다. 각 근육들을 번갈아가며 조였다 풀었다 한다. 이렇게 하면 몸 전체와 마음의 긴장까지 풀리는 것을 느낄 수 있다. 이것이 핵심이다.

긴장 이완에 대한 제이콥슨의 관심은 정반대 현상, 즉 놀람 반사 startle reflex에 대한 그의 열정적 관심에서 비롯되었다. 19세기 말에 열살이던 제이콥슨은 아버지가 소유한 호텔에서 난 화재 때문에 공포로 몸서리쳤다. 화재로 세 명이 사망했고, 그중에는 그가 알던 사람도 있었다. 전해지는 말로는 5층 창턱에 손끝으로 매달려 버티다 결국 추락해 사망했다고 한다. 제이콥슨이 말년에 쓴 논문에서 자신의 반응을 기술한 부분을 보자. "이 화재 이후 나는 다양한 사람들의 예민한 흥분 상태에 경악했다."[17]

그는 자신의 부모와 다른 이들이 이 충격적인 사건에 반응하는 모습에 큰 흥미를 느꼈고 대학에서 이 문제를 깊이 파보기로 결심했다.

출발점은 놀람 반사를 검토하는 작업이었다. 방법은 피험자들을 실험실로 불러 이들에게 굉음으로 충격을 준 다음 반응을 모니터하는 것이었다.

제이콥슨은 굉음을 듣기 전에 피험자들에게 근육 이완법을 가르치는 경우 놀라는 반응을 둔화할 수 있다는 것을 발견했다. 똑같은 훈련이 다른 상황에도 적용 가능하다는 것을 알게 된 제이콥슨은 점진적 이완 기술을 개발하기 시작했고 1924년 결과를 발표했다. 회고담에서 그는 자신의 일에 다소 회의적이었다고 했다. 물론 건강한 의심이긴 하다. "30년 전, 방마다 다니면서 다양한 질환의 환자들을 이완시키겠다고 애쓸 때 이렇게 중얼거린 기억이 난다. 도대체 난 지금 무슨 말도 안 되는 짓을 하고 있는 거지?"[18] 그러나 데이터는 그의 기법이 통한다는 것을 입증했다. 제이콥슨의 확신은 점점 강해졌고 자신이 뭔가 중요한 일을 한다고 느꼈다.

역사학자 아예샤 나수Ayesha Nathoo가 기술한 바에 따르면, 제이콥슨은 동료들이 이완법에 관한 자신의 연구를 의학에 속하는 분야로 봐주기를 바랐다. 그는 환자들에게 적극적인 참여를 요구했다. 당시 의사들이 주로 처방하던 침대에 누워서 쉬는 휴식과는 반대로 근육 이완법은 배워서 습득해야 하는 기술이라 매주 레슨을 받아야 할 뿐아니라 매일 한두 시간씩 연습해야 한다고 주장했다.[19] 그의 이완법은 본격적인 휴식, 그리고 생리 현상 측정과 꼼꼼한 교육을 포함한 것이었다.

제이콥슨은 의료계 연구자의 진지한 대접뿐 아니라 일반 대중의 관심도 원했다. 그 결과물이 『쉬어야 한다!』You Must Relax!라는 제목의 대중서다. 이완을 권고한다기보다는 강요하는 듯한 제목이다. 제이콥슨의 주장에 따르면 충분한 훈련만 받는다면 누구나 "지치지 않고 현대 문명을 즐길" 수 있다. 지금 그는 이완 훈련에서 손꼽을 만큼 중요한 인물이다.

하지만 이완이라는 것이 아무것도 안 하는 것과 정확히 같은 것일까? 정리하자면 이렇다. 세세한 기술적 지침과 내내 집중력을 유지해야 할 필요성이 있는 것은 사실이지만, 그럼에도 불구하고 점진적 이완을 하는 동안 상당한 시간을 아무것도 안 하는 데 쓴다. 제이콥슨과 그를 추종해온 다른 연구자들이 자부하는 바는 이들이 '아무것도 안 하기'에 관해 기발하게 '틀을 다시 짰다'는 것이다. 아무것도 안 하고 있어도 이것이 의학적인 검증을 거친 방법이라고 한다면 아무것도 안 한다는 생각에 죄책감을 느끼지 않아도 되니까 말이다.

아무것도 안 하는 법을 배우고 연습한다는 것은 어쩐지 아이러니하지만 뭔가 하는 것 같은 느낌을 준다. 우리로서는 안 할 이유가 없는 쉬운 방법이다.

좋은 권태와
나쁜 권태를
구분하기

곧이곧대로 아무것도 안 하고 앉아 있기란 더 어렵다. 실제로 아무것도 안 하는 시간을 얼마나 견딜 수 있을까? 350년 전 프랑스의 철학자 파스칼은 "인류의 문제는 방 안에 혼자 조용히 앉아 있지 못하는 무능함에서 비롯되었다"라고 했다. 이 인용구가 들어갈 적절한 자리는 혼자 있고 싶다는 내용을 담은 장이거나 잡념을 다루는 장이었어야 한다. 파스칼이 정작 하고 싶었던 말은 인간이 아무것도 안 하는 것을 두려워하는 이유는 뒷전에 제쳐둔 생각을 마주하기 싫어서라는 것이니까. 아니면 파스칼의 말은 마음챙김 명상을 다룬 장에 어울렸을 수도 있다. 마음챙김 명상은 고요함이 필요한 활동이고 자신의 생각에 주의를 기울여 자아비판마저 수용하도록 요구하는 실천이기 때문이다. 이런 생각을 하다 보니 파스칼이야말로 우리가 휴식에 대해 느끼는 근원적인 어려움을 누구보다 잘 이해하는 것 같다. 휴식할 시간을 내기 어렵다거나 산만해지기 쉽다는 정도의 어려움을 말하는 것이 아니다. 우리는 실제로 휴식을 두려워한다는 말이다.

　빈 방에 혼자서 15분 동안 앉아 있어야 한다고 상상해보라. 무엇을 하겠는가? 휴대전화를 찾을까? 실제로 실험이 이루어졌고 연구자들은 실험 동안 휴대전화를 치워두었다. 책을 보거나 신문을 펼쳐 들까?

그것 역시 금지다. 펜과 종이를 꺼내 할 일 목록을 작성할까? 역시 안 된다. 이리저리 방 안을 돌아다닐까? 팔굽혀펴기를 할까? 규칙은 의 자에 계속 앉아 있어야 한다는 것이다. 팔짱을 끼고 낮잠을 자는 것은? 역시 규칙상 금지다. 깨어 있어야 한다. 이제 남은 유일한 오락은 머릿 속 생각뿐이다. 빈 방에서 시행된 일련의 심리 실험 결과는 2014년에 발표되었다. 파스칼은 역시 옳았다. 사람들은 이런 상황을 전혀 좋아 하지 않았다.[20]

실험에는 열한 가지 버전이 있었는데 그중 특히 한 가지가 세계적 으로 유명세를 얻었다. 피험자들은 한 번에 한 명씩 모든 오락거리를 제거한 빈방으로 들어갔다. 발목에 전극을 부착한 채였다. 이들에게 전기 충격을 전달하는 컴퓨터 키를 누르는 법을 습득시켰다. 그런 다 음 피험자들은 15분 동안 전극을 부착한 채 혼자 방에 남겨졌고 "생각 은 무엇이건 자유"라는 말을 들었다. 아, 그리고 원하면 전기 충격을 스스로 가해도 된다는 선택지를 추가했다.

결과는 충격적이었다. 이 실험이 악명을 떨친 이유이기도 하다. 한 피험자는 자신에게 무려 190회나 전기 충격을 가했다. 마조히스트가 비단 이 사람 하나뿐이었을까? 착각은 금물이다. 참가한 남성 가운데 71퍼센트가 자신에게 최소 1회 이상 전기 충격을 가했다. 여성들은 이 런 경향이 덜하기는 했지만 그래도 충격을 가한 비율이 4분의 1이나 되었다. 15분 동안 스스로 하는 생각만으로 시간을 보내기가 싫었고, 아무것도 안 하느니 고통을 견디는 편을 택한 것으로 보인다.

충격적인 결과가 나왔다 해서 과도한 추측은 금물이다. 이 연구에 등장하는 숫자들은 작다. 결과에는 호기심도 작용한 게 아닌가 싶다. '두 번째 충격을 가해도 첫 번째만큼 아플까?' 하는 호기심 말이다. 접시가 뜨겁다는 웨이터의 말을 듣고도 접시를 만지듯, 전기 충격에서도 비슷한 호기심에 복종하는 것이다. 인간은 뭔가 발견하고 싶어한다. 나 역시 예외가 아니다. 얼마 전 캠핑을 할 때였다. 화덕 주위에 설치해놓은 철제 원형 틀을 열 손가락으로 만졌다. 얼마나 뜨거운지 알고 싶은 욕구를 밀어낼 수 없었기 때문이다. 물론 아주 뜨거웠다. 열 손가락 끝을 모조리 데었다. 통증이 심했다. 통제에 대한 욕망은 이러한 실험에서도 일정 역할을 한다. 참가자가 선택할 수 있는 거의 모든 것들은 애초에 제거되었다. 이들이 통제력을 행사할 수 있는 딱 한 가지는 자신에게 전기 충격을 다시 가할까 말까 하는 것이었다. 그렇다면 그 선택지를 실행하여 자신이 상황을 통제한다는 느낌에 젖고 싶지 않겠는가? 이런 점들을 모두 감안하더라도 유명세를 떨치는 이 실험 결과는 흥미롭다. 무엇보다 이 연구가 다른 연구보다 두드러지게 입증해낸 바는 '아무것도 안 하는 것을 우리가 얼마나 어려워하는가'이다. 특히 강요당한 무위無爲는 더 견디기 힘들다.

즐거운 고독도 선택이 아닐 때는 쓸쓸함이 되듯, 아무것도 안 하는 것 역시 휴식이 되려면 스스로 선택해야만 한다. 강요된 휴식은 극심한 권태로 이어질 수 있다. 19세기의 많은 환자들이 발견한 바다. 당시 미국인 의사 사일러스 위어 미첼Silas Weir Mitchell은 '휴식 치료'라는 것을 개발했다. 그는 '완전한 휴식과 과도할 정도의 섭식'을 조합하면 정서적으로 지친 사람들의 상태가 개선되리라 생각했다. 휴식 치료는 '19세기 말 실용의학이 자랑할 만한 가장 큰 발전'이라 불렸지만, 유독 여성들을 억압하는 데 쓰였다는 점이 충분히 입증되었다. 여성들을 침대에서 나오지 못하게 붙들어두고 다량의 음식을 제공한다. 음식을 거부할 겨우 억지로 먹인다. 독서, 바느질, 심지어 침대에서 몸을 돌리는 것조차 의사의 허락 없이는 금지다. 강권과 억압으로 점철된 치료였다.

샬럿 퍼킨스 길먼Charlotte Perkins Gilman의 단편소설 『노란 벽지』The Yellow Wallpaper는 작가가 산후우울증을 겪을 당시의 휴식 치료 체험에 기반을 둔 것이다. 하루 종일 아무것도 안 하는 경험에 관한 일부 세세한 점은 소설을 위해 허구로 지어냈음을 인정하긴 했지만[21] 그녀가 쓴 내용은 당시 휴식 치료의 실상을 전하고도 남는다. "정신적 고통이 도저히 견딜 수 없는 지경이 되는 바람에 나는 이쪽저쪽으로 머리를 멍하니 움직이며 앉아 있었다." 휴식 치료를 마쳤을 때 미첼 박사는 그녀에게 '지적인 생활'은 하루 두 시간만 할 것이며 "살면서 절대로 펜이나 붓이나 연필을 잡아서는 안 된다고" 조언했다. 길먼은 그런 말에 전혀 신경 쓰지 않았다. 문학으로서는 정말 다행스러운 일이다.

휴식 테스트의 결과들은 우리가 즐길 수 있는 휴식 시간의 양에 한계가 있음을 시사한다. 휴식은 선택이 아닐 경우 휴식으로서 효력을 발휘하지 못하는 것이다. 행복 점수는 피험자들이 전날 취한 휴식 시간에 따라 올라갔지만, 그것이 여섯 시간 이상이었을 경우 다시 떨어지기 시작했다. 우리가 견딜 수 있는 최적의 휴식 시간이 지나면 휴식은 권태로 변질되는 듯 보인다.

그러나 대부분의 사람들은 권태가 오래 간다고 느낄 가능성이 거의 없다. 월드서비스 미국에서 실행한 연구에 참여한 4천여 명의 성인들은 일주일 동안 깨어 있는 내내 30분마다 울려대며 뭘 하고 있는지 어떤 기분인지 물어대는 앱에 시달렸다.[22] 이 방법을 통해 연구자들은 100만 건 이상의 개별 순간들에 대한 관측 자료를 얻었고, 사람들이 아무것도 안 하는 그 시간에 실제로 어떤 느낌을 받는지 알아낼 수 있었다. 결과에 따르면, 아무것도 안 하는 동안 지루하다고 느낀 시간은 단 6퍼센트 미만이었다.

긍정적인 결과 같다. 권태는 치명적이니까. 그렇지 않은가? 하지만 사실 권태에도 긍정적인 측면이 숨어 있다. 권태는 우리가 뭔가 새로운 것을 찾아 나서도록 재촉한다. 인간에게 내재된 이런 종류의 호기심(뜨거운 화덕을 만지고 전기 충격을 스스로에게 가하도록 하는 유혹)이야말로 인류가 거둔 문명 발전의 열쇠이지 않은가.

따라서 권태를 경험할 확률이 높은 상태야말로 참신한 생각을 내놓을 기회일 수 있다. 앞에서 잡념을 논하면서 살펴본 것처럼, 두뇌는 잡념을 통해 다양한 생각들을 새로 연결한다. 운이 좋다면 여기서 참신한 생각이 도출된다. 세계에서 가장 창의적이었던 인물들은 아무것도 안 하는 상태를 십분 활용했다. 레오나르도 다 빈치는 제자들에게 벽을 멍하니 응시하면서 벽의 얼룩과 축축한 부분에서 얼굴과 움직임이 떠오르는 듯 보일 때까지 기다리라고 가르쳤다. 버지니아 울프는 『벽의 얼룩』The Mark on the Wall이라는 단편을 썼다. 레오나르도 다빈치의 가르침을 알고 있었던 것일까. 울프는 신비로운 느낌을 주는 회벽의 검은 얼룩을 응시할 때 생각이 자유롭게 날아다닌다는 데 주목했다.

심리학자 샌디 만Sandi Mann은 권태가 창의성에 영향을 끼친다는 것을 입증해보였다. 실험 방법은 사람들에게 자신이 생각할 수 있는 가장 지루한 과제를 제공하는 것이었다. 전화번호부의 숫자를 베끼는 일이었다. 끔찍할 만큼 재미없는 이 과제를 마친 사람들에게 플라스틱 컵 한 개를 주고 컵의 용도를 무궁무진하게 생각해보라고 요청했다(막대사탕 틀이건 식물을 담는 화분이건 샹들리에건 상관없었다). 이러한 사고는 발산식 창의력divergent creativity이라 알려진 것으로, 스탠퍼드대학교의 걷기 연구에 사용된 테스트와 비슷했다. 연구 결과, 지루한 전화번호 베끼기를 억지로 해야 했던 사람들이 이 과제 없이 곧바로 시작한 사람들보다 플라스틱 컵의 용도를 훨씬 더 많이 생각해냈다.[23]

더 넓은 견지에서 볼 때, 아무것도 안 하는 것을 통해 우리는 자신의 내면을 들여다볼 수 있게 된다. 아니 그럴 수밖에 없게 된다. 자신이 인생에서 원하는 것, 그 안에서 의미를 찾는 법 등을 생각할 수밖에 없는 상태가 되는 것이다. 샌디 만의 주장에 따르면 존재의 측면에서 볼 때 권태라는 독을 풀어주는 해독제는 재미가 아니라 의미다. 따라서 얼마간 지루함을 느낀다 해도, 장기적으로는 생각이 지루함을 피하는 방향으로 열릴 수 있다.

　그래도 아무것도 안 하는 것이 지나친 방종으로 느껴진다면, 기억력 역시 아무것도 안 하는 동안 향상된다는 점을 유념하라. 지난 20년 동안의 연구를 통해 명확히 밝혀진 바는, 정보를 습득하고 나서 밤잠을 푹 자면 다음 날 습득한 정보를 기억할 확률이 더 높아진다는 것이다. 잠, 그리고 아마 꿈은 기억을 견고하게 만들고 기억이 뇌에 굳건하게 각인되도록 도움을 주는 것 같다. 우리는 이제 가끔씩 취하는 휴식 역시 효과적인 업무 수행과 공부에 도움이 된다는 것을 안다. 최근의 실험 연구들은 기억력 및 과제 수행능력 문제를 수면보다는 휴식과 영리하게 결합한다.

　뇌졸중으로 기억상실을 겪는 피험자들에게 단어 열다섯 개를 기억하도록 했다. 그런 다음 피험자들은 10분 동안 다른 문제에 머리를 쓰고 나서 가능한 한 많은 단어를 기억해내야 했다. 기억상실 탓에 이들의 평균 점수는 14퍼센트에 불과했다. 그러나 기억력 테스트를 받기 전 10분 동안 머리를 쓰는 대신 어두운 방에 앉아 있자 점수는 49퍼센트까지 상승했다. 인상적인 결과였다.[24] 훗날 이 기법은 헤리엇와트 대학교의 미케일라 듀어Michaela Dewar 교수에 의해 알츠하이머 중기 환자들에게 효과가 있다고 밝혀졌다. 건강한 사람들에게도 긍정적인 효과는 일주일이 지나도록 계속 남아 있었다. 새로운 기억들이 생성된다 해도 정보를 습득한 직후에 쉬면서 아무것도 하지 않아야 뇌에 각

인될 가능성이 높다.♦ 듀어가 내놓은 최근의 결과는 아무것도 안 하기를 지지하는 이들에게 훨씬 더 유리하다.

문제 하나를 내드리겠다. WTEW. 알파벳 대문자로 구성한 이 단어는 유명한 구절이나 속담을 나타내는 문장의 앞 글자들이다. ABITHIWTITB도 풀어보시라. 정답은 아래 주를 참고하길 바란다.♦♦

답이 확실하다면 답을 유도한 과정은 어땠고 소요된 시간은 어느 정도인가? 답이 빨리 떠올랐건 긴 고투 끝에 생각났건, 아주 갑작스럽게 다가왔을 것이다. 심리학에서는 이렇듯 돌연한 통찰을 깨달음의 순간eureka moment이라고 한다.

깨달음의 순간을 촉발하는 방법 한 가지는 풀어야 할 문제를 몇 시간 정도 방치하는 것이다. 나는 십자낱말 풀이를 좋아하는 사람들이 이 방법을 즐겨 쓴다는 데 주목했다. 한참 방치한 다음 다시 풀려고 할 때 문제의 단서는 대체로 아주 쉽게 떠오른다. 마치 내가 다른 일을 하는 동안에도 나의 두뇌는 잠재의식에서 그 문제를 곰곰이 생각하고

♦ 만일 피험자들이 머릿속에 단어들을 굴리면서 시간을 보내 듀어 교수를 속인 것이면 어떻게 하느냐고 걱정한다면 안심할 것. 듀어 교수에게는 그러한 속임수를 예방할 영리한 방책이 있었으니까. 듀어 교수는 사람들이 외국어 단어를 암기하게 만들어 발음하기 어렵도록 해놓았다. 피험자들은 단어를 암기하는 데 도움이 되도록 소리 내어 발음하던 일을 중단할 수밖에 없었다. 그 덕에 아무것도 안 함으로써 단어 기억 능력이 실제로 높아진다는 것을 입증할 수 있었다.

♦♦ WTEW는 All's well That Ends Well의 약어로 "끝이 좋아야 다 좋다"라는 뜻이고 ABITHIWTITB는 A Bird In the Hand Is Worth Two In the Bush의 약어로 "내 손안에 있는 새 한 마리가 숲에 있는 두 마리보다 낫다"라는 뜻이다.

있었던 게 아닐까 싶을 정도다. 요점은 문제를 방치하는 동안 무엇을 해야 가장 좋을까 하는 것이다. 듀어의 연구가 시사하는 바에 따르면 정답은 아무것도 안 하는 것이다. 퍼즐을 풀다가 10분 정도 아무것도 하지 않고 아무 생각도 안 하며 시간을 보낸 이들은 10분 동안 단순한 다른 게임(틀린 그림 찾기 따위의 게임)을 한 사람들보다 퍼즐의 정답을 더 쉽게 찾아냈다.

딱히
아무것도
안 하는 방법

철학자 세네카와 소크라테스는 둘 다 방랑벽이 있는 사람들을 걱정했다. 이들은 이런 사람들이 도피를 위해 떠나지만 결국 도피해야 할 것을 그대로 지닌 채 되돌아올 수밖에 없다는 점을 우려했다. 소크라테스는 이렇게 주장했다. "세계를 떠돌아다녀봤자 문제를 해결하지도 못하고 늘 그냥 돌아오는데, 방랑이 도움이 안 된다고 의아해할게 뭐란 말인가? 방랑을 하는 이유는 멀리 있지 않다. 늘 자신의 발 뒤에 있게 마련이다." 집에서 멀리 떠난다고 해서 근심이 사라지지 않는다는 것은 맞는 말이다. 시끄럽던 생각이 갑자기 평화로워지지도 않는다. 의심은 그대로다. 어느 나라에 발을 들이건 여행자는 변하지 않기 때문이다. 새벽이 오기 전에 화산에 올라 화산 가장자리 위로 떠오르는 태양을 볼 수는 있지만, 그 장대한 풍광이 주는 느낌이 아무리 독특하고 비현실적이라 해도 자신의 세계는 여전히 머릿속에 그대로 있다. 세네카와 소크라테스의 말은 맞는다. 하지만 멀리 떠난다 해도 모든 것을 다 챙겨가지는 않는다. 떠나는 일의 장점 가운데 대체로 간과되는 것은 있던 곳을 떠나면 아무것도 하지 않을 기회가 더 늘어난다는 것이다.

외국의 호텔 바에서 우리가 가진 짐은 가방 하나, 배낭 하나뿐이기 십상이다. 할 일이라고는 할 수 있는 만큼 먹고 마시고 녹초가 되는 것뿐이다. 반면 집에는 해야 할 일이 천지다. 다림질해놓은 옷들은 걸어주기를 기다리고 있고, 깨진 접시는 붙여놓아야 하며, 벽에 걸어야 할 고리들, 환불할 물건도 잔뜩 있다. 눈에 안 띄는 것들도 우리의 관심과 주의를 기다린다. 돈을 너무 많이 받아가는 난방 회사를 바꾸어야 할 것 같고, 내 연금을 맡겨놓은 기관에 무슨 일이 벌어지는 건 아닌지 체크해야 한다는 불안감이 뒷덜미를 잡은 채 놓아주지 않는다. 이것이 바로 '생활의 잡일'이고 이러한 허드렛일은 인생이 우리에게 퍼붓는 저주 가운데 하나다. 하지만 휴일이 되면 대체로 이러한 잡일을 안 해도 된다. 오늘만큼은 욕조에서 한참 시간을 보낸 다음 침대에 누워 책을 읽거나 경치를 바라보거나, 아무것도 안 해도 괜찮다. 바쁜 스케줄 속으로 이런 종류의 휴식을 이따금씩 끼워 넣을 수는 없을까? 토요일 밤 외출할 예정이라면 그전 두 시간 동안의 즐거운 여유를 스스로에게 허용할 수 있을까? 침대에 누워 노닥거리면서 느긋하게 나갈 준비를 할 두 시간 정도의 여유 말이다.

늘 그렇듯 문제는 주위에 넘쳐나는, 정말 하지 않으면 안 될 일들이다. 이런 일을 바로 중단하고 아무것도 안 하는 것은 지나친 도약이다. 집에서 아무것도 안 하기가 그토록 어려운 이유, 그리고 휴식 테스트에 참가한 많은 사람들이 아무것도 안 하는 것보다 어떤 종류라도 활동을 하는 것이 더 휴식이 된다고 생각한 이유가 바로 이런 것이다. 최소한 텔레비전을 보거나 책을 읽으면 뭔가 하고 있다는 느낌이 들어서 해야 할 다른 일을 방치해도 죄책감이 덜 느껴지는 것이다.

현실을 직시하자. 해야 할 일들이 사라지기를 바랄 수는 없지만 그렇다고 그 모든 일을 다 마칠 수도 없다는 사실을 인정해야 한다. 먼저 해야 할 일들을 다 처리한다 해도 곧바로 할 일은 또 쌓인다. 그것이 인생이다. 벗어날 길은 없다. 밀레니얼 세대는 이러한 태도에 어덜팅 adulting(어른스러운 태도나 행동)이라는 신조어를 만들어 붙였다. 그나마 다행인 것은 이 끝없는 일이 우리가 성장한 덕에 강제로가 아니라 스스로 선택해서 하게 된 것들이라는 점이다. 그러니 오늘날 세계에서 어른이 되는 첫걸음은, '많은 일을 늘 해야 하는 것'이 곧 어른이 된다는 뜻임을 인식하고 수용하는 것이다. 그럼에도 일에 압도당하지 않도록 멈출 방도를 찾긴 해야 한다. 뭔가를 하고 또 해야 한다는 압력에서 벗어날 길을 모색해야 한다. 휴일에만 그래야 하는 것은 아니다. 해야 할 일들에서 벗어나 아무것도 안 하는 쪽에 가까워질 수 있는 장소는 집

가까운 곳에도 있다. 그토록 많은 이들이 기차 여행을 편안하게 생각하는 이유가 이런 게 아닐까 싶다. 여행은 물론 피곤할 수 있지만 최소한 정해진 기간만큼은 집에서 해야 할 많은 일들을 제쳐둘 수 있다. 누군가 전화나 이메일로 연락을 할 수 있겠지만 터널로 들어가 버리면 소용없을 것이다. 지하철 시간표를 늘 체크하고, 열차 파업과 지연을 견디고, 가장자리에라도 걸터앉으려면 사람들이 내리기를 빌어야 하는 지하철, 문이 닫히는 순간 몸을 잔뜩 웅크려야 하는 지하철 객차에 실려 다니는 것은 결코 편안하지 않다. 그러나 공간이 널찍한 기차를 타고 긴 여행을 떠나 아무 힘도 들이지 않고 시골길을 지나갈 때, 그때만큼은 휴식은 떠난 자의 것이다.

일부 사람들에게는 기차의 움직임이 지니는 수면 효과가 매우 강력해 잠들지 않기가 어렵다. 나 역시 기차만 타면 잠이 드는 부류라 밤에 잠이 안 올 때면 기차에 타고 있다는 상상을 하려 노력한다. 영국의 물리학자 앨프리드 야로Alfred Yarrow 경도 마찬가지였다. 1927년 야로는 국립물리학연구소National Physical Laboratory에 기차의 움직임을 모방한 침대를 제작하도록 했다. 이 침대는 1분에 80회 흔들리되 멀미를 유발하지 않을 만큼만 불규칙적으로 흔들리게 되어 있었다. 취리히에 있는 실험실도 비슷한 문제를 놓고 연구했으며 각기 다른 흔들림으로 실험했으나 모터 소리가 너무 커서 모터를 다른 방에 두어야 하는 애로사항이 있었다.[25] 그러나 이미 밝힌 바대로 수면을 아무것도 안 하는 것으로 간주하는 것은 반칙이다.

아무것도 안 하는 방법을 탐색하는 이러한 움직임을 보면 일부 사람들은 '느리게 살기 운동'slow movement을 연상할 수도 있을 것이다. 느리게 살기 운동은 이탈리아에서 시작된 것으로 처음에는 패스트푸드를 피해 슬로푸드slow food로 돌아가자는 움직임에서 비롯되었다. 로마의 관광명소인 스페인 계단Spanish Steps 옆에 맥도날드 지점이 문을 연데 대한 저항이 벌어진 이후였다. 앞에 붙는 '슬로'라는 표현은 그 이후 패션에서 대학원 연구에 이르기까지 온갖 것에 적용되었다. '슬로 패션'은 치맛단 길이의 유행이 바뀔 때가 아니라 필요할 때만 새 옷을 사도록 독려하는 운동이고, '슬로 대학원생 운동'은 미국 내 운동으로 학생들이 "너무 바빠요"라는 말을 중단하고 일을 덜 하도록, 그래서 뭔가 하기보다는 '현존할' 시간을 일부 빼놓도록 촉구한다. 사고하기, 몽상하기, 낮잠 자기, 반려동물과 놀고 자연을 벗 삼아 산책하기가 이러한 '현존'에 해당한다.

'현존하기'에 대한 슬로 대학원 운동 권고의 대부분이 사실 뭔가 하는 것들이라는 사실은 시사하는 바가 있다. 뭐든 하찮은 거라도 해야만 한다는 것이 이러한 운동의 핵심인 듯 보인다. 그래야만 죄책감 없이 쉴 수 있기 때문이다. 뜨개질을 하거나 잡지를 뒤적이는 것이 일부러 허공을 응시하는 것보다는 수용하기 쉬운 것처럼 느껴진다. 그렇다면 왜 죄책감과 싸워가면서까지 아무것도 하지 말아야 할까? 왜 대세를 따르면 안 될까? 정말 아무것도 안 한다고? 애초에 시도조차 하지 말라. 너무 어려운 일이다. 대신 뭔가 사소한 것, 작은 것을 하라.

뭐, 빈둥거리기. 그렇게 불러도 된다면 빈둥거리기가 좋겠다.

1958년 『아무도 없이 완전히 혼자서 아무것도 안 하는 법』How to Do Nothing with Nobody All Alone by Yourself이라는 제목의 어린이 책이 출간되었다.[26] 저자 로버트 폴 스미스Robert Paul Smith는 뭔가를 할 때만 아이들이 스스로에 관해 배울 수 있다고 생각했다. 이 책에는 집 주변에서 발견된 물건들, 혹은 거리에서 우연히 주운 찢어진 우산 같은 것들로 스스로를 즐겁게 만들 방법들이 풍성하게 담겨 있다(가령 찢어진 우산은 연으로 변신한다). 이 책은 앉아서 생각하며 시간을 보내는 것도 좋다고 칭찬하지만, 실은 혼자 '노는' 법에 관한 책이다. 노는 시간을 정당하다고 볼 수만 있다면 나 역시 해보고 싶은 것들이 꽤 많다. 가령 이런 것이다.

육각형 연필 하나를 찾아냈다고 해보자(까만색과 빨간색 줄이 나란한 무늬의 연필이 좋을 것 같다). **그런 다음 연필 한쪽 끝에서부터 칼로 0.5센티미터 길이의 작은 사각형을 깎아내기 시작하는 것이다. 연필을 쭉 둘러가면서 작은 사각형들을 깎고 또 깎아 마치 바둑판처럼 수많은 사각형이 연필에 새겨지도록 하는 놀이다. 아무 의미 없지만 하고 싶은 일이다. 나는 이것이 기이하지만 만족을 안겨주리라 상상한다.**

여러분은 연필 무늬 깎기가 반칙이라 생각할 수도 있다. 엄밀히 말해 이런 짓은 아무것도 안 하는 게 아니기 때문이다. 그 역시 뭔가 장식하는 활동이 아닐까. 그러나 사람의 기질에 따라 그것은 의자에 앉아 허공을 응시하는 것과 가장 가까운 일일 수도 있다. 요즘 어른들이 퍼즐을 풀고 컬러링북을 사다 색칠하는 것도 다 이런 이유인지 모른다. 뜨개질(내 경우에는 코바늘뜨기) 같은 공예가 여전히 인기를 끄는 것도 같은 이치다.

일단 생각 없이 할 수 있을 정도까지 뭔가를 습득해 연습해두면 손은 바빠도 생각만큼은 원하는 곳으로 자유롭게 떠날 수 있다. 자신에게 쉴 기회를 허락하는 것이다. 이렇게 하면 아무것도 안 하는 것은 아니지만 아무것도 안 하는 것에 가까워진다.

사람들은 생각보다 더 긴 시간을 순수하게 아무것도 안 한다는 목표를 위해 노력해야 한다. 아무것도 안 하는 것은 우리에게 이롭다. 실존주의 작가 알베르 카뮈가 말했다. "게으름은 평범한 자들에게만 치명적이다." 게으름은 스케줄에 맞춘 활동이 아니다. 스케줄대로 이루어지는 게으름은 결국 강요당한 게으름이고 강요는 지루함으로 이어진다는 것을 우리는 이미 안다.

아무것도 안 한다는 것이 자연스레 스스로 모습을 드러낼 때까지 기다렸다가 그것을 포용하는 것이 우리가 할 일이다. 바틀비처럼 극단까지 치달을 필요는 없다. 그러나 일하다가 창밖에서 본 무엇인가에 마음이 끌린다면 저항하지 말자. 잠시 동안 그것을 응시한 다음 일로 돌아가면 된다. 일이 너무 많아 힘이 들면 차 한 잔을 자신에게 만들어주되 책상 앞으로 차를 가져가지 말고 어딘가 다른 곳에 앉거나 서서 마시는 동안 몇 분만이라도 일을 중단하자.

　자신에게 휴식을 허하자. 쉴 만한 여유를 주자. 단 한 순간, 다만 몇 분이라도 아무것도 하지 말자. 그것조차 어렵다면 딱히 뭔가를 하지 않도록 해보자. 아니면 아무것도 안 하는 것에 가까운 상태로 있어보자. 분명 만족할 것이다.

기쁨

음악을 들려주다

4.

안나 프로이트 센터Anna Freud Centre의 최신 연구에 따르면, 음악 감상은 25세 미만인 사람들이 활용하는 가장 흔한 자기 돌봄 전략 가운데 하나다. 물론 그 나이의 두 배 이상인 사람들 또한 음악의 치유 효과를 누리고 있다는 증거도 얼마든지 있다.

런던 남동부의 페컴Pecham이라는 곳에서는 한 달에 한 번 남자들의 모임이 열린다. 모임 장소는 멤버의 집이다. 모두들 턱수염을 기르고 있다. 페컴 남자들은 대부분 수염을 기른다. 모임에 나오는 남자들의 직업도 각양각색이다. 교사, 사진가, 코미디 비평가도 있다. 이들이 모이는 이유는 한 가지 활동을 위해서다. 다들 꽤 진지한 태도로 임한다. 이들은 약속된 집으로 가기 전 술집에서 만나는데, 그저 빈둥거리는 듯 보인다. 이들이 특정한 목적을 염두에 두고 모임을 해온 것은 분명하나 이번 달 모이기로 한 집에 가려고 서두르는 사람은 없다. 시간이 좀 지나야 한 사람이 이제 가자고 재촉한다.

집에 도착한 이들은 거실에서 긴장을 풀 수 있는 자리를 찾아낸다. 동작이 가장 날쌘 사람이 소파와 안락의자를 차지하고 다른 이들은 바닥에 앉아 벽에 등을 기댄다. 이제 곧 시작이다. 귀를 기울일 시간이다. 레코드가 곧 재생된다. 오직 한 사람, 이번 달 곡 '선정자'만이 무슨 곡을 틀지 안다. 선정자는 50년대식 탁자 위에 놓인 턴테이블로 다가간다. 은색과 흑색이 섞인 턴테이블이다. 바늘을 레코드판에 얹는다. 음악이 흘러나오기 시작한다.

바이닐 클럽Vinyl Club이다. 나이를 먹어가는 음악 팬들의 동아리로 독서 클럽과 비슷하다. 독서 클럽에서는 멤버들이 매달 서로의 집에서 순번을 정해 선택한 책을 읽고 내용을 토론한다. 내 경험상 바이닐 클럽의 규칙이 독서 클럽보다 엄격하다. 독서 클럽의 경우는 (내 경험상) 감상 토론 못지않게 뒷담화와 와인이 오가지만 바이닐 클럽은 좀 다르다.

일단 음악이 나오기 시작하면 아무도 말을 하지 않는다. 모든 대화는 음악 감상이 완전히 끝날 때까지, 아니 더 정확히 말해 절반 정도 끝날 때까지 금지다. 레코드판의 한 면이 끝나야만 멤버들은 선정자의 선곡에 대한 자신의 느낌을 말할 첫 기회를 얻는다. 멤버들 말로는 이런 규칙이 없으면 음악을 제대로 듣지 않게 되기 때문이란다. 이들은 레드 제플린이나 섹스 피스톨스나 데이비드 보위 같은 가수를 처음 보았던 십대 시절에 관한 추억담에 돌입한다. 추억담도 재미있지만(이들은 딱 필요한 시간에 추억담을 나눈다) 뭐니 뭐니 해도 가장 중요한 것은 음악에 한껏 몰입해 음악이 주는 구원의 힘을 체험하는 것이다.

음악이 심리에 영향을 끼친다는 것은 논란의 여지가 없다. 따라서 이 장에서는 음악이 왜 특별한가 하는 질문은 제쳐두고, 휴식 효과를 달성하기 위해 음악을 가장 잘 활용할 수 있는 방법을 모색하고 이를 뒷받침하는 과학적 증거에서 얻을 수 있는 바를 밝히고 싶다.

클래식이건 팝이건
마음에 끌리는
음악이면 된다

당연하지만 유의할 점 하나. 음악이 휴식으로 느껴지기를 바란다면 좋아하는 음악을 선택하라. 음악 취향은 풍경에 대한 선호보다 훨씬 더 다채롭다. 풍경에 관해서라면 대다수가 해변이나 산을 선호한다고 말하는 데 비해 좋아하는 음악의 범위는 상당히 넓다. 그뿐만이 아니다. 특정 음악 장르를 싫어하는 반감의 크기도 다른 취향보다 훨씬 더 크다. 선호도의 편차가 너무 심한 바람에 웃지 못할 일도 벌어진다.

런던에는 청년들의 대규모 마약 거래처로 악명 높은 지하철역이 여러 곳 있다. 이들은 역 주변을 서성거리며 마약을 사고판다. 그런데 역 주변에 클래식 음악을 크게 틀어두는 것만으로도 젊은이들이 서성거리는 현상이 사라졌다. 클래식 음악을 못 견디고 곧 다른 곳으로 가버렸기 때문이다. 물론 법을 준수하는 청년들(그리고 나이든 사람들) 중 어쩌다 클래식 음악을 싫어하게 된 사람들도 그 음악이 듣기 어렵기는 마찬가지다. 나로 말하자면 볼륨을 최대로 키운 비발디 곡 일부는 좋아하는 편이다. 어쨌거나 클래식 음악의 마약 거래 방지 효과는 만점이었다.

클래식 음악이야말로 음악 업적의 최고봉이라는 주장이 많다. 피아니스트 제임스 로즈James Rhodes는 『음악의 치유』Instrumental라는 책에서 라흐마니노프와 바흐 같은 작곡가들 덕분에 극도의 학대와 관계의 실패와 중독에서 살아남을 수 있었던 사연을 이야기한다. 그가 쓴 일부 대목을 보자. 독일의 피아니스트 알렉산더 론퀴흐Alexander Lonquich가 녹음한 〈슈베르트 소나타 20번〉에 대한 감상을 묘사한 대목이다. "음악이 귀로 흘러들어와 마음을 빨아들인다. 가식적으로 들릴 만한 표현이다. 나도 안다. (…) 이 곡을 처음 들은 것은 베로나에서 피아노 레슨을 받은 뒤였다. (…) 천재성이 펼쳐지는 모습에 눈물이 철철 흘렀다. 세상에 존재하는 위대한 모든 것을 떠오르게 하는 음악이었다. (…) 론퀴흐가 빚어내는 음향, 압도적 테크닉, 소나타 전체가 세포 하나하나로 스며든다. 경외감에 압도당해 입을 벌린 채 허공을 응시할 수밖에 없다. 론퀴흐의 기량은 최고의 성취다."[1]

클래식 음악이 그 숭고함 덕에 이러한 반응을 최대로 이끌어낼 수 있다는 점을 감안하면, 이 음악이 두뇌에 심오한 영향을 끼친다는 주장이 많았던 것 역시 당연하다. 이와 관련해서 가장 유명한 주장은 모차르트의 음악에 관한 것이다. '모차르트 효과'라는 말을 들어본 적 있을 것이다. 모차르트의 음악이 지능에 영향을 끼친다는 관념을 표현하는 말이다. 영아와 유아와 아동뿐 아니라 성인, 심지어 '임신부'를 위한 수십 권의 책과 CD가 두뇌의 역량을 높이는 모차르트 음악의 힘을 활용하게 해주겠노라 장담한다. 하지만 '모차르트 음악을 들으면 더 똑똑해진다'는 것의 과학적 증거 문제로 들어가면 모양새가 복잡해진다.

모차르트 효과라는 말이 처음 만들어진 것은 1991년이지만 유명세를 얻은 것은 그로부터 2년 뒤 발표된 한 연구 덕이다. 모차르트는 틀림없는 천재였고, 그래서 그의 천재적인 음악에 귀를 기울이면 그 천재성의 다만 일부라도 우리에게 옮겨올지도 모른다는 함의는 그럴 듯하기도 하고 매력적이기도 하다. 곧이어 수천 명의 부모들이 모차르트의 〈아이네 클라이네 나하트무지크〉와 〈마술피리〉를 아기에게 틀어주었다. 1998년, 미국 조지아주 주지사 젤 밀러Zell Miller는 주에서 태어난 모든 신생아가 무료로 모차르트 CD를 우편으로 받아볼 수 있도록 예산을 따로 책정해두라고까지 지시했다.[2]

밀러 주지사의 계획은 동물에게까지 확대되지는 않았으나 확대해야 할 걸 그랬던 모양이다. 심리학자이자 『마음 신화』Mind Myths의 저자인 세르조 델라 살라Sergio Della Salla는 이탈리아의 한 모차렐라 치즈 농장에 방문했다가, 물소들이 양질의 젖을 내도록 독려하기 위해 하루 세 번 모차르트 음악을 틀어준다는 이야기를 전했다. 물소뿐이겠는가? 금붕어나 난초를 키우는 업자들도 똑같은 일을 시도해보았는지 누가 알겠는가?

모차르트 효과가 이토록 급격하게 유행할 정도였으니, 1993년 원 연구자들이 뭔가 확실한 근거를 발견했으리라는 생각이 당연히 들 것이다. 그러나 이들이 쓴 논문은 실험을 기술한 한 장짜리 글에 불과하다. 게다가 논문 어디에도 '모차르트 효과'라는 표현은 등장하지 않는다. 또 하나 놀라운 점은 원 연구에는 아이들에 관한 내용은 포함되어 있지도 않았다는 것이다. 심리학 연구의 피험자가 늘 그렇듯 이번에도 피험자는 대학생들이었다.[3] 원 연구 팀이 실제로 한 실험과 발견한 결과는 다음과 같다. 36명의 대학생들에게 세 차례에 걸쳐 머리를 써서 마쳐야 할 과제를 주었다. 각 과제를 시작하기 전에 학생들은 무작위로 할당된 선택지 세 가지 중 하나를 해야 했다. 10분 동안 침묵하거나, 10분 동안 긴장을 풀어주는 테이프를 듣거나, 모차르트가 작곡한 〈두 대의 피아노를 위한 소나타 D장조〉를 10분 동안 듣거나. 그런 다음 연구자들은 학생들이 완성한 과제들의 점수를 비교해 음악 때문에 차이가 생겼는지 검토했다.

모차르트 음악을 들은 학생들이 특별히 탁월함을 보인 과제가 하나 있긴 했다. 종이를 접어 가위로 오린 모양을 보고 종이를 펼치면 나타날 그림을 미리 예상하는 문제였다. 생각보다 어려운 과제였고, 모차르트 음악 감상은 의미 있는 차이를 만들었다. 하지만 이렇게 향상된 능력의 지속 시간은 고작 15분이었다. 평생 가는 초지능 superintelligence은 아니었던 거다. 안 그런가?

그렇긴 해도, 뇌과학의 견지에서 보면 음악이 구체적인 능력을 향상시킬 수 있다는 점은 여전히 흥미롭다. 그 원인에 관한 한 가지 가설은, 음악의 복잡성이 공간 퍼즐을 푸는 데 동원되는 뇌 부위와 비슷한 피질 자극 패턴을 불러온다는 것이다. 수년 동안 후속 연구가 진행되었고, 메타 분석과 16개 이상의 연구를 수렴해 재분석한 결과 모차르트 음악을 들으면 뇌가 형태를 처리하는 능력을 일시적으로 향상시킨다는 점이 입증되었다.[4] 그리하여 모차르트 음악을 들을 경우 그리 유용하지 않은 특정 과제(인정할 것은 인정합시다)를 수행하는 능력이 향상되긴 한다. 모차르트의 음악을 즐겨 듣는데 거기다 형태를 예측하는 능력까지 향상된다니, 뜻밖의 즐거움이 덤으로 생기는 셈이다.

　모차르트 음악을 좋아하지 않는다면? 뭐, 조바심 낼 일은 아니다. 메타 분석 발표 몇 년 뒤에 모차르트 음악 자체에는 특별할 게 전혀 없다는 결과들이 등장하기 시작했다. 2006년에 실행한 실험 하나를 더 살펴보자. 이번에는 아이들도 피험자로 참여했고, 피험자 숫자도 대폭 증가해 8천 명이나 되었다. 놀라운 변화다. 아이들에게 10분 길이로 편집한 세 가지 청각 자료 중 하나를 들려주었다. 모차르트의 〈현악 5중주 D장조〉, 실험 관련 토론 내용, 그리고 세 곡의 노래를 메들리로 만든 것(블러의 〈컨트리 하우스〉Country House, 마크 모리슨의 〈리턴 오브 더 맥〉Return of the Mack, PJ와 덩컨의 〈스테핑 스톤〉Stepping Stone)이었다. 이번에도 음악 덕에 접은 종이를 펼쳤을 때 모양을 예측하는 능력이 향상되었다. 그러나 이번에 아이들의 능력을 끌어올린 음악은 모차르트의 곡이 아니라 블러의 노래였다. 모차르트를 들은 아이들도 잘하긴 했지만 팝 메들리를 들은 아이들의 성적이 훨씬 더 좋았다. 아이들이 그 음악을 더 좋아했기 때문이 틀림없다.[5]

휴식에
최적화된
음악 찾기

2019년 더 큰 규모의 메타 분석이 확증한 바에 따르면 음악을 듣는 것은 공간 능력을 약간 향상시킬 뿐 다른 효과는 없었고, 다른 유형의 음악도 모차르트 음악과 똑같은 효과를 냈다. 연구의 저자들은 심지어 논문 제목을 「모차르트 효과-슈모차르트 효과」Mozart effect-Schmozart effect♪라고 지었다.[6] 스티븐 킹의 소설 한 단락을 크게 읽어주기만 해도 들은 이의 공간 지각 능력이 동일하게 향상된다는 것을 발견한 연구도 있다. 이때 조건은 그 소설을 좋아해야 한다는 것이다. 결국 중요한 것은 어떤 음악을 듣느냐가 아니라 거기에 얼마나 열중하느냐다.[7] 접은 종이의 오린 모양을 예측하는 과제를 잘 수행하기 위해 필요한 것은 약간의 인지 자극, 다시 말해 뇌를 능동적으로 활성화할 수 있는 기회뿐인 셈이다.

모차르트 효과에 얽힌 이야기는 음악의 이점에 관해 들려오는 것들을 함부로 믿어서는 안 된다는 교훈을 준다. 그런데 이 이야기를 하다 보니 이 장의 주제에서 너무 벗어난 것 같다. 문제는 뇌를 활성화하

♪ 중부 및 동부 유럽 출신 유대인이 사용하는 언어인 이디시어에서 온 'sch'를 'mozart' 앞에 붙이면 "누가 모차르트 효과를 신경이나 쓴답니까?"라는 의미가 된다. 모차르트 효과가 어불성설임을 나타내는 제목이다.

는 음악이 아니라 휴식이 되는 음악을 찾는 것이니까. 그렇다면 휴식에 최고로 좋은 음악의 종류를 다룬 연구 증거가 있을까?

수면용 음악을 고르는 문제에 대한 최근 연구에 배울 만한 점이 좀 있다. 자려고 음악을 고르는 일은 27세 미만인 사람들 사이에서 더 흔한 현상이다. 젊은 사람들일수록 침대 맡에 휴대전화를 두는 경향이 크고 그러다 보니 상상 가능한 온갖 음악에 접근하기 쉽기 때문이리라. 아니면 청년들은 많은 경우 오랫동안 함께 살아온 동반자가 없어서일 수도 있다. 물론 이 연구의 주제는 휴식보다는 수면이다. 그러나 수면에 도움을 받기 위해 음악을 이용한 사람들 가운데 96퍼센트는 긴장이 풀렸다고 말했고, 음악 덕에 생각이 명료해지거나 기분 전환이 되거나 널뛰는 생각을 차분하게 가라앉힐 수 있었다는 사람들도 많았다. 이러한 효과들은 휴식을 한다고 느끼기 위해 우리가 찾는 것들과 동일하다.

피험자들이 선택한 음악 장르는 다양했다. 클래식 음악은 32퍼센트가, 하우스뮤직(1980년대 이후 등장한 일렉트로닉 댄스 음악의 한 종류)은 1퍼센트 미만이 선택했다. 바흐가 가장 많이 언급되었고 그다음이 에드 시런Ed Sheeran, 3위가 우리 친구 모차르트였다.[8] 핵심은 이들이 모두 음악을 스스로 선택했다는 것이다. 이러한 결과를 보면 마음을 가라앉히는 음악, 긴장을 풀어주는 음악, 잠이 오는 음악 등 음원 사이트에 널려 있는 수많은 음악 목록이 과연 유용한 것인지 의문이 든다. 자신이 좋아하는 음악이 아니면 효과가 없기 때문이다.

이 연구에 참가한 피험자는 600명이 넘는다. 이보다 작은 규모의 연구에서 나온 결과를 대할 때면 나는 대체로 신중해진다. 표본이 작은 연구는 아무래도 신뢰하기 어렵다. 그러나 어떻게 설계했느냐에 따라 소규모 연구들이 유익할 때도 있다. 내가 가장 좋아하는 음악과 긴장에 관한 연구 가운데 핀란드의 십대 단 8명을 대상으로 한 실험이 있다. 실험 방법은 심층 대화였다. 연구자들은 청소년 한 명 한 명과 대화를 나누면서 이들이 음악을 듣는 방식에 관해 세 시간 이상씩 심층적인 이야기를 들었다. 이러한 대화를 통해 연구자들은 사람들이 실생활에서 음악을 어떻게 이용하는지 명확히 파악할 수 있는 풍부한 자료를 얻었다.[9] 중요한 발견 하나는 긴장을 풀려고 음악을 들을 때 장르는 그다지 중요하지 않다는 점을 다시 한번 확인했다는 점이다. 한편으로 기분 전환을 위해 음악을 듣는 십대 가운데 가장 효과를 본 건 장르를 가리지 않고 다양한 음악을 좋아하는 이들이었다는 점이 흥미롭다.

다양한 음악을 절충해 듣는 취향이 긴장을 푸는 데 더 나은 이유는 결국 우리 기분의 범위 역시 광범위하기 때문일 것이다. 때로는 다소 심각한 분위기를 자아내는 바흐의 음악이 기분 전환에 도움을 주고, 지나치게 감상적이다 싶은 배리 매닐로Barry Manilow의 음악이 효과 좋을 때도 있다. 구질구질한 음악이 내게는 완벽할 수도 있다. 나는 늘 생각한다. 〈무인도에 가져갈 음반〉*에 출연하는 게스트 가운데 가장 정돈된 삶을 영위하는 이들은 비욘세에서 베토벤까지 광범위한 스타일의 음악을 고르는 이들이라고 말이다. 핀란드의 십대 연구는 이 점을 잘 뒷받침해주는 것 같다.

다양성은 참 좋은 것이다. 하지만 볼륨도 그럴까? 박자는 어떨까?

볼륨과 박자는 휴식에 어떤 영향을 줄까?

자기 시간을 포기하면서까지 심리학 실험에 참가하기로 한 자신을 상상해보라. 다른 지원자가 같은 방에 있고, 두 사람 다 극히 난해한 애너그램anagram(한 단어나 어구에 있는 철자들의 순서를 바꾸어 원래의 의미와 논리적으로 연관 있는 다른 단어 또는 어구를 만드는 것)을 풀어야 한다. 상대는 문제를 아주 빨리 푸는 것 같다. 게다가 "아직도 못 끝냈어요?"라는 말로 나의 무능에 쐐기를 박는다. 뇌가 있는 사람이라면 애너그램 정도는 쉽게 푼다는 말까지 덧붙인다. 그뿐만이 아니다. 이 무례한 인간은 이렇게 느리면서 대체 대학은 어떻게 들어갔느냐고 비아냥거린다. 분명히 학교 성적도 낮았을 거라 장담까지 한다. 설상가상으로 이 작자는 배짱

♦ '축음기 한 대만 겨우 건진 채 무인도에 표류하게 될 때, 구조를 기다리면서 들을 레코드가 여덟 장 밖에 없다면 어떤 곡을 들을 것인가'라는 주제로 만든 라디오 음악 프로그램이다.

좋게 남의 패션 센스까지 물고 넘어진다.

　지금쯤이면 도대체 이 무례한 작자가 누구인지 궁금해졌을 테고 짜증을 넘어 분노가 치밀 듯한 상태가 됐으리라. 이번에는 확실한 분노를 자아내기 위해 이 작자(사실 이 피험자는 물론 연구팀의 일원이다)는 대본을 벗어나 자기 마음대로 상대의 화를 머리끝까지 돋울 화제를 마구잡이로 고른다.[10] 이 인간은 넌덜머리가 나 지쳐 떨어질 때까지 긁어댄다.

　요즘은 이런 연구를 하도록 허가받는 일 자체가 어렵다. 안도감이 들 것이다. 이 실험이 진행된 것은 1976년이다. 블라디미르 코네크니 Vladimir Konečni라는 심리학자가 주도한 연구였다. 심리학 실험에 윤리 규제가 도입되기 얼마 전의 일이다. 심리학 실험의 윤리적 측면을 규제하기 시작한 건 스탠리 밀그램Stanley Milgram의 악명 높은 실험 탓이다. 밀그램은 실험에서 피험자들을 속여 이들이 타인에게 치명적으로 강력한 전기 충격을 준다고 생각하게 만들었다. 실험을 하자고 사람들을 분노하게 만드는 일이 얼마나 나쁜지는 여러분이 판단하면 될 일이고, 지금으로서는 이 장의 목적을 위해 음악이 기분에 끼치는 영향을 알아야 하고 그러려면 수십 년 전의 연구들을 참고하는 수밖에 없다.

　참가자들의 자존감을 탈탈 터는 모욕을 퍼부은 다음 코네크니는 피험자들에게 들을 음악의 선택지를 제시했다. 일부는 소리가 크고 복잡한 음악, 일부는 고요하고 단순한 음악이었다. 피험자들은 마음을 가라앉히고 모욕당한 상처에서 회복하기 위해 어떤 음악을 골랐을까? 결과는 충격적이었다. 79퍼센트의 사람들이 단순하고 고요한 음악을 선택했다. 반면 무례한 사람의 모욕을 당하지 않고 애너그램 과제를 수행한 대조군은 두 가지 종류의 음악을 절반씩 선택했다.

코네크니의 실험이 주는 교훈은 분명하다. 스트레스를 풀고 싶은 마음이 간절할 때는 대체로 다소 듣기 편한 음악을 선택한다는 것이다. 편안한 음악이라고 해서 꼭 냇 킹 콜Nat King Cole이나 휴식용 음반일 필요는 없다. 모차르트도 편안한 음악일 수 있다. 단 너무 복잡한 음악은 제외다. 개인적으로 나는 독일 작곡가 슈톡하우젠Stockhausen을 좋아하지만 화가 나거나 긴장해 있을 때는 즐기지 않는다. 내 남편은 독일의 프로그레시브 록밴드 캔Can을 좋아한다. 이들의 음악은 복잡하고 지적인 것으로 명성이 자자하다. 그러나 남편도 긴장을 풀 때는 캔의 음악을 듣지 않는다. 그야말로 상식이다. 기분이 좋으면 다양한 층위의 복잡한 음악을 들으며 실험해볼 여유가 있지만 기분이 나쁠 때는 뇌를 자극하는 강도를 낮추어야 하고 이때는 단순한 음악이 가장 좋다.

화가 날 때만 특정 종류의 음악을 선호하는 것은 아니다. 몸이 피곤할 때도 마찬가지다. 음악 심리학자 에이드리언 노스Adrian North와 데이비드 하그리브스David Hargreaves가 진행한 실험에서는 지원자들을 두 그룹으로 나누었다.[11] 한 그룹은 이불 위에 누워 7분간 긴장을 푸는 쉬운 과제를 수행했고 다른 그룹은 운동용 자전거를 타고 7분간 운동을 했다. 활동을 하는 동안 참가자들은 넓게 보아 팝 음악이라 할 수 있는 멜로디 두 가지 가운데 하나를 선택할 수 있었다. 하나는 빠르고 볼륨이 큰 노래들이었고, 또 하나는 느리고 고요한 노래들이었다. 청취 시간은 마음대로였고 원하면 트랙을 바꾸어 들을 수도 있었다.

연구 결과는 두 버전이 있었다. 첫 결과는 별로 놀랍지 않다. 피험자들은 자신이 수행하는 활동에 맞추어 음악을 골랐다. 자전거를 탄 사람은 크고 빠른 음악, 이불에서 긴장을 푼 사람들은 고요하고 느린 음악을 선택했다. 두 번째 결과는 달랐다. 이번에는 다른 피험자들을 데리고 같은 과제를 주되, 한 가지 중요한 차이를 두었다. 활동 중간에 음악을 선택한 것이 아니라 활동을 끝낸 뒤에 음악을 선택하도록 한 것이다. 음악을 듣는 시간을 변경하자 결과 역시 달라졌다. 이불에서 쉬던 피험자들은 빠르거나 느리거나 딱히 선호하는 음악이 없었던 반면, 자전거 운동을 한 피험자들은 느린 음악을 고른 것이다. 자전거로 몸을 심하게 움직인 사람들은 피곤해서 긴장을 풀고 싶었기 때문에 이에 도움이 되는 느린 음악을 선택한 반면, 이미 휴식을 취하던 사람들은 계속 쉬고 싶었을 수도 있고 아니면 일어나서 활기차게 움직일 준비가 되었을 수도 있기 때문에 그때그때 상황에 맞는 음악을 선택한 것이다.

음악이 기분에
영향을 미치는
방식

기분 전환을 위해 음악을 이용하는 것은 흔한 일이다. 우울증이 있는 사람들은 때로 '행복 상자'happy box라는 것을 만들기로 결심한다. 상자에는 기분이 저조할 때 도움이 될 만한 물건들이 가득하다. 이들은 지금 기분이 어떻건 영영 지속되지는 않는다는 것을 환기할 만한 물건, 세상에는 자신을 소중히 여기고 사랑해주는 이들이 있다는 것을 일깨워줄 물건이라면 무엇이건 상자에 넣는다. 휴일 사진, 친구가 보낸 우스꽝스러운 카드, 가장 좋아하는 양말, 냄새 좋은 핸드크림, 초콜릿, 과거의 성취를 축하해주는 쪽지, 뽁 터트리는 재미가 있는 뽁뽁이까지. 그리고 대부분의 행복 상자에서 발견할 수 있는 또 한 가지. 상자 주인에게 행복감을 주는 CD나 음악이다.

행복 상자의 아이디어를 응용하면 마음을 차분히 가라앉히거나 휴식을 취하는 데 도움이 되는 물건을 채운 '휴식 상자'rest box를 만들 수 있다. 향초나 가장 좋아하는 책, 그리고 음악이 들어갈 것이 분명하다. 아마 우리는 이미 이런 종류의 물건으로 침실이나 거실을 휴식의 성지로 만들기 위해 이미 노력하고 있을 것이다.

다양한 음악이 기분에 끼치는 영향에 관한 일반적인 법칙이 있다. 연구를 통해 나온 것들이다.[12] 당연히 음량이 크고 빠른 장조의 음악이 흥분을 가장 잘 유발하며, 리듬이 불규칙할 경우 더 효과적이다. 흐르는 듯한 리듬에 음높이가 높은, 음량이 크고 빠른 음악은 행복감을 유발할 확률이 더 높다. 단조의 느린 음악, 음높이가 낮고 규칙적인 리듬의 음악, 혹은 불협화음이 있는 음악은 슬픔을 자아낸다. 휴식과 관련해서 가장 의미심장한 발견은 장조에 흐르는 듯한 리듬, 그리고 협화음으로 이루어진 느린 음악이 차분한 감정을 산출할 가능성이 가장 높다는 것이다. 누구나 직관적으로 추측할 수 있는 내용일 것이다. 다양한 연구들이 하는 역할도 결국은 직관을 확증하는 것 아니겠는가. 기억해야 할 또 한 가지. 이러한 결과는 일반화된 것이므로 모든 상황에서 누구에게나 적용되지는 않는다. 게다가 정작 휴식이 필요하다는 느낌이 들 때 앉아서 음악 목록이나 모아둔 레코드를 뒤적이며 '장조에 흐르는 리듬에 협화음에 느린' 음악을 정확히 찾아내려는 사람은 없다. 그저 이런 유형과 어느 정도 비슷한 음악, 예전에 효과가 있었던 음악, 그리고 이게 중요한 점인데, 좋아하는 음악을 찾아 들을 뿐이다.

심리학자 타비사 트라한Tabitha Trahan은 수면에 도움이 되는 음악으로 사람들이 선택하는 음악의 종류가 무엇인지 알아보는 연구를 시행했다. 그가 강조하는 바에 따르면 '완벽한 수면용 음악'이 무엇인지 알아내려면 특정한 음향심리학적 지침을 따라야겠지만 그럴 때조차 음악을 선택할 때는 개인의 취향에 맞추어야 한다. '완벽한 휴식용 음악'에도 같은 원칙이 적용된다. 통증과 불안을 완화해주는 음악을 고르는 주인공은 누구도 아닌 본인이어야 한다.

기분과 음악을 다루는 최상의 연구들은 경험표집법experiencing sampling이라는 기법을 사용한다. 피험자들은 자신의 활동과 활동할 당시의 기분을 실시간으로 적어야 한다. 심리학자 파트리크 유슬린Patrik Juslin은 스웨덴에서 피험자 학생들에게 태블릿 컴퓨터를 주면서 늘 휴대하고 다니라고 지시했다.[13] 태블릿은 매일 오전 9시에서 밤 11시 사이 아무 때나 학생들을 호출했다. 호출 신호를 들은 학생은 즉시 화면에 뜬 설문지를 작성해야 했다. 질문은 호출을 받았던 순간 음악을 듣고 있었는지, 아니면 다른 활동을 했는지, 어떤 감정을 경험했는지에 관한 것이었다. 학생들은 2주 동안 이 과제를 열심히 수행했다.

호출 신호가 왔을 때 음악을 듣고 있던 학생들 가운데 64퍼센트는 음악이 자신의 기분에 영향을 끼쳤다고 확신했다. 음악을 들으면서 이들이 가장 많이 느낀 감정은 고요함이었다. 휴식을 찾는 우리로서는 참 다행이다. 게다가 이 연구의 피험자들이 가장 편안해했을 때는 휴식을 취하기 위해 의식적으로 음악을 들은 때였다.

이들 중 일부의 말에 따르면 음악을 들으면 감정이 편안하게 이완되는 동시에 에너지도 충전돼 다시 활기차게 활동할 수 있었다. 때로 휴식을 위한 음악 감상은 매우 주도면밀하게 이루어졌다. 앨리스라는 학생은 의도적으로 고른 음악이 에너지를 준다고 말했다. "킬러스Killers의 곡들을 진심을 다해 불렀어요. 옆집에 사람들이 없었으면 좋겠네요." 휴식을 원한다면 출발점으로는 평화로운 음악, 예로부터 긴장을 풀어주는 것으로 알려진 음악을 이용하면 좋을 것 같다. 그런 다음 기운이 회복되는 느낌이 들면 에너지가 넘치는 음악으로 옮겨가는 것이다. '휴식 음악 목록'을 만들어볼 수도 있겠다. 깊은 이완 상태에서 회복으로 우리를 데려가는 목록이 필요하다. 물론 이 목록에 포함된 음악은 모조리 자신이 가장 좋아하는 것이어야 한다. 이제 다음 질문은 '언제 음악을 들으면 좋을까'이다.

심하지 않은 정도의 스트레스를 받은 날이라면, 그래서 휴식을 원한다면 음악을 듣기 가장 좋은 시간은 저녁이다. 많은 연구가 이를 뒷받침한다. 물론 많은 사람들은 일터에서 집으로 오는 길부터 음악을 들을 기회가 있을 것이다. 식당이나 상점이 직장인 경우는 하루 종일 배경음악이 나오겠지만 자신이 직접 선택한 음악이 아니라면 스트레스가 해소되기는커녕 오히려 유발될 수도 있다. 이 경우 저녁에 집으로 돌아와 진정으로 좋아하는 음악을 듣는다면 스트레스가 해소되고 편안한 느낌을 즐길 수 있다. 확신하건대 휴식 테스트 응답자들이 음악 감상을 휴식 활동 10위권에 넣었을 때 떠올린 것은 이러한 의식적인 감상, 선택을 통한 감상이었을 것이다.

하루를 마감하며 음악을 듣는 동기가 무엇인지에 따라서도 효과가 달라질 수 있다. 독일의 한 연구는 생각을 차단하기 위해 음악을 이용하는 것은 역효과를 낼 수 있다는 점을 시사한다. 연구자들은 피험자 학생들이 일상생활에서 음악을 들은 뒤에 주관적인 스트레스가 어느 정도인지 수치를 측정했고, 타액 샘플을 시험관에 넣어 각자의 냉장고에 보관해달라고 요청했다.[14] 타액을 수집한 것은 코르티솔이라는 스트레스 호르몬을 검사하기 위해서였다. 피험자들이 긴장을 풀기 위해 음악을 들은 경우 코르티솔은 실제로 감소했지만 생각을 딴 데로 돌리기 위해 음악을 들었을 때는 오히려 코르티솔이 증가하는 결과가 나타났다.

20대 초반에 나는 클래식 음악 연주회를 힘들어했다. 다른 관객이 어떻게 그토록 클래식 음악에 열광하고 집중하는지 놀랍기만 했다. 이들은 음악을 들을 때 거의 미동도 없었고 불안해 보이지도 않았다. 곡의 마디 하나하나와 첼리스트가 켜는 활의 모든 움직임에 집중하고 있는 듯했다. 나는 그렇게까지 집중하는 부류가 전혀 아니었다. 앞에서 음악이 펼쳐지고 있는데도 내 생각은 그곳을 멀리 떠나 방황했고, 연주에 다시 집중하기 위해 사투를 벌이곤 했다.

클래식 연주회를 무척 좋아했던 내 파트너는 그때 내게 생각이 딴 데로 흐르는 것은 아무런 문제도 아니라고 말해주었다. 연주회가 좋은 건 음악을 통해 생각이 자유롭게 풀려나기 때문이라는 것이었다. 다른 방해 요소라고는 없는 가운데 가만히 앉아서 생각은 자유롭게 멀리 떠다닐 수도 있고, 음악을 더 몰입해 듣고 보는 경험으로 되돌아올 수도 있으며 그러다 다시 떠날 수도 있다고 했다.

클래식 음악 감상의 진면목을 본 것 같은, 정말로 근사한 순간이었다. 나는 이제 연주회가 불편하지 않다. 아이러니하지만 집중해야 한다는 압력을 느끼지 않기 때문에 오히려 음악에 더 몰입할 수 있게 된 것이 아닐까 싶다.

지난 번 프롬* 연주회 때문에 로열 앨버트 홀Royal Albert Hall에 갔을 때 내 옆자리에 앉은 남자는 한 술 더 떠 아예 연주회 내내 전자책으로 소설을 읽었다. 그가 무엇을 읽는지 궁금해하느라 연주에 집중하지 못했던 나와 달리 그는 소설에 흠뻑 빠져 있었다. 휴스턴 그랜드 오페라단Houston Grand Opera의 음악감독인 패트릭 서머스Patrick Summers는 코번트 가든의 로열 오페라 하우스Royal Opera House에서 바그너의 오페라 〈파르지팔〉을 공연하던 때 1등석에 앉은 여자가 공연 내내 문자를 주고받던 이야기를 전한다. "좌석안내원이 문자를 중단시키려고 했어요. 그 사람은 거부했죠. 결국 모든 관객은 포기했어요. 다들 최선을 다해 바그너에 집중할 수밖에요."15

　　패트릭은 이 관객의 행동에 경악했고 스마트폰이 다른 이들에게 얼마나 방해가 되는지를 감안하면 이 행동은 다른 오페라 관객에게 폐를 끼치는 무례한 짓이긴 했다. 그럼에도 바그너의 음악을 듣는 호사와 문자를 주고받는 즐거움(문자 내용은 코번트 가든에서 바그너를 듣고 있다는 내용이었을 것이다)의 조합은 그녀만의 완벽한 휴식 방법이 아니었을까 짐작해본다.

<hr>

♦　프롬나드 콘서트promenade concert를 줄여서 부르는 말이다. 원래는 18세기 영국에서 정원을 거닐며 음악을 듣던 연주회를 가리켰다. 이 전통은 오늘날 런던에서 매년 여름 열리는 클래식 음악회 시리즈로 이어지고 있다.

혼자 듣는 음악
VS
함께 듣는 음악

다른 사람과 함께 음악을 들으면 음악이 이끌어내는 감정이 증폭된다는 것은 연구를 통해 알려져 있다. 바이닐 클럽의 멤버들도 이 말에 십분 동의할 것이다. 나 역시 그러하다. 그래서 행복한 음악은 함께 들으며 같은 기분에 젖어들면 좋다. 글래스턴베리 축제Glastonbury festival♦는 입장권 판매가 개시되면 몇 초 만에 웹사이트가 접속자들로 들끓는다. 수많은 청중이 수백 파운드를 내고 진흙투성이 습지에서 나흘간이나 마다 않고 야영을 하는 것도 마찬가지 이유다. 이들은 축제에서 단체로 느낄 수 있는 환희와 흥분의 일부가 되고 싶어한다. 나처럼 어쩔 수 없이 집에서 텔레비전으로 시청하는 사람들은 도저히 같은 방식으로 경험할 수 없는 무엇인가에 속해 있다. 라이브 공연의 관중 속에 섞인 사람들은 나보다 훨씬 더 강렬하고 즐거운 경험을 하는 것이 확실해 보인다.

한편 음악이 슬프고 음울할 때는 어떨까? 수십 년 동안 부모들은 십대 자녀들이 방 안에 끼리끼리 모여 앉아 우울한 음악을 듣는 것을

♦ 영국의 서머싯 필턴에서 매년 여름 열리는 음악 축제다. 1970년에 시작된 이 축제는 히피 음악의 영향을 받았으며 장르의 제한 없이 자유로운 공연을 펼친다. 나는 글래스턴베리를 텔레비전으로 보는 것을 좋아한 적이 없다. 나만 축제에서 소외되는 기분이 드니까.

걱정했다. 특히 고스goth나 이모emo 같은 록 음악을 비롯해 특정 하위 문화에 빠져 있을 때면 근심이 깊어진다. 부모들의 걱정은 정당할까? 나도 한때 고스에 빠져 지낸 시절이 있다. 나는 꽤 많은 시간을 시스터스 오브 머시Sisters of Mercy나 더 미션The Mission 같은 록그룹 음악을 다른 팬들과 함께 들으며 보냈다. 단언하건대 그러한 경험은 내게 전혀 해가 되지 않았다. 이러한 문화는 심리학자들의 본격적인 연구 주제가 되었는데, 그럴 만한 합리적 이유가 있다. 알다시피 반추 행동은 일상의 걱정과는 다른 것이다. 반추는 같은 사건들을 강박적으로 되새기되 오직 고통스러운 느낌과 원인에만 집중하고 해결책은 전혀 생각하지 않는 것이다. 이것은 우울증과 관계가 있고 심지어 자살 위험까지 높인다. 우울한 음악이 이러한 행동과 연관이 있다고 생각할 이유가 없지 않다는 뜻이다.

오스트레일리아의 심리학자 샌드라 개리도Sandra Garrido는 이러한 연관성을 짚어보는 실험에 착수했다. 다른 사람들과 슬픈 음악을 들으며 보낸 몇 시간으로 인해 일종의 집단 반추 행동이 초래되는지, 아니면 이러한 시간이 오히려 지지의 공유와 유대라는 반대 결과로 이어지는지 알아보는 것이 실험의 취지였다. 우선 개리도는 정신 건강 관련 웹사이트와 우울증 관련 사이트들을 통해 호주·영국·미국 거주자들을 모집했다. 당시 모집한 사람들 가운데 대략 절반은 경증에서 중증 범위의 우울증을 앓았고 나머지는 과거에 정신 건강 문제가 있었지만 모집 당시에는 우울증이 없었다. 피험자들은 모두 설문지를 작성했다. 다음과 같은 질문에 동의하거나 반대하는 정도를 표시하는 형식이었다. 질문 내용은 "음악을 들으면 내 인생에 일어났던 슬픈 일들이 떠오른다"나 "슬플 때 듣는 음악은 슬프다" 같은 것뿐 아니라 다른 이들과 함께 음악을 듣는 일에 관한 진술도 담고 있었다. 가령 "때로 친구들과 있을 때 같은 음악을 되풀이해 듣는다" "친구들과 같이 듣는 음악이 우리의 삶과 어떻게 같은지를 즐겨 이야기한다" 같은 질문들이다. 각 참가자에게 슬플 때 들을 음악을 정해달라는 요청도 했다.

결과는 충격적이고 걱정스러웠다.[16] 우울한 사람들은 실제로 부정적인 가사가 담긴 노래를 더 많이 들었다. 이들은 또한 우울하지 않은 사람들에 비해 혼자서보다 친구들과 음악을 듣는 때가 더 많았고, 음악을 틀어놓은 동안 반추에도 더 자주 빠졌다. 대부분의 사람들이 슬픈 음악을 들으면 기분이 나아진다고 말한 데 반해, 우울한 사람들은 슬픈 음악 탓에 기분이 더 나빠졌다고 말했다. 따라서 우울증이 있는데 슬픈 음악을 듣는 것, 특히 다른 사람과 같이 듣는 것은 좋은 생각이 아닌 것 같다. 그러나 이 연구는 사실 더 복잡한 함의를 지니고 있다. 연구 결과로 볼 때 불안한 사람들이 다른 이들과 같이 음악을 듣는 이유는 다른 사람들이 있으면 불안한 감정에 대처하는 데 도움이 되기 때문인 듯했다.

운 좋게도 심한 불안이나 우울증을 겪지 않는 경우라면 어떨까? 음악을 함께 듣는 것과 혼자 듣는 것 중 휴식에는 뭐가 더 좋을까? 앞에서 언급한 스웨덴 연구의 경우 사람들은 혼자 음악을 들을 때 가장 편안하다고 느꼈고 그다음이 파트너와 함께 들을 때였다. 핀란드의 십대들도 스트레스 많은 하루가 끝나고 원기를 회복하고 싶을 때는 혼자서 음악을 듣는 편이 더 효과적이라고 말했다. 혼자서 음악을 들어야만 타인에게서 떨어져 자신이 보낸 하루를 생각하고 위안을 찾을 수 있기 때문이라는 것이다.

이러한 연구들을 종합해보면 실황보다는 집에서 음반을 듣는 것이 휴식에 가장 좋다고 해석할 수 있다. 집에서 음반을 듣는 것은 '최적의 음악 체험 방식'은 아닐 수 있다. 음악가들은 방해물 없이 심혈을 기울여 음악을 들을 때 가장 강력한 효과를 얻을 수 있다는 입장을 지지할 게 분명하다. 앞서 소개한 휴스턴 그랜드 오페라단의 패트릭 서머스 또한 이런 음악가에 속한다. 그는 최근에 발간한 『이 공간의 기운: 음악은 어떻게 인간의 영혼을 밝히는가』The Spirit of This Place: How Music Illuminates the Human Spirit라는 책[17]에서 전형적이지만 대담한 주장을 펼친다. "듣는 기술은 지구상에서 가장 중요하다. 그리고 예술, 특히 본격 음악은 우리에게 면밀히 듣는 법, 다시 말해 심혈을 기울여 지성과 유연성으로 듣는 법을 가르친다." 이 말은 혼자 듣는 것이 가장 좋은 음악 감상법이라는 뜻은 아니다. 그의 지위 정도 되는 예술가라면 대부분 그렇게 말하겠지만, 그에게 음악을 경험하는 최상의 방법은 연주하는 것, 실황으로 듣는 것, 그다음 저 멀리 3등이 음반으로 듣는 것이다.

확신컨대 여기에는 많은 함의가 있다. 나로 말하자면 가장 심오한 음악 경험, 완전한 위로와 휴식을 느낀 음악 경험은 연주회장에서 온전히 몰입했을 때 왔다. 그러나 연주회에 가기 위해 쓸 수 있는 시간은 한정되어 있다. 어떤 면에서 그건 불행한 일이지만 또 다르게 생각하면 언제 어디서나 음악(거의 모든 것이 늘 녹음되니까)을 들을 수 있는 시대에 사는 행운을 누리고 있지 않은가.

결론적으로, 휴식에 도움을 받기 위해 음악을 듣는다면 중요한 것은 혼자서 듣느냐 다른 사람들과 함께 듣느냐라기보다는 올바른 상황과 올바른 음악을 선택할 수 있느냐의 여부다. 그리고 다시 한번 강조하지만 내가 말하는 올바른 음악이란 바로 '좋아하는 음악'이다.

록밴드 토킹 헤즈Talking Heads의 멤버 데이비드 번David Byrne도 이 원칙에 분명 동의할 것이다. 그는 베스트셀러『음악은 어떻게 통하는가』How Music Works?라는 책의 말미에 자신이 좋아하는 음악은 '멜로디, 엄격한 구조, 하모니의 감옥'으로부터 해방되었으면서도 이런 지침을 고수하는 음악이라고 말했다. 그는 특정 장르의 음악을 다른 장르보다 높게 평가하는 행태를 거부한다.

그러나 내가 이번 장을 마치면서 인용하고 싶은 번의 주장은 또 다른 것이다. 그는 책의 앞부분에서 세상에는 음악이 '넘쳐난다'고 말했다. "예전에는 음악을 듣기 위해 돈을 내거나 음악인이 되어야 했다. 연주하고 듣고 음악을 경험하는 일은 예외적이고 귀하면서도 특별한 경험이었다. 이제 음악을 듣는 일은 아무 데서나 벌어진다. 따라서 침묵이야말로 돈을 내고 누리는 진기한 경험이다."[18] 소음 가득한 이 세상에서 가장 큰 휴식을 주는 소리는 침묵이 아닐지.

혼자 있는
시간의 힘

3.

당신에게는
혼자서 시간을 보내기에
가장 좋은 장소가
있나요

?

나는 혼자 살아본 적이 한 번도 없다. 대학에 입학할 때까지 부모님과 살았고 그다음에는 친구들과 함께 살다가 파트너와 이사를 나갔다. 그래서 며칠 동안 혼자 집에 있을 때는 온전히 혼자 집을 쓰는 진기한 경험을 만끽한다. 평화와 고요를 마음껏 즐기는 것이다. 그러나 그것도 잠깐뿐이다. 곧 앞마당으로 나가 시들어버린 꽃을 따내거나 식물에 물을 준다. 해야 할 일이기 때문만은 아니다. 지나가던 이웃이건 낯선 사람들이건 멈추어 수다를 떨리라는 것을 알고 있어서다.

혼자서 시간을 보내는 일이 특별한 이유는 시간이 늘어나기 때문이다. 하루하루는 천천히 게으르게 지나가고 저녁은 끝도 없이 길게 느껴진다. 『어떻게 시간을 지배할 것인가』(위즈덤하우스, 2014)라는 시간 인지의 심리에 관한 책을 쓴 사람으로서 나는 시간이 왜 그리고 어떻게 그렇게 왜곡되는지 잘 안다. 안다 해도 시간이 정말 그렇게 뒤틀릴 때마다 늘 경이롭다.

신기한 역설이다. 혼자 있을 때면 하루의 시간이 그토록 길게 느껴지는데 왜 마무리 짓는 일은 더 적을까? 늘어지게 늦잠을 자고 밤늦게까지 깨어 있고 휴대전화로 노닥거린다. 평소보다 텔레비전도 더 많이 본다. 아무 때나 밥을 먹고 최소한 다음 날까지는 어질러놓은 것들을 잘 안 치운다. 상의를 하거나 배려해야 할 상대도 없다. 자유는 늘어나지만 목적은 없어진다. 늘어난 자유와 목표 결핍의 조합은 당황스럽다.

그러나 혼자 있는 데에는 틀림없이 뭔가 특별한 것, 심지어 마법 같은 것이 존재한다. 분명 쉰다는 느낌도 더 든다. 남편이 출장에서 돌아오면 항상 반갑지만 평범한 생활이 돌아온 것 같은 느낌이 든다. 내게 평범한 생활이란 알차고 바쁘고 사람들과 어울리기 좋아하는 그런 삶이다.

관계의 만족감과 '타인은 지옥이다' 사이

인간은 사회적 존재로 진화해왔고 협동은 인간 종이 생존하고 성공하기 위해 꼭 필요했다. 사회의 주변부에 살던 조상들은 자신이 위험에 처해 있다는 것, 야생동물들에게 죽는다는 것 혹은 다른 부족이 공격하면 버려진다는 것을 재빨리 알아차렸다. 사회가 확대되고 경제체제가 정교하게 발전하면서 협력 및 신뢰 관계를 구축할 필요성이 더욱 커졌다. 인류가 이기심을 통해 번영을 추구해왔다는 통념은 수많은 인류학자·사회학자·경제학자들에 의해 폐기 처분되었다.

저명한 사회역학자 리처드 윌킨슨Richard Wilkinson과 케이트 피킷 Kate Pickett은 『불평등 트라우마』(생각이음, 2019)라는 책(어마어마한 성공을 거둔 『평등이 답이다』(이후, 2012)의 후속작)에서 다양한 학문과 진화신경과학의 증거를 광범위하게 인용하면서 다음과 같은 결론을 도출한다. "인간의 두뇌는 아주 실제적인 의미에서 사회적 기관이다. 두뇌의 성장과 발달을 추진해온 것은 사회생활의 요구이기 때문이다. 정말 그러하다. 인간관계의 질이야말로 생존과 안녕과 번식이 성공하는 데 늘 중요했기 때문이다."[1]

그리하여 인간은 혼자서 살아가는 것이 어려울 뿐 아니라 심지어 고통스럽다고 생각하는 쪽으로 진화해왔다. 혼자 있는 고통은 중요할 뿐 아니라 진화의 목적을 달성하는 데 힘을 보탠다. 사회신경과학자인 존 캐셔포John Cacioppo는 외로움이 유발하는 아픔은 새로운 친구를 찾거나 기존의 관계를 개선하는 방법을 찾으라는 신호로 기능하기 때문에 긍정적이라고 주장했다. 외로움의 아픔은 타인과의 관계를 지속하는 촉매제 역할을 수행한다. 그는 외로움을 갈증에 비유한다. 목이 마르면 누구나 물을 찾듯 외로울 때는 타인을 찾는다. 수천 년 동안 인간은 협동하는 집단으로 살며 안전과 행복을 유지해왔다. 우리로 하여금 타인들과 접속하도록 만드는 생존 기제가 있다는 것은 합리적인 이야기다.[2]

그러나 이 진화상의 요인과 사회적 요인들, 최근 외로움을 퇴치하는 일에 대한 관심이 뚜렷하게 증가하고 있다는 사실, 그리고 외로움이 비참함과 스트레스를 유발한다는 사실에도 불구하고, 일부 사람들, 아니 꽤 많은 사람들이 혼자 있기를 갈망한다. 게다가 고독해질 때까지는 진정한 의미의 휴식을 얻지 못한다. 사르트르의 유명한 말 "타인은 지옥이다"를 떠올려보라. 휴식 테스트 또한 천국의 평화는 혼자서 찾는 것이라는 점을 시사한다. 휴식 테스트의 최상위권 5개 활동은 대체로 혼자서 하는 활동인 반면 친구·가족을 만나거나 사람들과 관계를 맺는 일은 상위 10위 안에 들지 못했다. 혼자서 시간을 보내는 것을 가장 큰 휴식으로 꼽은 사람들도 있다. 특히 30세 미만의 여성들이다.

여러분은 이렇게 생각할지도 모르겠다. '아, 그런 건 사교성 여부에 달린 것 아닌가? 내향적인 사람들은 혼자 있고 싶겠지만 외향적인 사람들은 아니지 않을까?' 그러나 휴식 테스트에서 성격 요인을 검토하여 발견한 바, 외향적인 사람들조차 혼자 보낸 시간이 타인들과 같이 보낸 시간보다 더 휴식이 된다고 평가했다. 물론 이들은 선천적으로 내향적인 사람들에 비해 혼자 있는 것을 덜 좋아하긴 했다.

누구나 어느 정도 고독을 갈망하지만 지나칠 정도는 아니다. 게다가 고독을 원하는 것은 특정한 시기다. 워즈워스의 시 한 구절처럼 "구름처럼 고독하게" 방랑할 때 느끼는 즐거움, 그리고 들판의 그 수선화를 보고 돌아와 긴 의자에 누운 후 "깊은 생각에 잠겨" 그것을 돌이켜 생각할 때 경험하는 "고독의 환희"에는 누구나 공감할 수 있다. 그러나 주목할 점은 워즈워스가 춤추는 수선화를 "쾌활한 친구"라고 묘사했다는 것, 그리고 레이크 디스트릭트(잉글랜드 북서부의 호수가 많은 산지)의

봉우리들과 언덕을 혼자서도 또 친구 콜리지나 누이 도로시와도 자주 함께 걸었다는 것이다. 언제나처럼 균형과 선택은 고독을 대하는 태도에서도 중요한 요인이다. 노벨상을 수상한 프랑스의 위대한 소설가 콜레트Colette를 인용해보자면, 고독은 "강렬한 와인"일 때도 있고 "쓰디쓴 강장제"일 때도 있다.3

혼자 있다고
외로운 것은
아니다

오늘날에는 과거 어느 때보다 많은 사람들이 도시 지역에 밀집해 다른 사람들에게 둘러싸여 살아가고 있는데다 일주일 24시간 내내 타인과 접속이 가능해진 바람에 혼자 있을 때가 거의 없는 듯 느껴진다. 그러나 사실 그렇게 보일 뿐이다. 우리는 평균적으로 깨어 있는 시간의 약 29퍼센트를 혼자서 보낸다.4

그 많은 시간 우리는 혼자 있다는 것을 실감하지 못한다. 지루한 일을 하며 스크린 앞에 앉아 있거나 혼자서 집으로 간다. 대개는 꽉 찬 기차나 지하철이나 버스를 타고 돌아가므로 이것을 양질의 '나만의 시간'me time으로 볼 수는 없다. 따라서 이런 시간은 휴식이 되지 못한다. 사람들을 하루 종일 무작위로 호출한 다음 그때마다 검사용 타액을 채취해달라고 요청했던 앞의 실험에서, 스트레스 호르몬인 코르티솔 수치는 사람들이 혼자 있던 순간에 평균적으로 더 높은 것으로 밝혀졌다. 그리고 당연하게도 코르티솔 수치는 혼자 있을 때뿐 아니라 슬프고 외롭다고 느낄 때 더 높았다.[5]

심리학자인 크리스토퍼 롱Christopher Long과 제임스 애버릴James Averill은 혼자 있을 때 외로움에 빠지고 싶지 않다면 타인과의 의미 있는 인연이 자신에게 많다는 것을 떠올리는 일이 중요하다는 것을 알아냈다.[6] 고독을 연구한 저명한 역사가 바버라 테일러Barbara Taylor가 내게 말해준 바에 따르면, 학생들에게 홀로 있을 때 머릿속에 누가 함께 하고 있는지 생각하라고 하면 대부분 질문을 주의 깊게 생각해본 다음 '가장 사랑하는 사람들'이라고 대답했다. '신'이라고 대답한 학생도 소수 있었다고 한다.

자신을 진정으로 이해해주는 사람들과 의미 있는 관계를 맺지 못한다고 느끼거나 같은 목적으로 향하는 더 높은 존재를 믿고 있지 않다면 혼자 있건 아니건 외로움이 닥칠 수 있다. 고립은 물론 고독감을 유발할 수도 있지만 고독감은 사람들과 함께 있느냐 아니냐 하는 물리적 사실이 아니라 자신이 인생에서 맺고 있는 관계가 얼마나 양질인가에 달린 경우가 대부분이다.

외로움에는 양도 중요하게 작용한다. 외로움은 자신이 원하는 친한 친구의 숫자와 실제 존재하는 숫자가 불일치한다는 생각만으로도 느낄 수 있다. 아이오와주립대학교에서 대학생들을 대상으로 연구한 결과, 이들이 이상적이라고 여긴 친한 친구의 숫자에 가까워질수록 고독감이 줄어든다는 것을 발견했다.7 숫자 자체의 크고 작음은 주관적인 판단이므로 중요하지 않지만 자신의 삶에 양질의 관계가 부족하다고 느낄 경우 고독을 느끼는 경향이 생긴다. 아이오와대학교의 연구자들은 또 한 가지 발견에 깜짝 놀랐다. 친구의 숫자가 원하는 숫자를 넘어서도 외로움을 느낀다는 것이다. 아마 친구가 과도하게 많은 것을 부담으로 느끼거나, 가깝다고 생각하는 친구들이 사실은 별로 가깝지 않은 것일 수도 있다. 아니면 혹시 이들은 친구가 너무 많아 혼자 보낼 시간이 충분하지 않다고 느낄 수도 있다. 만일 그렇다면 이 장에서 논하는 '혼자 있음'이라는 주제에서 가장 흥미로운 결과가 될 것 같다.

휴식 테스트에서 응답자들에게 질문을 던졌다. 고독의 반대는 무엇인가? 3분의 1은 질문에 대답하지 못했지만 대답한 사람들이 준 가장 흔한 답은 관계에 대한 만족, 그다음이 행복과 우정이었다. 그 후 언젠가 알고 지내는 션 오헤이건Sean O'Hagan이라는 뮤지션은 거리에서 나를 불러 세우더니 내 방송에서 고독을 다룬 편을 들었다며 그때 이후로 고독의 반대에 관해 곰곰이 생각해보았다고 했다. 그가 요약한 답은 근사했다. "고독의 반대말은 고독에 대한 갈망이에요." 오헤이건의 말은 일리가 있다. 고독을 느끼지 않는다는 진정한 징표는 고독을 원하는 상태일 테니까.

혼자 시간을
잘 보낼수록
자존감이 높아진다

고립은 자아 존중감에 영향을 끼친다. 이러한 영향은 고독의 정도에 따라 긍정적일 수도 있고 부정적일 수도 있다. 잠깐 동안 극단적 고독 상황을 생각해보자. 끔찍한 형벌인 독방 감금이다.

독방을 경험한 일부 재소자들의 말에 따르면 처음에 독방으로 혼자 옮겨갈 때는 다른 재소자들로부터 떨어져 평화를 얻는다는 생각에 안심이 된다고 한다. 몽상하고 휴식을 취할 시간을 얻게 될 테니까. 그러나 자유로운 잡념으로 출발했던 것이 생각의 파탄이라는 결말을 초래할 수도 있다. 정치범으로 북아프리카에서 수개월간 독방에 갇혀 지낸 타비르라는 재소자는 내게 말해주었다. "내가 거기 있다는 것을 아무도 모릅니다. 그러니 나는 아무것도 아닙니다. 무無가 되어버리는 셈이지요."

타비르가 갇혀 지낸 독방에는 침대도 화장실도 없었다. 있는 것이라고는 높이 달린 작은 창 하나뿐이었다. 긴긴 하루하루가 해가 질 때까지 침묵 속에서 흘러갔다. 그런 다음 소음이 시작되었다. 고문을 당하는 동료 수감자들의 비명소리였다. 끔찍하겠지만 타비르는 차라리 이 비명소리가 어떤 의미에서는 편안했다. 최소한 비명소리는 자신이 여전히 타인들과 함께 세상에 살아 있다는 사실을 일깨워주었기 때문

이다.[8]

캘리포니아 샌타크루즈대학교의 심리학 교수 크레이그 헤이니 Craig Haney는 캘리포니아에서 경비가 삼엄하기로 악명 높은 최고 보안 교도소인 펠리컨베이주립교도소Pelican Bay State Prison의 재소자들을 연구했다. 주제는 독방 감금이 이들에게 끼친 영향이었다. 이 교도소에는 천 명 넘는 재소자들이 독방에 감금되어 있다. 그중 일부는 10년 이상을 독방에서 보냈다. 재소자들의 반응은 천차만별이었다. 일부는 등 뒤에서 문이 잠기는 순간 고립공황이라는 공포를 경험했다. 처음에는 대처할 수 있다고 생각했으나 점점 희망을 잃고 우울해진 재소자들도 있다. 시간이 갈수록 자극의 결핍이 재소자들의 인지 능력에 극심한 해를 끼쳤고 기억력이 떨어지기 시작했다. 헤이니가 목격한 증상 가운데는 자신이 누구인가를 인식하는 능력을 영구적으로 잃은 사례도 있었다. "그런 일이 일어나는 것을 보았다. 정체성이 심하게 손상되어 본질적으로 파괴되어버렸다. 그들은 결국 손상된 정체성을 아예 재형성하지 못했다. 극단적인 상황이 벌어진 것이다."

일상에서 우리는 사람들과의 상호작용을 부단히 이용해 자신의 정체성을 확립하고 재형성한다. 타인들과의 접촉이 사라지자 일부 재소자들은 자신이 여전히 존재하는 것인지 의문에 빠지는 지경에 이르렀다. 모더니즘 작가 데이비드 마크슨David Markson은 『비트겐슈타인의 정부』Wittgenstein's Mistress라는 탁월한 소설에서 고독과 정체성 관념을 탐색한다. 소설에서 밝혀지는 바에 따르면 유일한 주인공 '케이트'는 세상에 살아남은 유일한 인간이다. 그녀는 내면의 독백을 통해 존재의 의미에 관한 질문, 그리고 자신이 존재하는 단 한 명의 인간이라면 그것은 정말 존재하는 것인가 하는 질문을 끊임없이 던진다. 결론 없이 되돌아오는 질문들이다. 앞에서 살폈던 고립과 고독의 차이를 인정하듯, 마크슨의 주인공은 이렇게 사색한다. "역설적이지만 이 모든 일이 벌어지기 전에도 실질적으로는 혼자였다."[9]

정치범 타비르는 자신이 존재한다는 의식을 잃지 않으려고 혼자서 중얼대고 노래도 부르면서 긴 밤을 보냈다. 때로는 교도관에게 싸움을 걸기도 했다. '독방 빼내기'라는 과정을 유도해 교도관과 접촉하려는, 사람을 만나려는 단 하나의 목적 때문이었다. 가령 그가 빈 식판을 내놓기를 거부하며 명령에 불응하면 무장한 교도관들이 독방으로 와 그를 제지한다. 대체로 신체적으로는 고통스럽지만 소동을 일으키면 최소한 다른 인간과 접촉할 수 있었다. 감방에 있던 내내 타비르는 아우슈비츠 수용소 생존자인 빅터 프랭클Viktor Frankl의 말처럼, 교도관들이 무슨 짓을 하건 절대로 '내 영혼만큼은 정복하지 못하도록 하리라'고 결심했다. 그는 내게 말했다. "무엇을 하건 싸움을 중단하지 마십시오. 미소를 짓고 행복해지세요. 누구든 두려워하지 마십시오." 타비르는 결국 병원에 있는 동안 자신을 억류하던 자들에게서 벗어나 영국으로 가서 망명을 신청했다.

극단적인 고립은 심각한 정체성 상실을 초래하지만, 짧은 기간의 자발적인 고립은 온건하면서도 이로운 종류의 자아 상실을 불러온다.

혼자 있는 시간을 자발적으로 선택할 때의 장점은 타인들이 나의 정체성을 강제하지 못한다는 것이다. 자유롭게 떠도는 생각을 통해 진정한 자신의 모습과 진실한 생각을 살필 수 있고 타인들의 영향력으로부터 벗어날 수 있다. 이런 경험을 한 사람들은 자신을 새롭게 이해하게 되었다고 말한다. 가장 중요한 결정을 내려야 하는 시기에 모든 것으로부터 벗어나겠다는 욕망이 흔하다는 것을 감안하면 당연한 얘기다.

18~25세 미국 청년들을 대상으로 연구해보았더니 혼자 시간을 보낼 때 창의력이 높아지는 것으로 밝혀졌다.[10] 앞에서 살펴본 잡념의 장점을 생각하면 합리적인 결과다. 다른 사람들과 있을 때는 창의력을 키워주는 잡념으로 빠져들기 어렵고, 홀로 보내는 시간에 잡념 기회가 생긴다. 고독은 또한 자신의 삶에서 발생한 사건들을 곰곰이 생각하고 과거의 기억을 탐색할 기회를 제공하여 감정에 대처하도록 돕는다. 바라건대 이러한 과정을 거친다면 미래에 관한 최상의 결정을 내릴 수 있을 것이다.

고독이 끼치는 이러한 영향으로 다양한 분야의 리더들은 혼자 보내는 시간을 늘려야 한다고 요청했다. 끊임없는 회의, 이메일 회신, 열어둔 문 때문에 방해 받느라 의사결정을 제대로 내리지 못한다는 것이다.[11] 1950년대 말에서 1960년대 초 영국 수상을 지낸 해럴드 맥밀런Harold Macmillan은 매일 따로 한 시간쯤 짬을 내어 제인 오스틴이나 앤서니 트롤럽Anthony Trollope의 소설을 읽으며 홀로 시간을 보냈다. 이

런 경우 혼자 있는 것은 타인들의 끝없는 방해에서 벗어나 온전히 집
중하며 사고에 활기를 부여할 기회다. 늘 이런 상태를 바라거나 오랫
동안 이런 상태에 놓이고 싶은 것은 아니지만 그리 길지 않은 정도의
고독은 확실히 행복에 보탬이 될 뿐 아니라 휴식을 취한다는 느낌에
기여한다.

고독인가
쓸쓸함인가
하는 문제

　중요한 것은 혼자 보내는 시간에 대한 통제권을 스스로 얼마나 갖
느냐 하는 문제다. 자발적으로 혼자 보내는 시간과 선택지가 없어서
혼자 보내는 시간은 전혀 다르다. 아무리 사교적인 사람도 시기와 방
식만 선택할 수 있다면 혼자 보내는 시간을 즐긴다. 마찬가지로 내향
적인 사람이라 하더라도 고독을 강요당하면 쓸쓸함을 느낀다.

　쓸쓸함이라는 문제는 최근 미디어의 상당한 관심을 끌고 있다. 심
지어 영국에는 쓸쓸함을 전담하는 장관까지 있다. 그의 업무는 정부
부서들과 협업하여 고독 문제를 해결하는 것이다. 나는 BBC 라디오 4
채널에 '고독 실험'BBC Loneliness Experiment을 하자고 부추겼다. 영국의
몇몇 대학에서 연구하는 심리학자 세 명과 웰컴 컬렉션과의 협업 연

구였다. 청취자들에게 조사지를 작성해달라고 요청했다.[12] 질문에 답하는 데 대개 30~40분이나 걸렸지만 전 세계에서 무려 5만5천여 명이 참여했다. 우리는 깜짝 놀랐다. 참여자의 숫자만 봐도 사람들이 고독이라는 문제에 얼마나 심각하게 연루되어 있는지 여실히 드러났기 때문이다.

일부 사람들은 고독이 유행병이 되었다고 말한다. 외로운 사람들의 수가 늘어나는 것은 사실이다. 그러나 그렇게 보이는 이유는 현재 세계의 인구가 늘었기 때문일 뿐이다. 비율로 말하자면 그림이 좀 더 복잡해진다. 외로운 사람을 생각할 때 떠오르는 첫 이미지는 집에 갇혀 일주일이 지나도 만날 사람 하나 없고, 크리스마스에도 혼자 보내는 노인이다. 이것이 많은 노인들의 현실이긴 하지만 브루넬대학교의 크리스티나 빅터Christina Victor는 1948년까지 거슬러 올라가 영국에 한정한 데이터를 검토한 뒤 만성 고독을 느끼는 노인들(대부분 혹은 늘 외로움을 느낀다고 말한 노인)의 비율은 6~13퍼센트로 70년 동안 변동이 없다는 것을 발견했다.[13]

게다가 우리가 진행한 조사나 다른 여러 조사에 따르면 노인들보다 더 높은 비율의 젊은이들이 자주 외로움을 느낀다고 응답했다. 중년층은 그 사이에 들었다. 다시 말하지만, 대부분의 사람들은 고독이나 고립에 대해 생각할 때 젊은이보다는 노인의 이미지를 떠올린다. 사실 조사 대상자 가운데 84퍼센트는 노년이 되면 외로움을 느낄지도 모른다고 생각했다. 그러나 이들은 또한 되돌아보면 인생에서 가장 외로웠던 때는 어린 시절이었다고 대답했다.

이러한 응답이 나온 원인은 아마 어릴 때일수록 외로움에 대처하기가 어렵다고 생각하는 반면 성장할수록 고독에 대처하는 능력이 발달할 뿐만 아니라 심지어 고독을 바라게 되기까지 한다는 점 때문일 수 있다. 나이가 들면서 고독의 편안함을 더 높이 평가하게 되기도 한다. 아마도 이러한 결과는 감정 제어 능력의 향상과 관련 있을 수 있다. 나이가 들면서 좋은 점 가운데 하나는 일이 잘못될 때 자신을 추스를 줄 알게 된다는 것이다. 육아에 지친 부모에게는 천만다행으로, 아이는 자랄수록 스스로 달래는 법을 습득해 밤에 잠에서 깨더라도 혼자 다시 잠이 든다. 이처럼 우리는 어릴 때부터 주의를 딴 데로 돌리거나 상황을 넓게 바라보면서 불쾌함을 개선하는 방법을 점점 익혀나간다.

감정 조절 능력은 성인이 되어도 계속 향상된다. 경험과 세월이 쌓이면서 특정 기분이 늘 지속되는 건 아니며, 기분을 좋게 만드는 방법이 있다는 통찰을 얻게 된다. 이러한 역량이 고독과 특별한 관계가 있는지 없는지는 모르겠다. 그저 다들 불쾌한 기분에 대처하는 일에 점점 익숙해져서 나쁜 기분이 지나가리라는 것을 알게 되는 것일 수도 있다. 나쁜 기분을 완화하기 위해 새 친구를 찾아다니거나 옛 친구들과의 관계를 회복할 수도 있다.

외로움을 완화하는 방법이 무엇이건, 중요한 점은 사람들 대부분이 외로움을 덜어내기 위해 노력한다는 것 그 자체이다. 외로움이 너무 오래 지속되면 건강이 나빠진다. 만성적으로 외롭다고 말하는 사람들은 아닌 사람들에 비해 심장병과 뇌졸중 위험이 3분의 1 가량 더 높고[14] 혈압도 높을 뿐 아니라[15] 기대 수명도 낮다는 것이 연구로 밝혀졌다.[16] 심각한 결과이긴 하지만 많은 수가 짧은 기간에 진행된 횡단 연구라서 인과관계를 정확히 알 수는 없다. 불행한 고립이 몸의 염증을 확대해 더 많은 질환의 원인이 될 수도 있다. 그러나 그 반대일 수도 있다. 건강이 나빠 밖으로 나가지 못해 고립되고, 그로 인해 고독을 느낄 수도 있다는 뜻이다. 아니면 외로운 사람들이 외로움으로 인해 건강을 돌볼 동기를 잃는 바람에 통계에 덜 건강한 것으로 나타날 수도 있다. 물론 두 가지 작용이 동시에 이루어지는 것일 수도 있다.

고독과 건강 쇠퇴 사이의 사정을 명확히 알기는 어렵지만 연구 결과에 따르면 외로움을 느껴본 사람 누구나 비슷한 말을 한다. 고독은 행복에 상당한 영향을 끼친다는 것이다. 고독이 슬픔을 초래하고 수면의 질에도 영향을 준다는 훌륭한 증거가 있다.[17] 또한 고독은 사람들을 만나는 상황을 피하고, 거부당하는 모든 징후에 극도로 예민해지는 증상을 유발해 더 큰 고독을 부르는 악순환을 초래하기도 한다. 연구에 따르면 고독을 느끼는 사람은 1년 뒤 우울증 증세가 심해지는 것으로 나타났다.[18]

쓸쓸함이
태도가 되지
않으려면

대체로 외로움을 현대 생활의 병폐에서 비롯된 특유의 현상이라고들 생각한다. 파편화·원자화된 사회 단위와 개인주의 성향으로 누구나 외롭다는 것이다. 그러나 쓸쓸함loneliness과 고독solitude 두 개념의 역사를 연구하는 역사학자 바버라 테일러는 쓸쓸함이라는 불쾌한 감정은 아주 옛날부터 기술되어왔다고 지적한다. 물론 당시에는 항상 '쓸쓸함'이라는 단어를 쓴 것은 아니다. 17세기가 되기 전, 쓸쓸함이라는 단어는 사람들에게는 거의 적용되지 않았고, 외떨어진 나무나 건물, 혹은 워즈워스의 시에 나오는 구름처럼 동떨어진 사물을 기술할 때 더 자주 쓰였다. 수백 년에 걸쳐 외로움이라는 단어는 사용 빈도가 늘었고 이제 고립무원의 현대 세계를 기술하는 관념으로 변모했다.

대체로 부정적으로 인식되는 개념은 고독보다 쓸쓸함이지만 바버라 테일러가 토로하는 바대로 고독의 정서적 가치는 측정하기가 더 어렵다. 고독 개념은 수백 년에 걸쳐서 의미가 확장되어 부정적인 함의와 긍정적 함의를 모두 갖게 되었기 때문이다. 18세기 이전에 고독이란 대개 전원생활을 가리켰다. 당시 부유층들은 '고독한 삶으로 물러나는 것'에 관해 이야기했다. 이때 고독이란 시골에 있는 영지로 옮기는 것을 의미했지만 그들이 영지에서 홀로 지낸 것은 아니다. 거느리는 사람들뿐 아니라 가족과 가까운 친구들까지 데려갔기 때문이다. 고대에는 고독을 통해서만 진리를 찾을 수 있다는 관념이 있었다.

철학자들에게 고독은 아무 문제도 없는 미덕의 관념이었다. 철학자들은 신들처럼 홀로 지낼 역량이 있었기 때문이다. 반면 제대로 알지 못하는 사람들에게 고독은 위험했다.[19] 고독을 부자연스러운 것, 심지어 부도덕한 것으로까지 보는 견해는 역사 속에서 이따금씩 나타나는데 이것이 테일러가 주목한 고독을 부정적으로 보는 시각이다. 테일러는 이렇게 기술한다. "철학자들은 염세주의자였고 자기중심적이었으며 일반인들에 대한 책임감도 전혀 없었다." 철학자들이 두려워한 것 중 하나는 혼자서 보내는 시간이 '고삐 풀린 창의성'을 초래한다는 것이었다. 페트라르카는 14세기, 몽테뉴는 16세기, 워즈워스는 18세기에 글을 썼는데, 세 사람 모두 고독의 장점뿐 아니라 고독이 유발하는 고통과 불안 또한 논했다.

고독에 대한 이러한 양가적 태도는 현대 일본에서 나타난다. 일본에서는 긍정적 의미의 외로움과 쓸쓸함을 표현하는 단어가 모두 고독孤獨으로 똑같다. 일본은 고독을 긍정적으로 여기기 때문에 이 주제를 다룬 책이 수백 권에 달한다. 『고독의 힘』 『고독은 아름답다』 같은 제목의 책이 일본에서는 베스트셀러다. 혼자 사는 남자들이 여자들에 비해 두 배나 많고 더 늘어나고 있다. 오카모토 준코라는 도쿄 출신의 작가는 기업을 찾아다니며 직장인들이 퇴직에 대비하도록 도움을 주는 일을 한다. 그는 고독의 부정적인 측면에 대한 인식을 되살리기 위해 애쓰고 있다. 고독을 미화하는 풍조 때문에 일부 사람들이 실제로는 쓸쓸함으로 고통받는다는 사실이 은폐될 것을 우려한다.

집단주의 문화로 유명한 일본도 사회적 네트워크는 취약하다. 게다가 직장 내 서열과 연장자만을 존중하는 문화 탓에 직장에서 끈끈한 우정을 맺기 어려운 실정이다. 일본인들은 퇴직하기 전에 취미를 즐기거나 직장 밖에서 친구들을 만나 시간을 보낼 여유가 거의 없다. 따라서 이들에게 퇴직은 충격으로 다가올 수 있다. 고독을 찬양하는 책들은 일부 안도감을 준다. 고독이 두려움의 대상이 아니라 경외감을 가져야 할 대상임을 암시하기 때문이다. 그러나 오카모토는 많은 이들이 자발적으로 혼자 사는 것이 아니라는 점을 걱정한다.

아이러니하게도 오카모토는 자신의 우려가 광야에서 홀로 외치는 목소리가 되고 있다고 생각한다. 매체를 통해 고독의 단점을 강조할 때마다 그에게 돌아오는 대중의 반응은 그냥 좀 자신들을 내버려두라는 것, 휴식을 방해하지 말고 비켜 있으라는 것이기 때문이다.

독일의 위대한 소설가 토마스 만은 "고독은 내면의 창조성을 낳는다. 고독은 낯설고 위험한 아름다움, 즉 시를 낳는다. 그러나 비뚤어진 것, 불법적인 것, 터무니없는 것처럼 정반대인 것들도 고독에서 태어난다"라고 말한 바 있다.[20] 고독에 끌린 두 명의 또 다른 위대한 작가 에밀리 디킨슨과 새뮤얼 베케트의 작품을 읽은 사람들이라면 토마스 만이 말하는 의미를 이해할 것이다.

우리는 고독을 원하면서도 두려워한다. 게다가 우리는 고독을 원하는 타인에게 의심의 눈초리를 던진다. 저녁에 만나자는 연락을 받았을 때 혼자 보내고 싶다는 이유를 들어 거절하는 일은 드물다. 다른 핑계가 필요하다. 친구들과 함께 있기보다 혼자 시간을 더 보내고 싶을 이유가 어디 있겠는가? "미안해요. 머리를 감고 있어서요"라는 변명은 만나기 싫은 남자를 완곡하게 거절하는 의미로 여자들 사이에서 농담처럼 통한다. 이는 혼자 있는 것이 괜찮다는 것을 암시하는 신호일 수도 있다.

고독을 바라는 욕망은 대개 병으로 취급받았다. 혼자서 보내는 시간을 좋아하는 사람들은 '제멋대로이고 미칠 위험이 있는 반항아'로 간주된다.[21] '혼자 있고 싶어하는 사람'이라는 말은 칭찬이 아니라 모욕이다. 이는 그가 반사회적 인격 장애이거나 최소한 기괴하다는 뜻을 담고 있다. 소아성애자와 연쇄살인마들을 묘사할 때 '혼자 지내는 타입'이라는 말이 얼마나 자주 쓰이는지 생각해보라.

윌리엄 트레버William Travor의 문학상 수상 소설 『펠리시아의 여정』Felicia's Journey에서 어마어마하게 사악한 '힐디치 씨'를 묘사한 부분을 보자. 그는 젊고 약한 여자들에게 기생하는 인물로, 돌아가신 어머니 집에 혼자 살면서 정어리 통조림으로 저녁을 먹은 다음 오벌틴Ovaltine(분유, 코코아, 비타민 등을 섞어 만든 가루 제품) 한 잔을 타서 자러 올라간다. 그의 고독한 삶은 등골 서늘한 느낌을 주도록 묘사되었다.[22] 적당한 시간을 혼자 보내는 것은 이롭다고 여기지만 고독한 삶을 선택하는 일은 대체로 기괴한 것, 건강과 위생에 해로운 것으로 간주한다. 사람들은 대체로 함께 있는 것보다 혼자 있는 것을 더 좋아하는 이를 경계하는 경향이 있다.

혼자 있는 시간의 적절한 균형 잡기

쓸쓸하지 않은 나만의 시간을 어떻게 얻을 수 있을까?

첫째, 누구나 고독을 휴식으로 생각하지는 않는다는 것을 기억하자. 휴식 테스트에서 고독의 순위는 높았지만 일부 사람들은 혼자 보내는 시간이 삶에서 뭔가 잘못되어간다는 증거 아닌지 자꾸 곱씹을 것이고 그 때문에 슬프거나 우울해지리라 생각한다. 크리스토퍼 롱과 제임스 애버릴의 연구로 보아 분명한 점은, 고독은 누구에게나 똑같은 자양분이 되어주지 못한다는 것이다. 고독을 좋아하지 않는 사람들은 텔레비전을 보거나 사람들에게 전화를 거는 등 교류를 위해 뭐든 해서 혼자 있지 않으려 하는 경향이 더 크다. 이들은 혼자 있을 때 불안하고 동떨어진 느낌을 받는다.

혼자 시간을 보내는 일에 열성인 것은 물론 내향적인 사람들이다.[23] 혼자일 때 기분이 가장 좋은 사람들은 다른 사람들과 함께 있을 때 평균 이상으로 기분이 저조해지는 반면 타인들과 있을 때 행복한 사람들은 혼자 있을 때 슬픔을 더 느낀다. 그러나 즐거움이 아니라 휴식에 관해서라면 휴식 테스트 결과 외향적인 사람들도 대부분 가장 큰 휴식이 되는 게 고독이라고 생각했음을 잊지 말아야 한다.

혼자만의 시간을 만끽하는 것은 어릴 때부터 학습하지만 더 일찌 감치 시작될 수도 있다. 아기들조차도 과도한 자극을 받았다 싶으면 사람의 얼굴을 외면한다. 심리학자 도널드 위니컷Donald Winnicott은 연구로 부모의 마음을 편안하게 해주었다. 완벽하지 않아도 '충분히 좋은 어머니'가 된다는 것이 무엇인지에 관해 썼다(1970년에 쓴 글이라서인지 그가 가리키는 부모는 어머니뿐이다). 위니컷은 아이가 짧은 시간 동안 혼자서 즐기는 법을 차차 배우는 것이 중요하다고 강조했다. 혼자 즐기는 능력의 발달은 아동 발달 과정에서 중요한 성취다. 그는 어린 시절의 고독을 '가장 소중한 재산'이라고 칭했다.

그리스에서 이루어진 7~12세 아동에 관한 연구는 아이들이 초등학교를 졸업하기 전부터 고독이 유용하다는 것을 알고 있음을 입증했다. 그리스 아이들은 나이가 들수록 고독의 장점을 더 많이 꼽았다. 평화, 고요, 계획 세우기, 몽상, 비판으로부터의 자유, 불안과 긴장과 분노 감소가 이들이 꼽은 고독의 장점이다. 아이들 가운데 3분의 2는 때로 혼자 있고 싶어하는 것이 인간의 욕망이라는 점을 인정했다.[24]

미국과 유럽의 청소년들은 자기 시간의 평균 25퍼센트를 혼자 보낸다. 이들이 학교에 머물거나 친구들과 보내는 시간을 감안하면 가족과 함께 있는 시간보다 혼자 있는 시간이 많은 셈이다.[25] 그리고 이들은 나이를 먹을수록 혼자 있는 시간을 더 귀하게 여긴다. 이러한 결과는 벨기에의 플랑드르에서 이루어진 연구를 반영한다. 십대들을 여러 해 동안 추적한 이 연구 결과에 따르면, 혼자서 시간을 보내는 두려움은 18세에 이르며 독립성이 증가할수록 꾸준히 감소했다. 고독을 먼저 긍정적으로 보기 시작한 것은 십대 여자들이었지만 십대 남자들 역시 곧 따라잡았다.[26]

십대들에게 이득을 주는 고독의 양에 최적치가 있을 수도 있다. 시카고 교외 지역 네 곳에서 10~15세 청소년을 대상으로 실행한 연구를 살펴보자.[27] 연구자들은 하루 일곱 차례 이들을 호출하면서 호출기가 울리는 순간 함께 있던 사람에 대해 느낀 것, 그리고 그와 함께 있던 것이 자발적인 선택이었는지 여부에 관한 설문지를 즉시 작성하도록 했다. 일정 시간을 혼자 보내고 싶어했던 십대들은 부모와 교사의 눈으로 보기에도 심리적 적응 상태가 더 양호했다. 단, 그러려면 이들에게 딱 맞는 시간 동안만 홀로 보내야 했다. 혼자 보내는 시간이 지나치게 많거나 적은 경우 이들은 부정적인 감정을 느낀다고 보고했다.

그렇다면 혼자 보내는 시간의 최적 비율은 어느 정도일까? 이상적인 비율은 수업 시간을 제외한 시간의 25~45퍼센트 정도였다. 이 장의 앞부분을 돌이켜보면 다행히 대부분의 사람들이 혼자서 보내는 시간의 평균 비율과 비슷하다. 우리가 성인이 되면서 직관적으로 고독의 적정량을 찾아내는 데 꽤 능숙해짐을 시사하는 결과다.

물론 고독은 그것을 느끼는 장소에 따라 다른 의미를 띤다. 아이들은 학교에 있을 때 교실 안팎에서 친구들과 잘 어울려야 한다는 기대를 받는다. 쉬는 시간에 혼자 있거나 독서하는 것을 더 좋아하는 아이들은 외톨이이거나 좀 특이하다는 취급을 받는다. '정상'은 친구들과 함께 놀거나 수다를 떠는 것이다. 물론 쉬는 시간에 홀로인 아이들이 모두 원해서 혼자 있는 것은 아니다. 아이들은 타인을 배제할 때 얼마든지 잔인해질 수 있다. 게다가 학교라는 환경이 지니는 사회적 성격 자체가 친구가 별로 없는 학생들이 느끼는 외로움을 확대할 수 있다. BBC의 고독 실험에 참여한 한 20대 시각장애 여성은 학창 시절 점심시간에 느낀 쓸쓸함에 대해 가슴 먹먹한 사연을 블로그에 올렸다. 여기에는 대화를 나눌 사람을 찾을 때 도움이 되었던 요령들도 포함되어 있었다. 쉬는 시간에 말을 걸거나, 교사들과 나눌 만한 화제를 미리 생각해두는 것이다. 누군가에게 새 고양이가 생겼다는 소식을 알게 되면 그 고양이에 대해 묻는 것도 도움이 되었다고 했다. 교사들은 그녀를 무시하지 못하게 되었고 짧은 대화만으로도 변화가 생겼다.

다행히 성인이 되어 직장에 들어갈 무렵이면 쉬는 시간에 사람들과 어울려야 할 필요성이 없어진다. 물론 이조차도 문화권에 따라 다르다. 일본의 기업들, 그리고 이제는 캘리포니아 테크놀로지 기업들도 자사 직원들끼리 서로 어울릴 것을 기대하곤 한다. 내내 강조했듯이 고독을 휴식으로 느끼려면 핵심은 고독을 선택했느냐 여부다. 타인들과 같이 있을 때도 핵심은 동일하다.

휴식이
되는 고독은
따로 있다

　혼자 보내는 시간이 고통인지 휴식인지는 우리가 맺은 관계의 성질과 강도에 달려 있다는 것을 꼭 알아야 한다. 중요한 문제다. 심리학자인 조너선 디트리히Jonathan Detrixhe는 애착 관련 심리 연구라는 렌즈를 통해 고독에 대한 태도를 살펴보았다.[28] 부모에게 안정적으로 애착을 느끼는 유아는 부모가 세계를 탐색하는 자신을 안전하게 보호해줄 기반이라고 본다. 유아들은 대개 부모가 물리적으로 가까이 있기를 바란다. 물론 가끔씩은 부모로부터 멀리 달아나면서 즐거워하긴 해도 기본적으로는 부모 곁을 벗어나려 하지 않는다. 그러나 성장할수록 아이들은 부모에게서 멀리 떨어지거나 심지어 혼자서 시간을 보내는 데 익숙해진다. 성인이 될 무렵이면 우리는 대체로 부모의 집에서 나가 독립하고 부모를 거의 보지 않고 살아간다. 성인들은 대개 파트너와 관계를 맺거나 아예 혼자서 살아간다. 어느 쪽이건 강한 애착을 느끼는 사람이 있을 경우 혼자 있어도 외로움을 훨씬 덜 느낄 수 있다. 애착의 대상이 되는 사람들은 물리적으로 늘 같이 있을 필요는 없지만, 필요할 때 이들에게 갈 수 있다는 것은 인식되어야 한다.

　에이브러햄 매슬로Abraham Maslow는 욕구 서열을 이론으로 정립한 유명 심리학자다. 그가 창안한 욕구의 서열은 피라미드로 표현되는

데, 바닥에는 의식주처럼 생존에 필요한 기본 욕구가 위치하고 사랑과 존경 같은 욕구일수록 위쪽에 위치한다. 가장 행복한 사람들은 피라미드 꼭대기로 직행한다. 여기서는 '자아실현'이 달성된다. 이들은 자신이 원하는 대로 잠재력을 온전히 실현하고 성취한다. 그야말로 존재 최고의 상태처럼 보인다.

매슬로에 따르면 불행히도 자아실현까지 달성하는 사람들은 전체 인구의 2퍼센트에 불과하다. 오늘날 매슬로의 피라미드는 엄정성이 부족하다는 이유로 비판 대상이 되었다. 자아실현을 한 사람과 하지 않은 사람을 결정하는 기준이 주관적이라는 이유에서다. 그가 자아실현을 이룬 인물로 꼽은 이는 아인슈타인, 베토벤, 엘리너 루스벨트 등이다. 우스운 점은 매슬로 자신도 자아실현을 해낸 2퍼센트 범주에 포함된다고 단언했다는 점이다. 그는 자신과 아인슈타인과 베토벤과 루스벨트의 공통점이 창의적이고 자발적이며 타인에게 관심이 많고 위트가 넘치며 불확실성에 관대하고 자신을 수용하는 데 능숙하다는 점이라고 보았다. 이들은 또한 매일 '지고의 경험'을 하기도 했다. 그가 말하는 지고의 경험을 하는 순간이란 모든 것을 충만하게 느끼고, 다른 것은 전혀 개의치 않고 온전히 스스로 존재한다는 것을 실감하는 순간이다.

매슬로 이야기를 시시콜콜 하는 이유는 고독에 관한 그의 발견 때문이다. 자아실현에 성공한 운 좋은 인물들의 공통점은 이들이 다른 평범한 사람들보다 혼자 있는 시간을 가지려는 경향이 컸다는 것이다.

매슬로의 발견은 이 장에서 내내 밝힌 것들을 뒷받침해주는 것 같다. 고독은 자발적일 때 그리고 균형이 잘 잡힌 만족스러운 인생의 일부일 때 가장 제대로 만끽할 수 있는 소중한 것이라는 점 말이다.

진정한 의미에서 휴식을 취한다는 느낌을 받으려면 타인들에게서 멀어져야 하고 이들과의 수다뿐 아니라 바라건대 자신의 머릿속에서 떠들어대는 소리도 피해야 한다. 고독한 시간은 길이만 적당하다면 자신에게서 한발 물러나 자신의 감정을 돌보고 이를 통해 새로운 자신이 될 수 있는 시간이다. 적정량의 고독은 더 깊이 사유하고 자신을 발견하며 창의성과 혁신적인 생각을 자극할 기회까지 제공한다.

고독을 스케줄에 넣도록 노력해야 한다. 단, 자신을 몰아붙여 고독에 잠재된 이득을 보려고 집착해서는 안 된다. 고독의 매력은 강제의 압력으로부터 벗어나는 것이므로 고독이라는 이름의 또 다른 압력을 스스로에게 가하는 것은 절대로 피해야 한다. 홀로 있다는 것은 타인이 나를 재단하지 않는 시간을 보낼 기회, 남의 눈치를 보느라 표정을 관리해야 하는 압박에서 벗어나는 기회를 만끽하는 일이다.

소셜미디어는 사람들의 접속을 용이하게 만들기 때문에 고독을 줄이는 좋은 수단일 수 있지만 이러한 미디어가 제공하는 '상시 접속' 문화 탓에 외부의 압력을 피하기가 더 어려워졌다. 어쨌거나 소셜미디어에게 고독의 이점을 빼앗기지 않도록 잡도리해두자. 그렇지 않으면 편안한 휴식은 불가능해질 수도 있다. 혼자 있으면서 타인들과 끊임없이 소통한다면 그걸 진정한 고독이라고 부를 수는 없을 것이다.

이 장을 마무리하면서 던지고 싶은 질문이 있다. 혼자서 시간을 보낼 최적의 장소는 어디일까? 혼자서 시간을 보내는 가장 흔한 장소가 어디냐고 질문하면 대개 집이라고들 답한다. 그러나 질문을 약간 바꾸어 '혼자 시간을 보내기 가장 좋아하는 곳'이 어딘지 생각해보라고 하면 다른 대답을 얻게 된다. 자연이다.[29] 다음 장에서 살펴볼 주제다.

자연에서 얻는

회복력

2.

"근무 시간에 어딜 가는 겁니까?"

라고 상사가 소리를 질러도 걱정하지 말라.

"생산성 향상을 위해 잠시 나가는 겁니다"

라고 대꾸하면 그만이다.

얼핏 보기에 그것은 녹색으로 칠한 높다란 가로등 기둥처럼 보인다. 그런데 꼭대기에는 가로등이 없다. 그저 4미터 높이의 주철 기둥 하나가 숲속 풀 덮인 빈터에 우뚝 서 있을 뿐. 이 기둥은 무엇이며 왜 여기 있는 것일까?

시간을 거슬러 올라가 보자. 19세기 중반 사람들은 이 기둥을 토탄 습지에 심었다. 기둥의 꼭대기 부분만 땅 위로 삐죽 나오도록 깊숙이 박아 넣었다. 기둥을 박은 지점은 가장 낮은 지대라고 판단한 곳이었다. 이 낮은 지대가 바로 영국 케임브리지셔의 거대한 늪지대인 위틀시 호수Whittlesea Mere 가장자리다. 위틀시 호수의 물은 농지 확보를 위해 퍼낼 예정이었다. 호숫가에 심은 기둥은 물을 퍼낼 때 줄어드는 흙과 지반 침하의 양을 측정하기 위한 것으로, 호수 인근의 고풍스러운 저택 홀름우드 홀Holmewood Hall의 윌리엄 웰스William Wells의 아이디어였다.

땅이 가라앉으면서 기준으로 세워둔 기둥은 숨어 있던 모습을 꽤 빠른 속도로 드러내기 시작했고, 그 뒤로 수십 년 동안 땅이 꺼져 기둥이 드러나는 과정이 지속되었다. 1957년 무렵 땅 밖으로 나온 기둥의 높이가 불안할 만큼 높아져, 강철로 만든 밧줄을 기둥 꼭대기에 묶어

사방팔방으로 팽팽히 당겨서 기둥이 기울어지지 않게 지지해두어야 했다. 물을 퍼내기 전만 해도 위틀시 호수는 잉글랜드 저지대에서 가장 큰 호수였다.

장장 20여 년간 말을 타고 이 지역을 돌아다녔던 여행 작가 실리아 파인스Celia Fiennes는 1697년 쓴 글에서 이 호수를 다음과 같이 묘사했다. "호수는 너비 3마일에 길이가 6마일이었다. 중간에는 작은 섬이 있는데 섬에서는 야생조류가 번식한다. (…) 호수 어귀로 들어가면 넓이가 어마어마하고 대개 아주 위험하다. 허리케인 같은 바람이 갑자기 일기 때문이다."[1] 허리케인은 닥치지만 이 호수는 요트와 보트 경주가 벌어지는 유흥지였다. 추운 겨울이면 스케이트 등 빙상 스포츠를 즐기려는 사람들이 호수로 모여들었다. 농지가 필요해 물을 퍼내자 이 모든 것이 사라졌다. 그러나 150년이 지난 2001년, 상황은 다시 역전된다.

반세기에 걸친 대습지 프로젝트

대습지Great Fen 프로젝트. 완성되려면 50여 년은 족히 걸릴 이 거대 프로젝트는 불필요한 농지 수백만 평에 다시 물을 채워 범람시켜 잉글랜드 내 초창기 자연보호구역 두 곳을 합치는 것이다. 새로 조성한 대습지는 흰눈썹울새, 검은목두루미 그리고 심지어 유럽들소 등 수백 년 동안 이 지역에 살지 않았던 동물들에게 서식처를 제공할 것이다. 이미 오색나비나 은줄표범나비 등 나비류도 복원중인 습지에 이끌려 날아왔다. 생태계 및 생명의 다양성 복원은 대습지 프로젝트의 일부에 불과하다. 이 프로젝트가 지금 수백만 파운드를 끌어들인 큰 이유는 이 습지가 인근 주민들에게 자연을 만끽할 기회를 줄 것이기 때문이다.

영국에서 이 지역은 생기라고는 없는 맥 빠진 곳이다. 흐린 날은 음산하다고 할 정도로. 예로부터 풍광이 그림 같은 전원 지역은 아니다. 그러나 평화롭고 고유한 매력이 없지 않고, 요즘은 습지 복원 프로젝트가 효과를 발휘하고 있다. 나는 이 지역을 잘 알고 특별한 애정도 갖고 있다. 이곳에서 그리 멀지 않은 곳에서 자란데다 우리 아버지가 대습지 보존 계획을 창안한 이들 가운데 한 사람이었다.

프로젝트가 시작된 직후 아버지는 내게 이 지역 일대를 직접 보여 주셨다. 아버지는 당신이 세상을 떠나고 한참 뒤에야 프로젝트가 끝나리라는 것을 아셨다. 아마 나도 프로젝트가 만개한 모습을 볼 만큼 오래 살지는 못할 것이다. 아버지와 나는 습지대 중 높은 둔덕에 앉아, 사방으로 뻗은 연둣빛 녹지를 가로지르는 좁은 물길들을 살펴보았다. 100년 전 이곳은 어떤 모습이었을까 상상하느라 과거로 시간여행을 떠나기도 하고 물을 다 채워 호수가 된 100년 뒤의 모습을 그려보기도 했다. 영국에는 이곳보다 더 아름답고 장려한 자연 풍경이 많지만 이 때 아버지와 본 습지의 풍광은 가슴 저미는 추억이자, 고요한 사색의 느낌을 준 풍요로운 경험이었다.

조류학을 연구한 아버지 덕에 언니와 나는 시골길을 걸으며 어린 시절을 보냈다. 되돌아보면 참 운이 좋았다 싶지만 그 시절에는 오래 걷는 걸 불평해대곤 했다. 게다가 온갖 새의 종류와 암수 여부, 나이가 몇 살인지까지, 우리 자매가 그다지 궁금해하지 않는 정보를 들어야 한다는 사실도 고역이었다. 우리는 그저 집에 가서 텔레비전을 켜고 싶어 안달이었다.

긍정적인 면도 있었다. 학교에서 선생님이 자연에 나가서 구한 것 들을 가져오라는 과제를 내주시면 그야말로 누워서 떡 먹기였다. 아 빠의 낡고 해어진 카키색 웃옷 주머니에 손을 찔러 넣기만 하면 온갖 것을 얻을 수 있었다. 뭐가 나올지 몰라 용기가 좀 필요하긴 했다. 개똥 지빠귀의 둥지나 올빼미가 되새김질한 먹이 덩어리나 수달의 배설물 (굳이 알고 싶다면 말 그대로 똥)이 나오곤 했다.

도시에 살며 시골로 나갈 기회가 드문 지금, 나는 그 시절이 너무 나 그립다. 시골 산책을 나설 기회가 오면 그 경험을 정말로 즐긴다. 길 을 다니다 화창한 오후에 남의 집 창문을 몰래 들여다보기도 한다. 그 러다 집안의 사람들이 텔레비전을 보고 있으면 실망하곤 한다. 이 좋 은 곳에 살면서 왜 나가서 자연을 즐기지 않을까? 시골에 산다면 꼭 그 래야 하지 않을까? 나 같으면 하루 종일 밖에 나가 있을 것이라며 아쉬위하는 것이다.

하지만 시골에 산다 해도 나 역시 그들과 다르지 않을 것이다. 어린 시절 나는 아빠와 강가를 걷는 것보다 모터사이클 경찰 시리즈물인 〈칩스〉CHiPs를 더 좋아했으니까. 지금도 마찬가지다. 런던에서는 밖으로 나가기만 하면 매일 저녁 수백 편의 연극과 콘서트, 그 밖에 즐비한 문화 행사들을 보면서 쉴 수 있는데도 나는 집에서 그냥 텔레비전을 볼 때가 훨씬 더 많다⋯⋯.

저녁 7시 반쯤이면 웨스트엔드West End(극장과 영화관이 모여 있는 런던의 번화한 상업지) 곳곳에서 커튼이 올라가고 있다는 사실을 알기만 해도 좋은 것처럼, 시골에 사는 사람들도 조금만 걸어 나가면 아름다운 풍광이 기다리고 있다는 생각만으로도 기분 좋으리라. 군이 직접 나가지 않더라도 말이다. 도시건 시골이건 그곳에 있는 문화 행사나 자연은 사라지지 않으니까 당장 보지 않아도 언제든 즐기면 된다. 건강도 그렇지 않은가. 우리가 건강을 가장 챙길 때는 더는 건강하지 않을 때 아니던가.

나처럼 도시에 거주하는 사람에게 자연에서 시간을 보내는 것은 일상을 벗어나는 전형적인 수단 가운데 하나이고 휴식을 취하는 좋은 방법이다. 대개 시골에 가면 산책을 하게 되고, 앞에서 이미 본 바대로 걷기는 신체적 노력이 필요한 일임에도 휴식하는 느낌을 준다. 물론 걷지 않고 자연을 만끽하는 방법들도 있다.

주말엔
숲으로

이 책 내내 했던 이야기는 많은 사람들이 아무것도 안 하는 것을 매우 힘들어한다는 것이다.

마음챙김 명상 같은 실천은 일부 사람들에게는 효력이 있지만 또 다른 사람들은 이러한 수양과 기술을 귀찮아하고 성가시다고 생각한다. 자연에서 시간을 보내는 일에 큰 가치를 부여하는 것은 그래서가 아닐까 싶다.

언덕마루에 조용히 앉아 주변 계곡을 둘러보다 보면 딱히 뭔가를 해야 한다는 생각이 들지 않는다. 뭔가 한다고 해도 그리 큰일은 아니다. 그런데도 자연에 나와 있으면 어쩐 일인지 소파에서 빈둥거린다는 느낌이 전혀 안 든다. 강둑에 누워 흐르는 물을 하염없이 쳐다보는 일 역시 침대에 누워 있는 것보다는 어쩐지 목적이 있는 행위처럼 느껴진다.

시골에서 자연을 즐기는 일 역시 게으름일 수 있으나 어쩐지 변명이 통할 것 같은 게으름이다. 자연 속에 있기만 해도 우리는 무엇인가를 하는 것이다. 자연에서 보내는 시간은 뭔가 의미가 있다.

잠깐 여러분이 가장 좋아하는 장소를 떠올려보라. 집 안이든 집 밖이든 어디라도 좋다. 장소를 결정할 때까지 책을 덮으시라.

방인가, 아니면 아끼는 카페나 술집인가? 자연 속 어느 지점을 선택했는가? 답은 여러분의 기분에 달려 있을 것이다(물론 자연을 다루는 장에서 질문을 던졌으니 답의 방향을 틀어버린 감이 없지 않다).

핀란드에서 이루어진 연구 하나. 두 도시에 살고 있는 사람들에게 각각 가장 좋아하는 곳과 가장 싫어하는 곳을 지도상에 표시하라고 한 다음 당시의 기분을 평가하는 설문지를 작성하게 했다. 교통 중심지는 압도적으로 인기 없는 장소였다. 정말 좋아하는 장소는 응답자의 기분에 따라 달랐다. 기분이 좋았던 이들은 거실 등 집 안 공간을 선택한 반면 기분이 별로였던 이들은 자연 속 장소를 선택했다.[2]

유아기 시절부터 우리는 감정을 조절하는 법을 계속 익힌다. 때로는 기분을 낮게 해준다고 생각하는 활동을 의식적으로 선택하기도 한다. 화가 치밀 때 방에서 나가 산책을 하거나, 슬플 때 행복한 음악을 듣거나 하는 것이다. 때로는 우리가 그러한 활동을 하고 있다는 걸 의식조차 못한다. 직장에서 유난히 힘든 하루를 보내고 나면 집으로 돌아오는 길에 인근 공원을 쏘다니며 기분 전환을 하는 자신의 모습을 뜻밖에 발견하고 놀랄 수도 있다.[3]

많은 사람들은 자연에서 뭔가 받을 수 있다는 것, 자연이 휴식이 된다는 것, 특히 기분이 안 좋을 때 더욱 그렇다는 것을 본능적으로 아는 것 같다. 더 놀라운 점은 과학이 아직까지도 자연이 주는 휴식의 측면을 정확히 규명하는 데 어려움을 겪고 있다는 것이다.

자연이 마음을 가라앉혀준다는 주관적인 생각은 누구나 한다. 동양에서는 숲에서 보내는 시간의 이로움을 강조해 '삼림욕'이라는 이름까지 붙였다. 환자에게 편안한 광경을 상상해보라고 독려하는 치료의 경우 주로 화창한 날의 해변이나 산의 풍경을 이용한다. 우리가 떠올리는 자연의 이상적인 모습은 눈으로 보는 감각뿐 아니라 시간에 관한 감각으로도 꽤나 구체적이다. 시골로 가는 이야기가 나올 때면 보통 여름 낮 시간대의 야외 활동을 머릿속에 그리지, 집으로 가는 기차가 자꾸 지연되는 바람에 추운 저녁 깜깜한 시골길을 터벅터벅 걸어 귀가하는 모습을 상상하는 일은 없지 않은가.

자연에서 시간을 보내는 것을 '치유'라고까지 표현하는 사람들도 있다. 작가 리처드 메이비Richard Mabey가 우울증에 걸렸을 때 그가 자연을 오래 좋아해왔다는 것을 알던 친구들은 그에게 시골 산책을 독려했다. 그를 담당한 정신과의사도 차를 타고 나가 주변을 날아다니는 붉은 연을 보라고 조언했다. 전혀 도움이 안 됐다.

내가 노퍽에 있는 집으로 찾아갔을 때 그는 내게 이런 종류의 '안이한 자연 치유'는 사실 역효과만 났다고 말해주었다. "때때로 형언할 수는 없지만 분명한 희망을 주었던 감동의 원천이 과거에는 자연에 있었어요. 하지만 감정적 반응 없이 자연을 보니 마음만 더 힘들더군요. 아무것도 안 하는 것보다 더 나빴어요. 자연이 나를 거부한다는 느낌이 들었죠. 내 인생에서 가장 중요했던 것과 이어져 있던 끈이 떨어져버린 겁니다."

그러나 동앵글리아(영국 동남부에 있던 고대 왕국으로, 오늘날 노퍽과 서퍽 주에 해당)로 이주해 사랑에 빠진 뒤로 그는 천천히 회복되기 시작했고 자연 역시 그에게 다시금 큰 영향력을 발휘했다. "지금은 압니다. 내 마음에 영향을 끼친 것이 자연의 비범한 변화무쌍함이었다는걸요. 해수가 들어오는 습지를 10분 정도 응시하면, 10분 뒤 습지의 모습은 전과는 전혀 다르지요. 그러한 변화의 느낌과 변화가 주는 회복의 느낌이 나의 내면 깊숙이 각인되어 있었어요. 내게 가장 깊은 영향을 끼친 자연의 모습은 그다지 무서울 것 없는 정적인 자연이나 진흙 속에 박힌 무엇인가처럼 다들 시골을 상상할 때 떠올리기 좋아하는 상투적인 생명계의 일부가 아닙니다. 내가 매료된 자연은 물이 추동하는 동적인 체계, 변화무쌍하고 역동적인 적응 체계예요."[4]

이상한 일이지만 자연이 늘 마음을 가라앉히는 효과를 보인다는 것을 입증하거나 자연이 위로가 되려면 어떤 요인이 필수인지 과학적인 용어로 규명하는 것은 쉽지 않다. 리처드 메이비에게 자연은 정적이지 않고 계속 변화하는 역동적인 것이어야 했다.

일부 학자들은 푸르른 녹음이 자연이 주는 위안의 필수적 측면이라고 말한 반면, 자연이 위안이 되는 것은 그저 분주한 도시 환경과 대조를 이루기 때문일 뿐 별것 아니라고 보는 학자들도 있다. 긴장을 풀어주는 풍경의 힘 가운데 중요한 요인이 '인간의 개입 흔적이 전혀 존재하지 않는다는 점'이라고 여기는 학자들도 있다.

자연이 보이는
커다란 창문과
전망 좋은 방

펜실베이니아의 한 병원. 건축학 교수인 로저 울리히Roger Ulrich 는 환경심리학이라는 분야를 탄생시킨 유명한 실험을 수행했다. 그는 자연이 주는 혜택을 느끼기 위해서 꼭 자연으로 나갈 필요는 없다는 것을 발견했다. 자연 풍광을 보는 것만으로도 효과가 있다는 것이다. 1984년 울리히는「창문을 통해 본 풍경이 수술 회복에 끼치는 영향」View through a Window May Influence Recovery from Surgery이라는 제목의 연구에서 담낭 수술을 받은 환자들이 나무가 보이는 병실에서 회복했을 때 벽돌담이 보이는 병실의 환자들에 비해 진통제도 덜 필요로 했고 퇴원도 하루 일찍 했다는 것을 발견했다.[5] 30년도 더 지난 요즘에도 이 연구는 빈번하게 인용된다.

세세히 들여다보면 이 연구의 기반은 그다지 탄탄하지 않다. 사람들 대부분이 병실 창문으로 벽보다 나무가 보이는 걸 더 좋아한다 해도 울리히의 이 유명한 연구가 자연의 풍광을 보는 것이 회복에 도움이 된다는 것을 정확히 입증했다고 볼 수는 없다. 울리히는 서로 다른 방에 머물렀던 환자 단 23명에 대한 9년치 의학 노트를 분석해 이러한 결론에 도달했다. 피험자의 숫자가 이렇게 작으면 두 가지 유형의 방을 배정받은 환자들 사이에 다른 차이가 전혀 없었는지, 이들이 받은 치료의 질에 차이가 있었는지도 제대로 알 수 없다. 간호사들이 있는 곳이 벽돌담이 보이는 병실과 더 가까워, 애초에 병세가 더 심각한 환자들을 배치했을지도 모른다. 입원 기간이 더 길어진 것은 그 때문일 수 있다. 아니면 이들이 진통제를 더 복용한 이유가 간호사들이 근처에 있어 약을 달라는 환자들의 요청에 응대를 더 많이 했기 때문일 수도 있다.

10여 년 뒤 이 연구팀은 더 견고하게 설계하여 후속 연구를 진행했다. 이번에는 환자가 창문 너머로 자연 풍광을 보지도 않았다. 이들이 본 것은 자연을 찍은 사진뿐이었다. 환자들은 스웨덴의 웁살라대학병원에서 심장 수술을 받았고 수술 뒤 벽에 걸린 큰 사진을 보면서 회복했다. 일부는 나무가 늘어선 길이나 숲을 찍은 사진을, 다른 일부는 추상화나 하얀 판 혹은 텅 빈 벽을 보았다. 이번에는 환자들을 각 그룹에 무작위로 배정했으므로 결과의 신빙성이 더 커졌다. 결과적으로, 자연 풍광 사진을 본 환자들이 불안도 덜 느끼고 진통제도 덜 요구했다.[6]

오해를 피하기 위해 분명히 말하겠다. 자연을 본다고 병이 치료되지는 않는다. 이 연구가 시사하는 바는 자연을 보면 휴식을 잘 취할 수 있다는 것이다. 이 책의 독자들뿐 아니라 의료계 종사자들도 관심을 가질 만한 결과다. 몸의 빠른 회복을 돕는 것이 바로 휴식이라고 알려져 있으니까.

수년간 수많은 후속 연구가 이루어졌지만 대개 규모가 작고, 이미 자연에서 지내기로 선택한 사람들이 연구 대상인 경우가 많았다. 따라서 자연의 이점이 보편적인 것인지는 정확히 알 수 없다. 들판에 비치한 운동용 자전거부터 정신 건강 문제가 있는 지원자들이 운영하는 농장에 이르기까지 연구자들은 상이한 상황을 연구하면서 우리의 직관대로 자연이 휴식이 될 만한 피난처를 제공한다는 것을 입증하고 싶어했다. 일부 연구들은 성공했다. 집 안보다 밖에서 걷는 것이 평온하고 평화롭다는 느낌을 높인다는 것을 밝힌 것이다. 자연에서 보내는 시간이 아니라 걷기 자체가 차이를 만든다는 연구도 있었다. 걷기를 병행하는 한 장소는 중요하지 않다는 것이다. 밖에서 운동을 하는 사람들이 실제로는 평온함을 덜 느낀다는 결과까지 나왔다.[7]

그러나 최근 밝혀진 바에 따르면 자연을 찍은 사진을 아주 잠깐 보는 휴식만으로도 기분이 달라질 수 있다. 아주 잠깐이란 말 그대로 찰나의 시간이다. 단 40초의 휴식도 가능하다. 피험자들은 어려운 컴퓨터 과제를 받은 다음 아주 잠깐 동안 두 사진 가운데 하나를 보는 것으로 휴식을 취했다. 하나는 회색 사무실 건물의 텅 빈 지붕, 또 하나는 같은 지붕에 초원 이미지를 합성한 사진이었다. 당연히 사람들은 녹색 지붕을 더 좋아했다. 잠깐 동안의 휴식으로 원기를 회복한 피험자들은 모두 과제에 집중했다. 몇 분이 지나자 음산한 회색빛 지붕 사진을 보았던 사람들은 집중력이 떨어진 반면 녹색 지붕을 본 사람들은 주의력이 크게 떨어지지 않았다.[8]

자연의 원기 회복 능력이 상당할 수 있음을 시사하는 결과다. 일에 치여 고단할 때 잠깐이라도 인근의 녹색 공간을 즐길 수 있다면, 웬만

하면 나가는 편을 택해야 한다는 것을 분명히 알 수 있다. "근무 시간에 어딜 가는 겁니까?"라고 상사가 소리를 질러도 걱정하지 말라. "생산성 향상을 위해 잠시 나가는 겁니다"라고 크게 대꾸하면 그만이다.

자연을 좋아하는 것은 인간의 본성일까

　자연에서 시간을 보내는 것이 치유 효과가 있다는 말을 액면 그대로 믿어보자. 이러한 효과가 모든 상황에 적용될 수 있음을 보여주는 연구가 충분치 않더라도 상관없다. 이제 또 하나 던질 질문은 다음과 같다. 자연을 보는 경험은 왜 그토록 쉰다는 느낌을 주는 것일까? 일부 연구자들은 인간이 자연을 좋아하도록 진화해왔다고 주장했다. 머나먼 과거 인류의 조상들이 모조리 자연 속에 살던 때 그곳에 적응을 잘한 이들이 살아남을 확률이 높았다는 것이다. 오늘날 대부분이 도시에 산다고 해도 자연을 만끽하는 성향은 우리의 유전자에 그대로 각인되어 있다는 주장이다.

　병원 창문 실험으로 유명한 울리히는 초목이 무성한 자연이 특히 매력적인 이유는 먹이가 풍부하고 위협이 안 되는 친근한 환경이기 때문이라고 생각한다. 인간은 가능한 한 드넓은 초원 같은 곳을 선호한다는 것이다.⁹ 나는 그 말이 믿기지 않는다. 물론 나는 초목이 무성한 자연을 좋아한다. 그러나 내가 좋아하는 자연은 굽이치는 초록빛 언덕과 강의 계곡, 다시 말해 내가 자란 고전적인 잉글랜드의 풍광이다. 이러한 애정이 어떻게 해서 수천 년 전 대초원에 살았던 인류의 조상들과 연계되어 있다는 것인지 이해가 잘 안 된다. 게다가 드넓은 초원이란 곳이 내게는 초목 가득한 녹음의 이미지가 아니다. 메마른 갈색 풍광만 떠오르게 할 뿐이다.

인간은 대초원에서 전형적으로 발견되는 유형의 나무 모양을 선호한다는 주장까지 있다. 인간은 둥글고 원뿔 모양을 한 나무보다 왕관 모양처럼 위로 뻗어가는 나무를 더 좋아한다는 것이다.¹⁰ 지난 4만 년 동안 많은 인간들은 이런 종류의 나무가 없는 장소에 살면서 진화해왔다. 사막이나 열대 섬, 혹은 이러한 나무가 자랄 수 없는 북쪽도 인류가 살던 지역이다. 아프리카 전역이 대초원으로 덮인 적도 없다. 그러나 확실히 나는 아주 나이 많은 떡갈나무나 흐느끼듯 팔을 떨군 버드나무가 좋다. 그뿐인가. 영국식으로 다듬은 정원도 꽤 좋아한다. 이스트 서식스East Sussex의 그레이트 딕스터Great Dixter라는 이름의 정원이 내가 가장 좋아하는 곳이다.

자연 풍광이 매력적인 이유는 보는 순간 그곳이 도시 풍광과 달리 즉시 거주할 수 있는 곳으로 보이기 때문이라는 의견도 있다. 하지만 내 생각에는 이 또한 익숙한 풍광이 무엇이냐에 따라 달라질 듯하다. 내게는 사막이나 숲이 울창하게 뻗어나간 곳보다 집이 늘어선 거리가 더 거주할 만한 곳으로 보인다. 초목이 늘 안전을 상징하는 것인지도 의문스럽다. 초원의 기다란 풀 사이에는 사자가 웅크리고 있을지도 모를 일이다. 폭포 역시 완벽한 경관을 제공하기 위해 만든 넓은 길에서 젖을 걱정 없이 보면 경탄할 만큼 아름답겠지만, 고요한 강을 따라 래프팅을 하다 돌연 급류에 휘말리게 되면 치명적이다. 인간이 오랜 기간 생존해온 것은 위험한 포식자들이 도사릴 때는 휴식을 누리겠노라며 혼자 자연 속을 방황하는 대신 정착지에서 다른 인간들과 함께 협력했기 때문이다. 따라서 진화가 휴식지로 느껴지는 장소와 관련이 있다면 그 장소는 넓고 광활한 자연이 아니라 오히려 안전한 정착지여야 한다는 것이 나의 생각이다.

진화심리학에서 비롯된 이러한 가설들의 난점은 검증이 어렵다는 것이다. 사람들에게 좋아하는 나무의 모양을 물어본 다음 모든 문화권에 동일한 선호가 적용되는지 검토해볼 수는 있을 것이다(물론 그런 연구는 없다. 연구 설계가 너무 어렵기 때문이다). 특정한 나무 모양에 대한 보편적인 선호도를 확립할 수 있다 치더라도, 그다음에는 이러한 선호가 생존이나 번식을 어떻게 돕는지, 아니면 생존이나 번식에 도움을 주는 다른 효과로 인해 이러한 선호도가 발생하는지도 알아내야 한다. 이쯤 되면 어떤 가설이건 자기 마음에 드는 것을 끼워 넣어 주장할 수 있다. 여성은 집에서 아이들을 돌보도록 태어났다는 주장이나, 남성은 폭력적일 수밖에 없도록 타고났다는 주장(남녀 모두에게 부당하다)과 비슷하게 말이다. 네덜란드와 벨기에의 연구자인 야닉 요예Yannick Joye

와 아그네스 판 덴 베르크Agnes van den Berg는 인간이 초목이 있는 풍경을 보면 기분이 좋아지도록 진화했다는 가설의 여러 결함을 조목조목 지적했다. 명쾌한 것은 물론이고, 솔직히 말해 아주 재미있는 주장이다.[11] 가령 자연의 진정 효과가 거의 즉각적으로 발생한다는 것을 보여주는 연구들이 있긴 하지만, 인간이 이렇게 즉각적 반응을 보이도록 진화한 이유는 알기 어렵다. 특정 나무나 풀을 보자마자 진정 효과를 느끼는 것은 어째서 유용할까? 사자를 만나면 투쟁-도피 반응을 한다지만 나무와 풀은 다른 곳으로 갈 것도 아닐 테니 진정 효과가 그렇게 즉각적으로 나타나야 할 특별한 이유도 없지 않은가.

먼 옛날에도 안전하게 쉬고 긴장을 풀고 원기를 회복할 장소가 인간에게 필요했다는 점은 인정할 수 있다. 이러한 효과를 일부 자연 풍경이 다른 풍경보다 더 제공할 수도 있다. 그러나 자연 속에 있는 것이 긴장을 완화하는 효과가 있다 해도 자연 풍광이 야생의 모습을 띨수록 우리가 더 좋아하는 것은 아니다. 스위스의 한 연구에서는 피험자 절반에게 수목을 돌보지 않고 마구 방치한 숲속을 걷게 했다. 나머지 절반은 손질이 잘된 숲속을 걸었다. 새로 벤 소나무 더미가 깨끗하게 쌓인 길이었다. 산책이 끝난 뒤 피험자들의 기분을 평가했을 때 효과가 높은 것은 야생의 숲이 아니었다. 오히려 잘 관리한 숲길을 걸었던 피험자들이 유의미한 기분 향상을 보였다. 최소한 이 연구에서는 길들인 자연이 원시 모습 그대로의 자연보다 더 좋은 점수를 얻은 셈이다.[12]

자연의 아름다움에 대한 인식은 시간이 흐르면서 변할 뿐더러 문화마다 다르다. 가장 매력적인 형태의 풍경에 대한 고정된 상은 없다. 소위 '자연스러움'이라는 것도 대개 우리가 아는 것 이상으로 관리를 거친 것이 많다. 스코틀랜드의 하일랜드 지역은 영국 최고의 원시적 풍경을 지녔다고 손꼽히지만, 사실 이곳은 빈터를 조성하고 양을 키우고 뇌조 사냥을 하면서 다듬어놓은 곳이다. 수백 년 동안 사람들은 대체로 이곳의 산과 황야지대와 호수들을 야만적이고 음산하다고 생각했다. 이러한 풍광에 아름다움과 평화가 부여된 것은 18세기 말 낭만주의 운동 발흥 이후다. 좀 더 미시적인 층위에서 말하자면 내게 근사한 식물이 다른 사람에게는 잡초에 불과할 수도 있다. 나는 뉴질랜드 지방에서 서식하는 아가판투스라는 식물을 매우 좋아하여 런던의 집에도 심고 세심하게 돌보지만 이 식물은 대체로 침입자이자 귀찮은 존재로 분류된다.

진화론의 함의는 자연 속에 있는 것이 '인류 유산'에 속하므로 자연 속에 있으면 우리 역시 더 편안해한다는 것이다.[13] 나는 이러한 함의에도 이의를 제기하고 싶다. 도시에서 자라다 보면 시골은 진흙투성이에 냄새나고 불편한 곳, 심지어 위협적인 장소로 보인다. 내게는 런던 북부 도시에서 자라 여태 그곳에 사는 친구들이 있다. 이들은 암소들이 잔뜩 거니는 들판을 가로지르는 일이 차량으로 분주한 이차선 도로를 재빨리 건너야 하는 일보다 훨씬 더 아찔하다고 느낀다. 사람들이 칼에 찔리고 경찰차와 앰뷸런스의 사이렌이 끊임없이 울부짖는 도심 거리를 캄캄한 어둠 속에 걸어도 그다지 두려워하지 않는 녀석들이 부엉이 울음 외에는 아무 소리도 들리지 않는 적막한 시골 오두막집에서 밤을 보낼 때면 겁을 집어먹는다. 그런 곳에 있다가는 반드시 살해되고 말리라 확신하는 것이다.

나로 말하자면 영국의 시골이나 알프스 산등성이나 정글까지도 걸어 다니는 것을 좋아한다. 하지만 이런 나조차도 아마존 유역의 '사파리'에서 밤을 보낼 때는 끔찍했다. 환한 횃불을 밝힌 가이드가 있었는데도 좁은 숲속 길을 걷다가 거미가 짜놓은 거미줄 속으로 걸어 들어가서는 그걸 삼켜버렸다. 비유가 아니다. 말 그대로 삼킨 것이다. 아무리 잉글랜드의 삼림지대를 사랑하는 애호가도 숲에서 하룻밤을 보내야 할 때는 〈블레어위치〉Blair Witch Project(1997년 제작된 미국의 공포영화. 일종의 페이크 다큐멘터리로 물의를 일으킨 작품)나 『버드나무에 부는 바람』The Wind in the Willows(케네스 그레이엄의 아동문학 판타지)에 등장하는 두더지 몰이 와일드우드에서 밤을 보내는 것을 떠올리고야 만다. 물론 자연 풍광이 펼쳐진 지역은 수천 년 동안 인류가 먹을 것을 구하고 집을 지어 편안하게 살았던 장소다. 그러나 동시에 짐승과 다른 인간들의 공격을 받고 거센 비바람을 맞으며 두려움에 떨고 병들어 죽어갔던 곳이기도 하다.

소규모 실험 하나가 자연의 이러한 양면성을 멋지게 입증해냈다. 학생들을 전원 지역으로 데려간 다음 산책로 두 곳 가운데 하나를 혼자 걷도록 했다. 절반은 가시거리가 넓어서 길을 잃을 확률이 거의 없는 평지를 가로질러 걸어간 반면 나머지 절반은 덤불과 관목이 많아 가시거리가 짧은 곳을 걸었다. 넓은 평지를 걸었던 학생들은 원기가 회복된다는 느낌을 받았지만 가시거리가 짧은 곳을 걸었던 학생들은 피곤하다고 말했다. 은폐할 만한 곳이 너무 많아 위험하다고 불안해 하느라 쉽사리 지친 것이다.[14]

이 모든 것들은 정말 특별한 지식이 아니라 상식이다. 자연에서 보내는 시간을 휴식 활동 상위권에 올려놓은 사람들은 내가 보기에 진화심리학의 심오한 요소에 영향을 받은 것이 아니다. 이들의 선택에 영향을 끼친 것을 오히려 우연과 문화적인 요소들이다. 아름답고 평화로운 시골에서 보내는 하루는 마음을 진정시킨다. 많은 현대인들이 대부분의 시간을 바쁜 도시 환경에서 보낸다는 점을 고려하면 당연하다. 하지만 자연에서 보내는 시간이 캄캄한 숲속에서 추운 밤을 보내거나 비가 퍼붓는 막막한 황야에서 진흙탕 물을 튀기며 운전하는 것이라면 휴식으로서 전혀 가치가 없을 것이다.

걱정으로부터
거리를 두기

긴장을 완화하는 자연의 성질이 진화 때문이 아니라면 다른 설명을 찾아볼 필요가 있다.

자연은 언뜻 보면 무질서해 보이지만 대개 프랙탈fractal 성질을 갖고 있다. 프랙탈이란 작은 구조가 전체 구조와 비슷한 형태로 끝없이 되풀이되는 구조로, 무늬가 반복되기만 하는 것이 아니라 더 정교하고 세밀하게 확대 반복되는 양상을 띤다. 특정 암석들로 이루어진 해안선을 상상해보자. 특정한 형태가 계속 반복되지만 때로는 더 크게 때로는 더 작게 반복된다. 혹은 상이한 크기로 뭉게뭉게 떠 있는 구름을 상상해보자. 나무 한 그루도 좋다. 모든 잎사귀들은 똑같은 패턴을 지녔다. 작은 가지들은 죄다 큰 가지의 축소형이다. 심리학자들은 풍경에 반복이 많을수록 사람들에게 더 큰 즐거움을 준다는 것을 발견했다.[15]

반복이 즐거움을 주는 현상을 설명하는 가설 하나는 반복이 두뇌로 하여금 노력을 거의 들이지 않고 풍경을 신속하게 처리하도록 해주기 때문이라는 것이다. 다양한 건물과 교량과 차량을 인식해야 하는 도시와는 대조되는 풍광이 쾌적함을 준다는 설명이다. 농촌의 자연은 뇌에 부담을 주지 않기 때문에 다시 주의를 기울일 여유를 제공하여 점차로 쾌적한 기분을 느끼게 한다. 이것이 주의 회복 이론 restoration theory이다. 분명 일부 사람들에게 효력이 있는 가설이다. 시끄러운 사무실에서 집중하기 힘들어하는 부류라면 점심시간을 이용해 공원에 나가 10분 정도 평화로운 시간을 보낸다면 특별한 즐거움을 누릴 수 있을 것이다.

아니면 자연 풍경의 진정 효과는 눈앞에 보이는 것에 있지 않고 시끄러운 생각, 특히 기분이 나빠질 수 있는 부정적 성질의 시끄러운 생각을 가라앉히는 데 있는 것일까? 스탠퍼드대학교에서 실행한 연구는 자연에서 시간을 보낼 때 두뇌에서 벌어지는 작용을 이해하는 데 도움이 될 만한 실마리를 제공한다.

　연구가 시작될 무렵 연구자들은 피험자들에게 뇌 스캐너를 달아놓힌 다음 반추 활동, 특히 부정적인 걱정의 징후를 찾아보았다. 스캔 결과를 보완하기 위해 피험자들은 자신이 부정적인 생각에 얼마나 전념하고 있는지 주관적인 느낌을 묻는 설문지를 작성했다. 그다음 이들을 한 사람씩 차에 태워 산책할 곳으로 데려갔다. 90분이 소요되는 산책이었다. 피험자마다 가야 할 경로를 주고, 산책 하다 흥미로운 것이 있으면 무엇이건 마음대로 사진을 찍어도 좋다고 허락했다. 찍어야 할 사진의 양도 마음대로였다. 사실 사진 촬영은 피험자의 주의를 딴 곳으로 돌려 실험의 진정한 목적을 은폐하려는 계략이었으며, GPS 추적과 더불어 점검 역할도 수행했다. 피험자들이 실제로 끝까지 산책을 했는지, 아니면 연구자들을 속이고 인근 카페로 가버린 것은 아닌지 감시하는 기능을 한 것이다.

　첫 경로는 자연 속에 난 길이었다. 연구자들이 "떡갈나무와 토종 덤불이 흩어져 있고 새들이 날아다니며 이따금씩 얼룩다람쥐와 사슴이 드나드는 캘리포니아 초원"이라고 표현한 곳이었다. 퍽 사랑스럽게 들린다. 사실 이 산책길은 스탠퍼드대학교 바로 외곽 지역에 있었다. 나도 가본 적 있는 곳인데, 녹음이 특히 무성한 캠퍼스이긴 하지만 산책로가 딱히 사랑스럽다고는 할 수 없는 멘로 파크Menlo Park였다. (페이스북 본사가 있는 곳으로 유명한) 팰로앨토와 (구글 본사가 있는) 마운틴뷰 같은 도시를 지나가기 때문에 도시 환경을 떠오르게 하는 것들이 많았다. 시골 산책로라고 부르고 싶지는 않은 곳이지만 그래도 꽤 근사하다.

마찬가지로 도시 산책로는 연구팀이 인근에서 찾을 수 있는 가장 도시적인 풍광을 담은 곳이었지만, 그렇다고 도심의 노숙자들과 궁핍함을 상기시키는 것들이 있는 샌프란시스코 시내와는 다르다. 피험자들이 걸은 길은 엘 카미노 레알El Camino Real(왕의 길)이라 불린다. 양 방향 최소 3차로로 조성된 고속도로 주변이지만 건물이 대부분 1~2층 높이여서 하늘이 많이 보이고 길가에는 수백 그루의 나무와 하늘색의 거대한 아가판투스 꽃들을 심어놓았다. 꽃들이 얼마나 크고 탐스러운지 내 마당의 아가판투스는 묘목처럼 보일 정도였다. 이 역시 사랑스러운 길과는 거리가 멀지만 포장도로가 차도와 별도로 잘 조성되어 있어 인근 모텔에 머문다면 아침에 달리기할 장소로 선택할 만큼 쾌적하다. 따라서 연구자들이 선정한 자연 산책로가 완전한 자연은 아니듯, 도시 산책로도 그다지 도시적이지는 않았다. 연구에 결함이 있는 것이 아닌가 싶기도 하겠지만 바로 그 점 때문에 결과가 훨씬 더 충격적으로 다가올 수 있다.

산책에서 돌아오자마자 각 피험자는 다시 한번 반추 설문지를 작성한 다음 뇌 스캐너를 찍었다. 90분 정도의 산책은 어떤 종류건 참가자들의 정신을 맑게 해주었으리라 예상하겠지만 실상 반추 정도가 감소한 산책은 자연으로 난 길을 걸었던 산책뿐이었다. 뇌 스캔 사진도 이러한 결과를 뒷받침해주었다. 자연에서 산책했던 참가자들만이 슬픔과 반추와 회피 감정을 담당하는 뇌 부위인 슬하전전두피질의 활동이 감소했다.[16]

자연과 함께 있는 동안 사람들이 특정한 생각을 하도록 독려하여 자연이 주는 긍정적 효과를 배가하려는 시도들이 있다. 2010년 핀란드의 시골 지역에 있는 하이킹 트랙에서는 최초의 웰빙 산책로가 열렸다. 길을 따라 드문드문 설치해놓은 안내판은 그곳에 서식하는 동식물에 대한 정보를 제공하는 것이 아니다. 안내판에는 그저 "천천히 호흡하고 어깨에 힘을 빼세요"나 "기분이 나아지는 걸 느껴보세요" 같은 문구가 쓰여 있다. 이러한 안내판은 인기를 끌었고 산책자들의 긴장 완화에 도움을 주었다. 그러나 길가에 세운 안내판이 실제로 산책자들의 웰빙에 어느 정도 영향을 끼쳤는지 평가하는 것은 어렵다고 판명되었다.[17]

하이킹 트레일을 따라 설치한 안내판에 적힌 효과를 달성하는 또 다른 방법은 야외 마음챙김 명상 수업을 듣는 것이다. 마음챙김 명상 수업에서는 자신의 모든 감각에 주의하고 숲의 소리에 귀를 기울이며 빛의 변화를 주시하고 잎사귀의 내음을 맡고 나무껍질과 이끼의 질감을 느끼며 심지어 딸기류 열매와 버섯의 맛을 보라고까지 독려한다(물론 버섯을 식별할 줄 아는 전문가가 함께 한다). 이러한 경험은 틀림없이 많은 이들에게 평온함을 선사할 것이다. 물론 이미 휴식 효과가 있다고 판명

된 산책과 마음챙김 명상 두 활동을 결합해, 전반적인 휴식 효과가 얼마나 커지는지를 정확히 알아내기는 어려울 것이다. 내 경험상 시골길을 걸으면 '자연스레' 마음챙김 명상이 유발되기 때문에 의식적으로 실행할 필요가 별로 없다.

자연을 체험하는 방식에 고의적인 변화를 가하기 전에 연구 결과 하나를 주목해볼 필요가 있을 듯하다. 잉글랜드 스태퍼드셔의 완만한 고원들 사진을 피험자들에게 보여준 실험이다. 자연과 유대감을 가장 크게 느낀 사람들은 사진에 찍힌 세부 사항 하나하나에 주의를 기울인 사람들이 아니라, 자연에 경탄하다가 생각을 잠시 멈추고 자기 상황을 떠올려보며 여유롭게 내적 성찰을 한 사람들이었다.[18] 이러한 결과는 자연이 일상의 염려를 치워두는 데 도움이 되는 이유가 무엇인지에 대한 질문의 답을 찾는 열쇠가 될 수 있다.

자연으로부터 휴식을 얻는 효과의 최대치를 경험하려면 자연뿐만 아니라 자신 역시 고려해야 한다. 자연을 체험하면서 우리는 우리의 걱정을 더 큰 세계의 맥락에 옮겨놓을 수 있게 된다. 넓지 않은 지역의 공원에서조차 수천 마리의 동물들이 나의 문제와 무관하게 삶을 이어가고 있다. 그리고 그곳은 그저 공원일 뿐이다. 공원이 그럴진대 진짜 자연에는 얼마나 더 많은 것들이 존재하겠는가.

우주의 미세한 일부라는 감각을 느낄 때

자연을 소재로 글을 쓰는 작가 캐슬린 제이미Kathleen Jamie는『시선』 Sightline이라는 책에서 스코틀랜드의 초원지대를 걷다가 본 나방에 관해 이야기한다. 나방 한 마리가 바위 세 개 사이에 생긴 아주 작은 삼각형 모양 웅덩이에 갇혀 둥둥 떠 있다가 죽어가는 것을 목격한 것이다. 제이미는 티스푼을 이용해 나방을 구한다. 세심하게 공을 들였지만 첫 시도에서는 실패하고 두 번째 만에 성공한다. 그녀는 작디작은 생명체를 구하는 데 완전히 몰입했고, 나방을 구하는 순간에도 녀석이 살아남을 수 있을지 확신하지 못했다. 나방을 구한 다음 벌떡 일어선 그녀는 현기증을 느꼈고 주위에 펼쳐진 대지의 막막한 규모에 아연실색한다.

"드넓은 초원이 펼쳐져 있었다. 호수와 바람에 나부끼는 풀이 수 마일에 걸쳐 뻗어 있었다. 모두들 나를 만나러 몸을 한껏 뻗고 있는 것 같았다. 그동안 나는 나방의 눈과 이끼처럼 극히 작고 작은 것에 한껏 몰입했다. 초원을 구성하는, 헤아릴 수 없을 만큼 많은 작은 과정과 사건을 바라본 것이다. 수백 만 가지의 과정과 사건, 작은 동물, 꽃, 박테리아들이 자신을 개방하고 성장하고 작게 나뉘고 낮은 곳에서 기어 다니며 생존을 위해 사투를 벌였다. 이 모든 일들이 저 바깥의 자연에서 벌어지고 있다. 눈을 돌려 밖을 보라. 다른 건 필요치 않다."[19]

마시모 피글리우치Massimo Pigliucci라는 철학자는 개인의 무의미성이라는 관념, 다시 말해 인간 각각은 우주에 사는 수조 개의 생명체 가운데 하나에 불과하다는 관념을 이용해 치유의 슬라이드 쇼를 만들었다. 슬라이드는 피글리우치의 집 사진으로 시작해 풍경의 범위를 밖으로 확장해나간다. 아이들이 편지 봉투에 주소를 쓸 때 집에서 거리로, 군이나 시 단위, 도, 국가, 대륙, 세계, 우주로 무한히 넓혀가는 것과 비슷하다(그리고 무한 더하기 1. 이 또한 안 될 이유가 어디 있겠는가?). 피글리우치는 앉아서 이러한 슬라이드를 보는 것만으로도 자신이 세계라는 거대한 체계에서는 별로 중요하지도 않은 일에 집착하고 있음을 새삼 깨닫게 된다고 말했다.

나는 수년에 걸쳐 우주비행사 여럿을 인터뷰한 적이 있다. 이들은 저마다 똑같은 이야기를 내게 해주었다. 쉬는 동안 읽으려고 우주로 책을 몇 권 가져갔지만 책장조차 펴보지 못했다는 이야기였다. 이유는? 창밖의 풍경이다. 이들은 남는 순간순간을 죄다 지구를 돌아보면서 보내지 않을 수 없었던 것이다.

마이클 로페즈 알레그리아Michael López-Alegría는 세 차례의 우주 탐사 미션을 수행했을 뿐 아니라 국제우주정거장에서 7개월을 살았던 노련한 우주비행사다. 그는 우주에서 지구를 처음 본 순간에 관한 소회를 내게 들려주었다. "그건 마치, 믿을 수 없는 엄청난 양의 에너지가 있는데 내 몸에 아주 강력한 힘을 보내주다가 갑자기 브레이크를 탁 하고 밟듯 돌연 모터가 멈추는 느낌처럼 압도적이에요. 고개를 숙이고 계기판과 화면을 들여다보다 드디어 고개를 들어 위를 볼 기회가 생겨요. 그런데 그때 지구가 보이는 겁니다. 그때 느끼는 감정이란 도저히 머리로는 이해할 수 없는 감동입니다. 인류의 역사 전체가 이루어진 장소가 내 아래 있는 겁니다. 그걸 보는 건 정말 강렬한 인상을 줘요. 보기에는 딱 지도나 지구본 같은데 진짜 지구인 거죠. 당시 우주선에 있던 우리 일곱 명의 우주비행사들에 비하면 지구와 인류의 거대함은 엄청납니다. 고스란히 느낄 수 있었어요."

이러한 풍경이 사람들에게 끼칠 수 있는 영향을 '조망효과'overview effect라고 한다. 아나히타 네자미Annahita Nezami는 조망효과를 박사학위 주제로 삼아 연구했다. 그녀는 인터뷰했던 우주비행사들에게서 인식의 변화를 발견했다. 텅 빈 우주 공간에 위치한 허약한 공인 지구, 희박한 대기의 양분으로 지탱되는 지구를 본 뒤 이들은 타인들과 연결되어 있다는 강력한 느낌, 지구에 대한 책임감이 넓어지고 깊어지는 느낌을 받았다. 비행사들은 지구를 소중하게 보호해야겠다는 압도적 열망에 사로잡혔다. 스티븐 호킹은 우주에서 지구를 볼 때 얻는 메시지는 명료하다고 말했다. "하나의 지구, 하나의 인류."

우주에서 찍은 사진들이 환경운동을 진두지휘한 주인공이라고 상찬하는 이들도 있다. 환경운동이 일어난 것은 우주에서 찍은 지구 사진 덕이라는 것이다. 아나히타는 이러한 사진들이 우주비행사들뿐 아니라 지구에 있는 사람들에게도 효과가 있다고 생각한다. 그녀의 바람은 텔레비전 일기예보를 마무리할 때마다 시청자들에게 우주에서 찍은 지구 사진을 보여주는 것이다. 모래폭풍이나 허리케인이 발생하는 곳마다 지구 사진을 강조해서 제시한다면 사람들은 특정 지역에서 일어나는 기상 현상을 전 지구적 관점에서 볼 수 있을 것이다. 그뿐만 아니라, 그동안 좁은 지역에 초점을 맞추는 뉴스를 주로 소비해왔다 하더라도 우리가 사실은 누구나 더 넓은 세상과 연계되어 있다는 감각을 얻을 수 있다.

유럽우주국Europe Space Agency의 우주정거장인 콜럼버스 모듈에 설치된 카메라들을 통해 우주에서 생생하게 촬영한 지구를 온라인상으로 볼 수 있다.[20] 지금 이 사진들을 들여다보는 내 눈에 깊은 암흑이 보인다. 콜럼버스 모듈이 현재는 밤 시간대인 대서양 상공에 있기 때문이다. 내가 책상 앞에 가만히 앉아 있는 듯해도 지구는 태양 주위를, 우주정거장은 궤도를 따라 지구를 돈다. 그때 내 눈에 가득히 솟아오른 구름 사이로 서아프리카의 벌거벗은 갈색 사막이 보인다. 눈을 뗄 수 없을 만큼 강렬한 동시에 평화로운 풍경이다.

자연에서 얻은 긍정적 경험도 이와 비슷한 기능을 하는 것 아닐까. 거대한 세계 속에서 내가 작고 보잘 것 없다는 것을 일깨워주고, 일상의 걱정을 더 넓은 범위에서 바라보도록 해주는 것. 세상은 자연에 둘러싸여 있을 때 더 온전하고 고요한 느낌으로 다가오고 우리는 더 깊은 사유의 감각을 체험할 기회를 얻을 수 있다.[21] 외식이나 파티 같은 유흥 활동은 향락 가득한 행복감을 느끼게 해준다. 그러나 '에우다이

모니아'eudaimonic(그리스어로 '좋은 영혼'이라는 뜻의 단어로 '행복'을 의미)라는 개념의 행복, 더욱 오래 지속되는 또 다른 유형의 행복이 있다. 에우다이모니아는 더 심오한 활동을 요구하며, 인생의 의미를 찾고 자신의 진정한 잠재력을 실현할 때 누릴 수 있다. 자연과 함께 있을 때 우리는 세계 안에서 우리의 위치를 느끼고 에우다이모니아의 존재 상태를 이룰 수 있다.

자연은 또한 시간이 지나간다는 것을 알려주는 동시에 부활의 희망도 일깨운다. 썩은 나무둥치나 죽어가는 덤불 옆을 지나갈 때는 죽음과 부패를 마주하지만 부활의 징후 또한 감지된다. 특히 긴긴 겨울이 끝나고 봄의 첫 징후가 나타나기 시작할 때는 죽음과 부활의 공존을 실감할 수 있다. 사람들이 특히 이 시기 자연을 좋아하는 것은 당연한 일이다.

워싱턴주의 세인트헬렌스산에 갔던 기억이 난다. 이곳은 성층 활화산이다. 1984년 분출한 화산으로 주변의 모든 것이 종말을 맞이했다. 나는 화산 분출 뒤 10년이 지난 시점에 방문했지만 풍경은 여전히 종말 이후의 모습이었다. 곧게 뻗은 채 죽음을 맞이한 나무의 몸통들이 불에 타버려 헐벗은 산비탈에 마치 성냥개비처럼 듬성듬성 쓰러져 있었다. 그러나 이 황폐한 풍경 한가운데서도 새로운 생명은 움트고 있었다. 식물들이 싹을 틔우고 있었던 것이다. 부활은 이곳에서도 진행되고 있었다. 기적이라 할 만큼 새롭고 희망 가득한 체험이었다.

지금 이 상태에 갇혀 꼼짝 못하겠다는 느낌이 든다 해도, 밖으로 나가는 탈출구가 전혀 안 보인다 해도 한 가지만큼은 확실하다. 시간은 지나간다는 것이다. 미래는 계속 다가올 것이고 과거는 계속 물러날 것이다. 자연이 일깨워주는 것은 바로 이러한 진실이다.

자연의
부드러운 매력이
선사하는 회복탄력성

2017년 런던의 웰컴 컬렉션은 위험한 일을 벌였다. 평소처럼 전문 큐레이터들이 전시를 주의 깊게 기획하지 않고 미술관 공간을 대중에게 넘기기로 결정한 것이다. 자연과 맺은 관계를 보여주는 물건을 미술관으로 가져오도록 하는 기획이었다.

화랑의 큐레이터들은 대중의 선택을 기다렸지만 솔직히 걱정이 많았다. 탁월한 전시로 평판 높은 미술관이 관객들에게 전시 기획을 허용하다니. 이것이 전혀 좋은 기획이 아니라면 어떻게 될까? 아무도 오지 않는다면?

걱정도 두려움도 모조리 기우에 불과했다. 약속한 날, 런던에서 가장 볼품없는 유스턴 로드Euston Road의 인도는 줄을 선 사람들로 인산인해를 이루었다. 유스턴 로드는 요란하게 끊임없이 오고 가는 차량들로 분주한데다 런던 최고의 대기오염도를 자랑하는 6차선 도로다.

자연과 동떨어진 곳으로서 최적의 장소인 셈이다. 그럼에도 사람들은 가지고 온 물건들을 고이 안고 끈기 있게 줄을 서 있었다. 영국판 진품명품 쇼인 〈앤티크 로드쇼〉Antiques Roadshow를 보기 위해 기다리는 듯한 모양새였다. 이 전시와 〈앤티크 로드쇼〉 사이에 차이가 하나 있다면 이들은 자신이 좋아한 적도 없는 도자기 항아리가 돈을 벌어줄지 여부를 알아보려고 기다리는 게 아니라는 점이었다. 이들이 갖고 있던 물건들은 화폐가치는 전혀 없지만 각자에게 진정한 의미가 있는 물건들이었다. 범상치 않게 다양한 물건들이 미술관 큐레이터들에게 전달되었다. 아래는 그 가운데 극히 일부 소장품에 대한 소개다.

- 나무 재질의 둥근 기압계. 원반 혹은 할아버지가 갖고 계셨던 커다란 옛날 줄자처럼 생긴 것.

- 81개 지팡이 묶음. 지팡이는 모두 마당에서 자라는 저지케일이라는 작물의 줄기를 말려서 깎은 다음 사포질을 하고 광택제를 발라 멋들어진 손잡이를 단 것.

- 네모반듯한 모양의 인조 잔디. 연두색에 흠잡을 데 없이 보이지만 자세히 들여다보면 위에 잡초가 자라기 시작한 것이 보인다. 키친타월 한 장에 붙은 고추냉이 같다. 가짜 식물 위의 진짜 식물.

• 서핑용 핸드보드. 부드러운 타원 모양의 나뭇조각. 큰 도마만 한 크기. 한쪽 끝이 뾰족한 모양. 바디서퍼들이 파도를 잡게 도와준다. 뒤쪽에는 '펠릭스'라는 이름이 새겨져 있다. 펠릭스는 로사의 남동생이었는데 2012년 스스로 목숨을 끊었다. 로사는 사인 규명을 기다리는 시간을 견디려 32일 동안 32차례 바다 수영을 하는 과제를 스스로 부과했다. 매일매일 다른 바다에서 헤엄을 쳤다. 로사는 바다와 자연의 힘 덕분에 치유할 수 있었다고 말한다.

• 딩키(영국의 장난감 제조업체 메카노에서 생산한 미니어처 카 브랜드) 자동차 168개. 아주 작은 폭스바겐 비틀 차량이 바둑판 모양의 커다란 격자 판에 늘어서 있다. 무지개 색깔 순서대로 미니어처 자동차를 배열한 예쁜 공원 같다. 자동차 주인인 47세 스티븐 홀은 호주에서 자랐는데 실제 크기의 폭스바겐 비틀 차량을 수집했다. 이제 그는 아장아장 걸어 다니는 아들을 위해 장난감 차량을 수집해놓았다.

• 흰색 판지로 만든 길이 15센티미터짜리 관 두 개. 하나는 빨간 사인펜으로 장식하고 게 그림을 그려놓았다. 관에는 "메드웨이 리버사이드 컨트리 파크의 게들을 추모하며"라고 쓰여 있다. 또 하나는 검은 파도 무늬로 가장자리를 두르고 검은 펜으로 "생존을 위해 열심히 투쟁했고 삶을 바랐던 용감한 게들을 추모하며. R. I. P"라고 써놓았다. 게들을 묻은 이 관들은 두 자매가 제작한 것이다. 자매는 각각 10세와

12세 때 개를 데리고 산책을 나갔다가 모래사장에 버려져 죽은 수백 마리의 게를 발견했다. 그중 일부를 개 배설물 주머니에 담아 집으로 가져온 두 소녀는 정식으로 게들을 추모하고 싶어 관을 만들었다. 5년이 지났지만 이들은 게들을 관에 넣어 간직하고 있다. 당시를 회상하면서 두 소녀는 이렇게 말한다. "그때 우린 상당히 진지했던 것 같아요."

이렇듯 다양한 자연 경험을 마주한 큐레이터들은 물건들을 주제별로 묶을 방안을 찾아냈다. '변화' '상상' '지탱' '의례' 등 애매모호한 주제들이긴 했다. 물건들을 전시한 공간을 돌아다니며 작품들에 대해 골똘히 생각해본 다음 내가 내린 결론은, 자연이 인간에게 영향을 끼치는 정확한 원인을 찾아내지 못하는 학자들의 고충이 당연하다는 것이었다. 우선 자연 관련 전시품을 가져온 사람들은 어디서든 자연을 찾는 듯했다. 심지어 도구와 차량조차 이들에게는 자연이었다. 또 한편으로 이들은 자연을 비유 삼아 자신의 생각과 감정을 표현하고 삶과 죽음을 생각하면서 스스로를 치유하고 있었다.

물론 회복감을 주는 자연의 능력은 각자가 자연에 부여하는 의미에 달려 있다. 누구나 자연을 좋아한다고 생각하거나 자연이 당연히 일로부터의 탈출구를 제공한다고 여겨서는 안 된다. 가령 인도의 농촌에 사는 농부라면 자연 풍광이 가득한 시골은 위안을 주는 공간일까 아니면 바쁜 일터에 불과할까? 핀란드의 한 연구가 확증한 바에 따르면 사람들이 최적의 회복 장소라고 여기는 곳들은 아주 구체적인 범주로 나뉘었다. 어린 시절의 추억과 관계있는 장소, 과거에 살았던 장소, 정체성과 관련된 장소, 현재를 생각하고 미래를 계획할 수 있다고 느끼는 장소 등 다양한 범주가 존재했다. 형태나 나무는 중요하지 않다. 중요한 건 의미뿐이다.[22]

새의 지저귐처럼 순수해 보이는 것을 즐기는 일조차 새소리가 불러일으키는 추억에 영향을 받는다. 한 연구팀에서 피험자들에게 종일 업무를 수행하고 집으로 돌아오는 길에는 친구와 언쟁까지 벌인 긴긴 하루 끝에 마침내 앉아서 휴식을 취할 기회를 얻었다고 상상해보라고 요청했다. 그런 다음에 이들에게 새의 지저귐을 들려주었다. 새소리는 어떤 기억이나 연상을 불러일으켰을까? 피험자들에게 들려준 새소리는 10초씩 50종의 다양한 새들이 지저귀는 소리를 녹음한 것이었다. 피험자들은 모두 잉글랜드에 살았지만 연구자들은 호주에서 서식하는 새들도 일부러 파일에 넣었다. 피험자들은 노란 얼굴의 꿀빨이새나 크림슨로제타처럼 낯선 새부터 좀 더 익숙한 오목눈이와 소박한 닭 소리까지 광범위한 종류의 새소리를 들었다.

새소리를 들은 이들이 연상한 것의 범위는 굉장히 넓었다. 고향이나 어린 시절 할머니와 보낸 시간을 떠올린 사람도 있었고, 정글로 가족 모험을 떠나는 감흥을 상상하는 이도 있었다. 연상이 모조리 긍정적인 것은 아니었다. 어떤 사람들은 〈닥터 후〉Doctor Who나 〈트윈픽스〉Twin Peaks 같은 SF물이나 미스터리 영화를 떠올리기도 했고, 앨프리드 히치

콕Alfred Hitchcock의 공포영화 〈새〉The Birds도 등장했다. '처마 홈통에 앉아 집에 똥을 싸는 비둘기' 같은 연상이었다. 새소리의 원기 회복 효과가 얼마나 될까 하는 질문의 핵심 열쇠는 각자의 연상이었다. 새소리가 부정적인 기억을 떠오르게 했던 사람들이 휴식한다는 느낌을 받지 못했으리라는 것은 여러분도 금방 알 수 있을 것이다.

휴식을 만끽할 수 있는 완벽한 풍광에는 부정적인 연상 작용이 전혀 없다. 휴식이 되는 자연 풍경은 심리학자들이 이르는 대로 '부드러운 매력'을 갖고 있다. 비관적인 생각에서 벗어나게 해주면서도 어느 정도 신비감을 안고 있어야 한다. 한눈에 받아들일 수 있을 만큼 쉽고 단순하면서도 더 많은 것을 보고 싶도록 만들 수 있어야 한다는 뜻이다. 정원을 설계하는 전문가들은 보는 즉시 놀라움을 안겨주는 볼거리를 만드는 동시에, 드나들 수 있는 아치형 구조물이나 입구를 만들어 문 너머에 무언가 새로운 것이 숨겨져 있다는 암시를 주고 싶어한다. 자연이 하는 일도 이와 다르지 않다. 바다를 떠올려보자. 바다는 보는 순간 마음을 휘어잡으면서도 신비롭다. 늘 볼 것이 있지만 수평선 너머나 파도 아래 아직 보지 못한 것이 넘쳐나기 때문이다.

'자연이 주는 휴식 효과'라는 연구 분야가 규모가 작아 문제라는 점은 이미 언급한 바 있다. 하지만 최근 연구 하나만큼은 이러한 비판을 피해갈 수 있을 것 같다. 가장 큰 회복 효과를 내는 풍경의 유형에 관한 연구다. 서리대학교의 케일리 와일스Kayleigh Wyles는 잉글랜드에 사는 4천 명 이상의 표본을 분석했다. 이들은 일주일 전 자연에서 시간을 보낸 각자의 경험을 정보로 제공했다. 회복이나 자연과 연결되었다는 느낌을 가장 크게 준 것은 바닷가나 자연보호구역이라 공식적으로 지정된 공간에서의 경험이었다. 자연에 머무는 시간은 얼마나 영향을 줄까? 최소 30분이다. 30분 정도는 자연과 함께 있어야 가장 편안하다는 결과가 나왔다.[23]

이 장의 맨 앞에서 소개한 대습지 이야기로 돌아가 보자. 최근 혼자 강둑에 앉아 다양한 심리 이론들을 곰곰이 생각할 기회가 있었다. 그렇게 많은 사람들이 자연에서 보내는 시간을 최고의 휴식이라고 생각하는 이유를 가장 탁월하게 설명해줄 이론은 무엇일지 궁금했다. 내가 생각하기에 그 이유는 자연 자체에 있는 것도, 수천 년에 걸쳐 자연을 바라보는 인류의 방식이 진화했다는 사실에 있는 것도 아니고, 우리가 사는 동안 자연을 바라보도록 학습한 방식에 있는 것 같다.

이 점을 명쾌하게 밝혀준 연구는 네덜란드에서 실행한 실험이다. 실험에서는 농촌에 거주하는 농부들과 농촌을 잠시 방문한 사람들이 다양한 풍광을 어떻게 생각하는지 비교했다. 농부들은 경작이 잘된 농지, 홍수 피해가 없는 안전하고 정연한 풍광을 가장 좋아한 반면 방문객들은 초원과 거친 풍경을 선호했다. 별로 놀라운 결과는 아닐 것이다.[24] 자연을 편안해하는 데도 경험과 의미가 중요하다. 인생이 그런 것처럼.

어쨌거나 자연과 함께 보내는 시간은 우리를 한 발 뒤로 물러나게 한다. 우주에서 지구에 사는 인간을 내려다보며, 무수하고 작디작은 인간들이 개미들처럼 종종걸음을 치며 사는 모습, 생명을 낳거나 희소식에 환호하거나 죽어가는 모습을 상상하던 우주비행사들처럼 말이다.

내게 뒤로 한 발 물러나게 해주는 최적의 장소는 케임브리지셔의 대습지다. 습지에 물이 점점 차올라 더 대자연다운 풍광이 생겨나고 있다. 이곳이 다른 사람들보다 내게 더 큰 의미가 있는 이유는 많다. 자연과 함께 휴식하는 일의 이해할 수 없는 심리를 곰곰이 생각하는 동안 어떤 깨달음이 쏜살같이 찾아들었다. 나는 이곳에 앉아, 아무런 걱정도 하지 않고 있다는 것. 이 책이나 다른 어떤 것에 관해서도 말이다. 마음이 잠시나마 고요히 가라앉았다. 평화로웠다.

책을 읽는
시간

1.

여러분은 어린 시절 이 놀이를 해본 적이 있는가? 무조건 반사 놀이 말이다. 누군가 의자에 앉아서 한쪽 다리를 위로 올릴 때까지 기다린다. 앉은 사람이 어른이면 좋다. 다리가 올라가기를 기다리는 사람은 어린아이 쪽이다. 그러다 앉은 사람이 미처 방어할 틈 없이 아이가 평평하게 편 손으로 무릎을 날렵하게 친다. 그러면 앉아 있던 사람의 다리 근육이 불식간에 반사를 일으켜 번쩍 올라간다. 아이는 신기한 장난에 신이 나고 불시에 기습을 당한 어른은 항변하며 웃는다.

기막히게 재미있는 게임이다. 독서가 주는 휴식을 다루는 장의 앞머리에서 내가 이 게임을 언급하는 까닭은 무엇일까? 앉아서 책을 읽는 일이 긴장 완화에 좋다는 것은 당연해 보이지만, 놀랍게도 이를 확증하는 실험은 거의 실행된 바 없다. 1928년까지 한참을 거슬러 올라가야 주목할 만한 실험 하나를 발견할 수 있다. 앞에서 우리가 이미 살펴본 어느 정신과의사의 실험이다. 바로 '아무것도 안 하기'를 다룬 장에서 논한 '점진적 이완'을 고안해낸 시카고대학교의 에드먼드 제이콥슨이다. 기억을 다시 환기하자면, 점진적 이완이란 발끝부터 머리끝까지 근육을 조였다 풀었다 하면서 마음을 가라앉히는 체계적인 방법이다.

　제이콥슨이 관련 주제에 관한 책의 제목을『쉬어야 한다!』로 지었던 것도 기억할는지 모르겠다. 긴장이 어떤 작용으로 이완되는지 모른다는 듯한 제목 같다. 휴식을 강제할 때 오히려 휴식에 방해가 된다는 것을 모르지 않고서야 휴식을 강변하는 듯한 제목을 지을 리가 없으니까. 사실 제이콥슨은 의사가 환자에게 긴장을 풀라고 조언하면 환자는 더 긴장한다는 것을 잘 알았다. 1928년 실험의 핵심이었던 무릎반사 측정에서도 무릎반사의 강도는 피험자가 처음에 긴장할 때는 증가했다. 제이콥슨은 어떤 종류의 활동이 환자들의 긴장을 푸는 데 가장 효과적인지, 즉 어떤 활동이 무릎반사 반응을 둔화하는지 찾아내고 싶었다.

물론 정답은 독서였다. 제이콥슨은 꽤 정교한 수단을 통해 이러한 결론에 도달했다. 그가 실험에 사용한 복잡한 기계 장치들을 기술하는 데에만 논문 한 페이지 이상이 들었다. 피험자들을 모리스 식 안락의자Morris chair에 앉히고 한쪽 허벅지를 가죽 끈으로 판자에 고정한다. 자동식 전자 망치를 설치해, 고정한 무릎에 부드러운 타격을 가하도록 한다. 끈과 도르래 시스템을 함께 설치해 발이 공중으로 솟아오를 때 반사 반응이 어느 정도인지 정확히 측정되도록 했다. 제이콥슨은 반사 반응 정도를 '반사 반응의 진폭'이라 부른다. 레버와 막대기도 설치해놓았다. 무릎이 다른 영향 때문이 아니라 스스로 움직이는지 여부를 측정하기 위해서였다.

제이콥슨이 논문에서 밝힌 바에 따르면 실험이 시작되었을 당시 40명의 피험자 가운데 5명이 "눈에 띄게 긴장했다". 어조는 건조하다. 피험자들이 실험실을 보고 고문실에 들어왔다고 생각했을 게 틀림없다는 점을 감안하면 놀라운 일도 아니다. 그 많은 끈과 망치와 도르래만으로도 부족해 특수 방음 처리까지 한 판자가 설치되어 있는 모습을 보았으니 불안과 공포가 가중되었을 것이다. 사실 판자는 외부 소음의 교란을 차단하기 위함이지 피험자들의 비명 소리가 밖으로 새어나가지 못하게 하려던 것은 아니었다.

지금 생각하면 모든 실험 장치가 다소 우스꽝스럽게 보일 수 있지만, 제이콥슨의 실험은 몇 가지 흥미로운 결과를 도출했다. 가령 망치의 타격이 지나치게 규칙적일 경우(이를테면 30초 정도마다 한 번씩) 피험자들은 책을 읽어도 무릎반사가 완화될 만큼 충분히 이완되지 못했다. 그러나 타격이 불규칙적으로 이어질 경우 독서는 마법을 발휘했고 사람들은 점점 더 긴장을 풀었다. 무릎반사 반응이 약해지는 것을 긴장이 완화되는 것으로 판정했다.

연구는 완벽함과는 거리가 멀었다. 우선 참가자들은 큰 소리로 책을 읽어야 했다. 사람들은 대부분 혼자 독서할 때 소리 내어 읽지 않는다. 더 중요한 결함은 대조군이 없었다는 것이다. 책 읽는 실험군이 절반이라면 나머지 절반은 책을 읽지 않는 대조군에 속해야 하는데 그렇지 않았다. 이런 상황에서는 피험자들이 그저 무릎을 망치로 맞는 데 익숙해져서 독서와 상관없이 긴장을 풀게 되었을 가능성도 배제할 수 없다. 그러나 실험 결과로 보아 피험자 대부분이 책을 읽는 동안 긴장이 풀렸다고 생각했다는 것은 분명하다. 물론 예외는 있었다. '신경증' 진단을 받은 세 사람과 J.C.라 불린 불운의 지원자는 '너무 세게 묶어놓은 끈' 탓에 '긴장을 풀지 못했다'고 한다.

실험상의 약점에도 불구하고 제이콥슨은 분명 뭔가 알아내긴 했다. 제이콥슨이 실험을 한 지 90여 년이 지난 현재 독서가 휴식 테스트 1위를 차지했으니 말이다. 응답자 가운데 58퍼센트가 책 읽는 시간을 최고의 휴식으로 골랐다. 인상적이다. 게다가 이들은 어떻게 해야 잘 살 수 있는가 하는 문제도 해결한 듯 보였다. 다른 휴식 활동을 선택한 이들에 비해 독서를 1위로 꼽은 이들은 자존감, 목적의식, 의미와 낙관주의를 결합한 개념들로 구성된 테스트에서도 눈에 띄게 높은 성적을 받았다. 이러한 개념들은 한 개인이 정말 잘 살고 있는가 여부를 측정하는 데 필요하다.[1]

냉소적인 성향을 가진 사람들은 휴식 테스트에서 이토록 많은 이들이 독서를 고른 이유가 교양과 지성을 갖추었음을 과시하기 위한 건 아닌지 의심할 수도 있다. 학생들이 대학교 입학 지원서에 관심사로 독서를 적어놓는 심리나 별 다를 바 없다는 논리다. 이러한 비난에 대한 반론의 근거는 두 가지다. 일단 응답이 익명으로 이루어졌다는 것, 그리고 응답자들의 주요 관심이 학구적인 자신을 과시하는 것이었다면 '아무것도 안 하는 것'이 상위 5위권에 포함된 결과를 설명할 수 없다는 것이다. 나는 독서가 휴식이라고 생각하는 응답자들의 말이 진실이라고 믿는다.

책을 읽는 행위, 긴장의 이완과 자극 사이

사실 책이 옆에 없으면 긴장을 풀 수 없다고 여기는 사람들도 있다.

- **책벌레 모집**

  가벼운 소설을 좋아하고 많이 읽는다면 과학의 대의를 높이는
  이 실험에 지원해주십시오.

위의 광고는 1980년대 남아프리카공화국 신문에 실린 것이다. 광고를 실은 연구자는 빅터 넬Victor Nell이라는 짐바브웨의 임상심리학자였다. 그는 사람들의 책 읽는 습관을 연구하기 위해 독서광 모집에 열을 올렸다. 일주일에 소설 한 권 이상을 읽는 사람이라면 누구나 참여할 수 있었다. 실제로 지원자들의 평균을 살펴보니 대개 일주일에 네 권 정도 읽었고, 그중 네 명으로 이루어진 한 가족은 한 달에 101권의 책을 돌려가며 읽었다고 했다.[2] 넬은 이 탐욕스러운 독서광들을 실험에 끌어들여 가장 상세한 독서 관련 실험 하나를 진행할 수 있었다. 이 연구는 앞으로도 자주 언급할 예정이다. 넬의 실험에서 내가 가장 좋아하는 질문은 "하루 중 책 읽기 가장 좋아하는 시간대에 낯선 호텔에 도착했는데 읽을거리가 하나도 없다면 어떻게 대처하겠는가"라는 질문이었다. 대답을 종합해보니 '좌절 목록'이라 할 만한 결과물이 나왔다. 가장 높은 점수를 얻은 표현에는 '절망감' '적막함' '박탈감' 같은 단어들이 있었다. 이런 반응이 꽤 충격적이라 넬은 이들이 소설에 거의 중독되어 있다고까지 말할 수 있다고 했다.

물론 대부분의 사람들은 옆에 댄 브라운이나 J. K. 롤링의 최신 소설이 없다고 해도 식은땀이 나거나 공황에 사로잡히지는 않는다. 그

럼에도 불구하고 책은 우리 생활에서 대체로 큰 몫을 차지한다. 2018년 한 해 영국의 서적 총 판매고는 16억 파운드(2조 5천여 억 원)가 넘었다. 책이 인간의 세계에서 차지하는 위상이 얼마나 중대한지 가늠할 수 있게 해주는 수치다.

나는 사실 책 읽기가 휴식 테스트 1위에 등극한 것을 보고 깜짝 놀랐다. 다시 상기해보자면 사람들이 꼽아야 하는 것은 가장 즐거운 활동이 아니라 가장 휴식이 되는 활동이다. 독서는 수동적인 취미가 아니라 꽤 많은 노력을 요하는 활동이다. 물론 달리기와 달리 책을 읽기 위해 몸을 움직일 필요는 없다. 그저 소파나 해먹에 누워 읽기만 하면 된다. 그래도 독서를 하려면 다양한 층위의 인지적인 노력이 필요하다.

일단 글자를 읽어야 한다. 글자로 단어를 구성한다. 단어에서 의미를 파악한다. 그 의미를 전에 읽은 것들과 연관 짓는다. 그러려면 기억을 파고들어야 한다. 머릿속에 이미지를 구축한다. 책에 나오는 장면의 행동과 광경과 소리를 머릿속으로 그려본다. 그러는 동안 심리학자들이 '마음 이론'theory of mind이라 부르는 것을 이용해 등장인물들의 머릿속에 들어가 살면서 이들의 동기를 파악하고 생각을 상상하고 감정을 느껴야 한다.

기이하게도 책 읽기에는 인지 노력뿐만 아니라 예기치 않은 방식으로 몸의 노력도 필요하다. 빅터 넬이 독서광들을 모집했을 당시에 알아내고 싶었던 것 가운데 하나는 책을 읽는 동안 일어나는 생리 작용이었다. 그러자면 복잡한 실험 하나가 더 필요했다. 우선 넬은 지원자들에게 반투명 고글을 씌우고 10분 동안 백색소음을 이들의 귀에다 주입했다. 지루함을 유발하기 위함이었다. 그런 다음 지원자들에게 일련의 과제를 제공했다. 30분간 독서하기, 눈을 감고 5분간 휴식하기, 사진 보기, 수학 문제나 퍼즐 풀기 등의 과제였다. 가령 퍼즐 문제는 이런 것이었다.

빨간 사과를 반으로 자른 다음 또 자르면 빨간 면은 몇 개, 흰 면은 몇 개일까?♠

지원자들이 이러한 과제를 수행하는 동안 넬은 여러 가지를 측정했다. 지원자들의 얼굴과 머리와 목에 전극을 달아 근육 활동을 살피고, 심박동 사이의 시간과 호흡 속도도 측정했다. 모든 측정치를 통해 그는 지원자들의 몸이 다양한 활동에 어떻게 반응하는지 파악할 수 있었다.

여러분은 이들이 이 활동들(지루함, 긴장 이완, 수학 문제나 퍼즐 풀기 등) 가운데 어떤 것을 신체적으로 편안하게 느꼈을 것 같은가? 책벌레들은 좋아하는 독서에 쏟는 노력이 거의 제로라고 이미 평가했다. 이런 점을 염두에 두면 이들의 생리 기능 측정치도 이러한 상태를 반영했으리라 예상할 수 있다. 독서는 확실히 신체 노력을 요구하지 않으리라고

♠   빨간 면은 4개, 흰 면은 8개다.

말이다. 그런데 사실 지원자들은 지루한 상태에 있거나 눈을 감고 긴장을 풀었을 때보다 책을 읽는 동안 생리적으로 눈에 띄게 자극을 받은 상태였다. 게다가 독서는 어려운 퍼즐을 푸는 일보다 더 자극적이었고, 어떤 측정치에서는 심지어 수학 문제를 푸는 것보다 더 자극이 되었다.

넬의 실험에서 끌어낼 수 있는 결론은 독서가 긴장을 푸는 경험, 특히 독서광들에게 그렇기는 하지만 뇌의 전원을 끄거나 몸의 기능을 멈추는 것과는 하등 관계가 없는 전혀 색다른 휴식 활동이라는 것이다. 여기서 도출할 수 있는 질문 하나. 그렇다면 잠자기 전에 독서를 해도 될까?

자기 전에
책을 읽는
사람들

많은 사람들이 자기 전에 책을 읽는다. 독서가 마음을 고요하게 가라앉힌다고 생각하기 때문이다. 그러나 심리학 혹은 생리학적 관점에서는 자기 전 책을 읽는 습관이 좋다는 관념을 그다지 명확한 사실로 여기지 않는다.

수면 전문가들은 대개 '수면 위생'을 강조한다. 수면 위생이란 이

틀에 한 번씩 시트를 갈아야 한다는 뜻이 아니라 침실을 잠자기 위한 공간으로만 엄격히 유지하라는 것이다(혹시 궁금해할까 봐 하는 말인데 섹스는 예외다). 침실이라고 하면 편안한 잠만 연상해야 한다는 것이 핵심이다. 이러한 연상이 아주 강력해져 더 쉽게 잠이 든다는 것이 수면 위생의 요지다.

따라서 수면 전문가들은 자기 전에 텔레비전 보는 것을 극히 부정적으로 본다. 하물며 휴대전화를 만지작거리는 것은 더욱 금물이다. 과도한 자극이 될까 우려하기 때문이다. 그런데 독서만큼은 수면 전문가들의 분노의 그물에 대체로 걸려들지 않는다.

이건 뭘까? 문화적 속물근성이 작용하는 것일까, 아니면 독서는 다르게 취급하는 것이 옳은 것일까? 연구들이 내놓는 증거는 밤에 푹 자는 것이 목적일 경우 침대에서의 독서가 텔레비전 시청보다는 낫다는 것을 뒷받침하는 듯하다. 영국 시민 5천 명을 대상으로 여론조사를 벌인 결과 자기 전에 텔레비전을 시청한 사람들 가운데 38퍼센트가 대부분 잠을 제대로 못 잤다고 말한 반면 잠자기 전에 독서를 했다고 말한 사람들의 39퍼센트는 숙면을 취했다고 응답했다.[3]

수면을 연구하는 많은 심리학자들 또한 한밤중에 깨어 있는 시간이 길어질 경우, 다음 날 얼마나 끔찍할지 안달하거나 끝내야 할 모든 일을 걱정하느니 차라리 침대를 나와 의자에 앉아 (춥다 해도) 다시 졸릴 때까지 책을 읽으라고 조언한다. 운이 좋다면 정신이 딴 데 쏠리게 될 테고, 아늑하고 따뜻한 이불을 그리워하는 몸 상태가 되면 침대로 돌아갔을 때 바로 잠이 들기 때문이다.

그러나 앞에서 살펴보았듯 독서는 머리뿐 아니라 몸까지 활성화한다. 이 경우 어떻게 잠으로 빠져들 만큼 몸을 이완할 수 있을까? 넬의 주장에 따르면 독서는 우선 정신과 몸을 활성화한다. 그런 다음 책을 내려놓으면 활성화 수준이 떨어지고, 이것이 잠에 빠져드는 데 도움이 된다. 뜨거운 목욕을 하면 체온이 떨어져 잠이 드는 것과 마찬가지 이치라는 것이다. 흥미로운 가설이지만 나는 별로 믿음이 가지 않는다. 우선 이러한 설명은 가령 많은 사람들이 책을 읽다가 잠에 빠져드는 이유를 설명하지 못한다. 불을 끄기 직전에 책 대신 짜증나는 이메일을 잔뜩 읽어도 잠이 와야 할 텐데 왜 그렇지 않을까? 컴퓨터를 탁 끄면 활성화 수준이 떨어져야 하는데, 사실 컴퓨터를 꺼도 활성화된 뇌의 활동은 여간해서는 줄어들지 않는다.

독서가 휴식 활동인 동시에 완벽한 밤잠 대비책이 되는 이유는 수수께끼로 남는다. 아마 어린 시절의 추억이 연관되어 있을 수도 있다. 불이 꺼지기 전에 누군가 책을 읽어주는 소리를 들었던 추억 말이다. 책을 읽어주는 소리는 아직도 나를 잠으로 이끈다. 이 장 후반부에 이 문제를 다시 다루겠다.

독서는
게으른
취미다?

책 읽기가 최고의 휴식이라는 점을 증명하는 연구의 가장 흥미로운 측면은 최상의 증거들 가운데 많은 부분이 '우연히' 등장했다는 것이다. 놀랍지만, 긴장을 푸는 방편으로 독서의 효능을 검증한 연구는 거의 없었다. 연구들 가운데 일부는 다른 휴식 활동의 효능을 연구하기 위한 대조군이나 중립적인 활동에 책 읽기를 포함했다가 독서가 뜻밖에도 연구의 주요 대상만큼, 혹은 그보다 더 휴식에 효과적이라는 결과를 얻었다.

가령 2019년 미국에서는 요가를 연구한 결과가 발표되었다. 저자들은 요가가 궁극적 형태의 이완 방법이라는 것을 입증하고 싶었을 것이다. 연구자들은 특별한 이완 작용이 있는 활동을 선정해 요가와 비교했다. 저자들에게는 불행한 결과였을 텐데, 요가를 30분간 한 다음에 혈압과 스트레스 수치가 떨어진 것은 맞지만 『뉴스위크』 기사를 30분간 읽은 다음에도 결과는 똑같았다.[4]

호주의 다른 실험에서, 태극권을 규칙적으로 한 사람들에게 스트레스를 주었다. 한 시간 정도 시끄러운 방 안에서 어려운 수학 문제를 풀게 한 것이다. 게다가 과제를 마칠 시간이 얼마 안 남았다는 사실까지 계속 알려 스트레스를 높이는 환경을 조성했다. 또 다른 그룹의 사람들은 60분짜리 비디오를 보면서 훨씬 더 스트레스가 높은 시간을 보냈다. 타인들에게 끔찍한 고통을 가하는 장면을 담은 비디오여서 불쾌감을 유발한 것이다. 영상이 끝날 무렵 모든 시청자들은 심한 스트레스를 받았다. 그다음 한 시간 동안 이들에게 명상을 하거나 빠르게 걷거나 책을 읽거나 태극권을 하라는 과제를 내주었다. 실험의 의도는 태극권이 스트레스와 긴장을 푸는 이상적인 방법임을 입증하려는 것 같았다. 하지만 생리 기능을 측정한 수치들에 따르면 독서와 다른 활동들 또한 스트레스 호르몬인 코르티솔 수치를 낮추어 편안한 기분을 느끼게 한다는 면에서 태극권과 효과가 다를 바 없었다.[5]

물론 독서야말로 가장 휴식이 되는 활동 가운데 하나라는 것을 밝혀내려고 고군분투한 연구들도 종종 있다. 시카고의 연구자들은 성인 피험자들에게 평소에 하는 모든 일과 그 일을 한 동기를 일지로 꾸준히 작성하라는 과제를 주었다. 피험자 가운데 34퍼센트는 휴식이라는 구체적인 목적을 염두에 두고 독서를 했다. 그 결과 독서를 한 사람들 중 89퍼센트가 독서에 노력이 거의 혹은 전혀 들지 않는다는 점을 입증했다.[6]

몇 백 년 전만 해도 휴식을 위해 책을 읽는다는 관념은 별로 특별하지 않았다. 실제로 당시 독서는 게으르고 방종한 활동으로까지 간주되었다. 18세기 잉글랜드에서는 소설을 끼고 앉아 있는 것을 '술을 마시는 짓'과 다름없다고 여겼다. 독서는 음주만큼이나 악덕이었다. 소설을 읽는 일은 게으름과 방종을 불러올 뿐 아니라 몸의 자세에 해를 끼치고 화재 위험도 있다는 것이었다. 당시에는 캄캄한 밤에 책을 읽으려면 촛불을 켜야 했으니 화재 위험이 도사리고 있긴 했다. 순회도서관이라는 이동식 도서관은 사창가나 술집과 다름없다는 비난을 받았다. '독서용 소파'는 오늘날 우리에게는 아득하게 느껴지지만 당시에는 도덕주의자들과 사회개혁가들의 거센 혹평에 시달렸다.

학자인 아나 보그린치크Ana Vogrinčič는 2008년 글에서 소설을 바라보는 18세기 사람들의 태도와 텔레비전 시청에 대해 느끼는 현대인들의 윤리적 공포가 비슷하다고 말한다. "18세기에 소설을 읽는 사람들이 촛농으로 책을 더럽히고 화재를 일으키는 골칫거리로 여겨졌다면, 오늘날 텔레비전을 보는 사람들은 정크푸드를 먹고 카펫에 케첩을 흘리는 존재로 각인되어 있다."[7]

21세기, 소설과 텔레비전은 이제 스마트폰이나 태블릿으로 바뀌었다. 사람들은 시선을 끄는 것, 시간 소모가 많고 재미있는 것은 모조리 두려워하는 것 같다. 특히 그것이 새롭고 낯선 활동일 때는 더욱 그러하다.

1988년 실험을 하던 당시조차 빅터 넬은 소설 읽기에 대한 비난의 잔재가 남아 있다는 것을 발견했다. 대중서나 장르소설은 더더욱 그러했다. 그의 실험에 참가한 독서광들은 자신들이 읽은 책의 절반가량은 고등학교 국어 선생님께 쓰레기 취급을 받았을 만한 것이라고 인정했다. 이들은 침대에서 책을 읽는 것은 얼마든지 수용 가능한 일이라고 생각했지만 낮 시간인 경우에는 독서 때문에 죄책감을 느꼈다. 이들은 뭔가 더 활동적이고 유용한 일을 해야 한다는 생각에 마음이 불편했다고 한다.

시간과 감정을
온전히 통제하는
전능감

책을 읽는 시간이 큰 휴식이 되는 이유를 온전히 이해하려면 독서하는 사람의 머릿속에서 무슨 일이 벌어지는지를 탐구해볼 필요가 있다. 책은 다른 형태의 매체보다 통제가 더 용이하다. 텔레비전도 멈추거나 뒤로 돌리거나 끌 수 있지만 텔레비전 시청자들은 대개 그러지 않는다. 토론토대학교의 레이먼드 마Raymond Mar는 영화나 텔레비전 프로그램을 집중해서 보기 시작하는 경우 사람들은 대부분 끝까지 본다는 것을 알아냈다.[8] 텔레비전은 많은 경우 다른 사람들과 함께 보기 때문이다.

그러나 책은 다르다. 시선을 뗄 수 없을 정도로 몰입도가 강한 스릴러를 제외하고 앉은 자리에서 책 한 권을 뚝딱 읽어낼 가능성은 거의 없다. 게다가 책에 아무리 집중하는 것 같아도 독자는 지속적으로 다른 데 정신을 판다. 의식조차 못한 채 책을 읽다 멈추거나, 단락들을 다시 읽거나 앞 페이지로 돌아가거나, 심지어 완전히 다른 곳으로 넘어가기도 한다. 이러한 특징은 책을 읽을 때 꽤 긴 시간이 걸린다는 것을 나타내기도 하지만 독서에 편안한 휴식의 성질이 있다는 것 또한 알 수 있게 해준다.

사람들은 누구나 자기만의 속도와 방식으로 책을 읽는다. 따라서 책을 읽으면서 경험하는 감정을 통제할 수 있다. 공포 소설이 지나치게 무섭다 싶으면 책을 내려놓을 수 있다. 스릴러물의 서스펜스가 과도하면 결말을 읽어버려 궁금증을 해결하고 넘어갈 수도 있다. 게다가 저자뿐 아니라 독자 역시 등장인물을 머릿속에서 창조하기 때문에 악당이 얼마나 무시무시할지, 혹은 주인공을 얼마나 용감하게 만들지 결정할 수 있다. 자신이 사는 거리와 똑같은 거리를 상상으로 만들 수도 있고 원하면 소설 속 액션 장면이 집 가까운 곳에서 일어난다고 여겨도 그만이다. 등장인물의 외모를 내가 아는 사람과 같다고 상정하거나 아예 외계인처럼 낯선 존재라고 생각해도 상관없다. 작가가 경계를 설정하고, 독자는 그 경계 안에서 상당한 창조의 자유를 누린다.

책을 다 읽을 때까지 최소 며칠, 심지어 몇 주가 걸리기도 한다. 나도 소설을 꽤 천천히 읽는 부류라 제프리 유제니디스Jeffrey Eugenides의 『미들섹스』Middlesex의 세계에 몰입한 다음 2년 넘게 소설의 후폭풍을 겪었다. 그 책을 또 읽을 때면 다시 돌아왔다는 포근한 느낌이 든다. 소설을 읽는 나는 전혀 다른 세계에 익숙해진다. 다른 세계에서 사건의 흐름을 따라가며 내 삶의 걱정을 잊는다.

책 읽는 속도를 마음대로 조절할 수 있다는 사실 또한 독서가 휴식이 되는 중요한 요인이다. 빅터 넬은 남아프리카공화국의 책벌레들을 실험실로 불러들여 즐겁게 책을 읽는 이들의 모습을 관찰했다. 창문과 영리하게 배치한 거울의 도움으로 넬은 독자들의 눈이 책의 페이지를 따라 움직이는 것을 관찰했다. 놀랍게도 그는 소설이 흡입력이 있을 때는 눈이 앞으로 내달리는 것이 아니라 가장 즐겁게 읽은 부분들을 음미하기 위해 상당히 느려진다는 것을 발견했다. 지루한 부분이 나오면 눈은 흥미 없는 이야기에 시간을 낭비하지 않고 대충 넘어갔다. 독서의 속도를 높이거나 낮추고, 좋아하는 부분이 나오면 그곳에 머물면서 음미하거나 아니면 재미없는 부분을 건너뛰는 이러한 무의식적인 능력은 독서를 몰입감 있는 경험, 즉 휴식이 되는 경험으로 만드는 데 기여한다.

조용히 독서를 할 때 책장에서 눈으로 보는 목소리들을 머릿속에서 또렷한 내적 발화로 만든다는 증거도 있다. 연구에 따르면 특정 소리를 입으로 내뱉지 않는다 하더라도 독자들은 마치 소리 내어 책을 읽듯 '케이크'cake처럼 모음이 긴 단어는 더 느리게 읽고 '캣'cat처럼 모음이 짧은 것은 더 빨리 읽는다.[9] 한편 책의 일화들이 불러오는 감정은 우리의 정신과 몸에까지 영향을 끼친다. 심장박동과 피부전도성(가령 손가락 끝에 땀이 얼마나 나는가 등)을 측정하고 신경 촬영을 진행하여 이러한 사실을 입증했다. 가령 피험자들이 해리포터 시리즈 중에 공포를 자아내는 부분을 읽을 때는 뇌의 감정이입 네트워크가 강화되는 반응을 보였다.[10] 어떤 의미에서 우리가 읽는 내용은 삶에서 실제로 일어나는 일들처럼 생생하게 체험된다. 소설 속 사건에 대한 몰입도는 이처럼 매우 크다.

책을 읽을 때 독자는 반추하고 곱씹고 앞과 뒤를 살펴본다. 판타지 작가인 필립 풀먼Philip Pullman이 쓴 바대로 "책은 제시하고 독자는 질문을 던지며, 책은 반응하고 독자는 생각한다". 우리는 인성, 과거의 독서 경험, 선입견과 기대, 희망과 공포 등을 읽고 있는 책의 내용에 그대로 이입한다.[11]

책이 자아내는 감정과 느낌이 꼭 일시적이지는 않다. 책에서 받은 느낌은 며칠 동안 머물러 있을 수 있다. 가장 좋아하는 소설들은 대개 책에 대한 기억을 떠올릴 때 읽을 당시 느낀 감정을 다시 호출해준다. 책을 다 읽고 나서 몇 년이 지나더라도. 작가 버지니아 울프는 「어떻게 책을 읽어야 하는가」라는 에세이에서 이렇게 조언했다. "읽은 책의 먼지가 가라앉기를 기다리라. 책에서 본 갈등과 질문들이 점점 잦아들기를 기다리라. 걷거나 말하거나, 장미에서 죽은 꽃잎을 떼어내거나 잠을 자라. 그러면 의도하지 않아도 책은 다시 돌아오되 다른 모습으로 돌아올 것이다. 대자연은 그런 식으로 변화를 시작하기 때문이다. 이렇게 책은 우리 마음속 가장 높은 곳까지 떠올라갈 것이다."[12]

지금까지는 소설 읽기를 주로 논했다. 그러나 많은 사람들이 읽는 것은 비소설이다. 연구 또한 비소설도 소설 못지않은 즐거움과 휴식을 제공한다는 점을 입증한다.[13] 휴식 테스트에서는 사람들에게 읽는 책의 종류를 묻지 않았다. 사람들은 인쇄된 책을 읽을 수도 있고 전자

책을 읽을 수도 있다. 소설, 비소설, 잡지, 신문, 혹은 누가 알겠는가, 연간 보고서를 읽는지 말이다. 독서에서 사실이나 허구를 선택하는 것은 문제가 되지 않는다. 가령 앞에서 언급한 남아프리카공화국 연구에서 소설을 가장 많이 읽은 참가자들은 신문도 가장 많이 읽었다.

개인적으로 나는 침대에서 신문을 즐겨 읽는다. 세상에서 벌어지는 일을 모른다는 것은 내게는 견딜 수 없는 일이다. 내 침대 맡 탁자 옆 바닥에 쌓이고 쌓인 신문은 결국 치우지 않고는 배길 수 없는 지경에 이른다. 그래도 한 달 된 증보판이나 몇 주일 전 뉴스 섹션을 버린다는 것은 가슴 아픈 일이다.

남편은 내 신문더미를 좋아하지 않는다. 내가 쌓아놓은 신문더미를 '쥐 둥지'라 놀리곤 한다. 나는 남편에게 항변한다. 적어도 나는 휴일을 보내러 가면서 몇 달치 신문을 죄다 모아 커다란 천 가방에 싸 짊어지는 내 친구보다는 낫다고 말이다. 친구는 누렇게 바랜 신문을 풀장 옆에서 하나하나 읽은 다음 버린다. 그러고 나서 빈 천 가방을 여행가방 바닥에 납작하게 깔아 넣고 집으로 돌아온다. 녀석은 다음번 신문도 그렇게 챙겨갈 것이다.

물론 신문을 자세히 읽는 일에는 단점이 하나 있다. 신문의 내용은 직시하자면 주로 나쁜 소식들이고 세상을 암울하게 그린다. 사우샘프턴대학교의 부교수 드니스 베이든Denise Baden이 발견한 바에 따르면 부정적인 뉴스는 우리를 슬프고 불안하게 만들 뿐 아니라[14] 실망스럽게도(그리고 더 흥미롭게도) 우울한 문제들을 해결하기 위해 동기 부여를 하기는커녕 오히려 동기를 꺾어놓았다. 사람들은 대개 더 긍정적인 뉴스 기사를 읽고 싶다 말하고, 신문사나 방송사에서도 예로부터 긍정적인 기사를 내고자 노력해왔지만, 실상 현실에서 사람들은 대개 부정적인 소식을 읽고 보기를 선택한다. 말은 긍정적인 소식을 기다린다지만 우리는 스케이트보드를 타는 반려동물 옆에서 지진과 정치 스캔들 소식을 기다리는 꼴이다. 부정적인 기사를 접하는 데서 얻는 긍정적인 면도 있다. 우주에서 지구를 바라보는 일처럼 타인들의 불행은 우리 자신의 어려움을 먼 거리에서 바라보도록 해준다.

타인의 세계에 빠져
자신의 세계와
분리되는 해방감

비소설과 소설은 모두 독자를 타인들의 세계로 데려간다. 타인들의 세계가 너무도 생생해져서 독서 경험과 책의 내용 자체가 한데 얽혀버린다. 휴일에 읽는 책의 배경 장소들은 우리가 그 책을 읽는 장소와 같다는 느낌을 준다.

독서가 노력을 들여야 하는 활동임에도 불구하고 휴식으로 느껴지는 까닭은 독서 덕에 독자가 자신이 사는 세계를 벗어날 수 있기 때문이다. 책을 읽는 동안은 내 문제를 뒤로 제쳐둘 수 있고 몰입하던 생

각 또한 어느 정도는 벗어버릴 수 있다. 작가 로즈 트리메인Rose Tremain
은 자신의 소설이 독자들의 정신 건강에 무어라도 작게나마 기여할
수 있기를 바란다. 트리메인은 이러한 희망을 "독자 여러분은 내 책 중
한 권을 집어 들고 생각한다. 아, 그래. 이제 30분 동안 나는 괜찮아"라
는 구절로써 피력한다.[15]

칙센트미하이는 책 읽기를 통해 유발된 무아지경을 '몰입'이라고
칭했다. 이것을 놀이 독서ludic reading라 부르는 이들도 있다. 'ludic'이
라는 단어는 '나는 논다'라는 뜻의 라틴어 'ludo'에서 유래한 말이다.
남아프리카공화국 연구에서 놀이 독서를 하는 한 피험자는 다음과 같
은 의견을 내놓았다. "나는 태어나고 싶어 태어난 게 아닙니다. 그리
고 (아주 솔직하게 말해서) 내 인생을 100퍼센트 즐긴다고 말할 수는 없어
요. 내가 하루에 몇 시간 정도 '쓰레기'를 읽는 건 그런 이유에서입니
다. 책을 읽으면 내 주변의 걱정거리로부터 도망치고 나 자신의 걱정
과 산만함에서도 탈출할 수 있거든요."

그리고 빅터 넬의 실험에 참가한 사람들 가운데 한 달에 백 권이나
책을 읽는 가정의 구성원은 독서를 가리켜 일종의 도피성 질환이라고
말했다. 삶은 자신을 지나쳐가지만 다른 한편으로 그는 독서를 통해
이 세상에서 도망쳐 더 넓은 세상으로 갈 수 있게 된다는 뜻으로 한 말
이다.

물론 주의를 다른 곳으로 돌리고 싶다고 해서 아무 책이나 그러한
목적을 이루게 해주지는 않는다. 만성 통증에 시달리는 사람들에게

단편소설이나 시를 읽게 한 실험이 있다. 이들에게 고통을 잊을 수 있게 해준 책은 가장 어려우면서도 생각을 자극하는 문학작품이었다. 안톤 체호프와 D. H. 로런스와 레이먼드 카버처럼 흥미진진하면서도 당혹스러운 이야기일수록 피험자들은 더 몰입했고 따라서 통증도 덜 느꼈다.[16]

넬은 놀이 독자들을 두 유형으로 나누었다. 첫 번째 유형은 세상으로부터 탈출하고 싶어서 책을 읽는 사람들, 즉 자신의 삶에서 벌어지는 일에 대한 생각을 모조리 지워버리는 부류였고, 두 번째 유형은 정반대인 사람들, 다시 말해 자신의 의식을 강화하고 싶어하고 그를 통해 타인들의 삶에 관한 책을 읽는 경험을 자신의 삶을 고찰할 수단으로 활용하는 사람들이었다.

책에 몰입해 마음껏 딴생각을 하는 기쁨

독서를 주제로 한 특별한 뇌과학 연구를 소개하고자 한다. 서던캘리포니아대학교의 연구자들은 소프트웨어를 사용해 전 세계 블로그에 올라온 2천만 건 이상의 개인 사연들을 정수만 걸러서 단 40개의 이야기로 축약했다. 40개의 이야기는 본질적인 인간사인 셈이다. 연구자들은 이 이야기들을 읽는 피험자들의 뇌가 어떻게 반응하는지 관찰하고 싶었다. 개개인의 뇌는 동일한 이야기에 얼마나 다르게 반응할까? 대답은 다르지 않았다는 것이다. 영어나 페르시아어나 중국어로 이야기를 읽건, 책의 글자가 무엇이건, 글자를 어떻게 배치했건 그 차이에 상관없이 이야기의 내용이 동일할 경우 뇌의 반응은 두드러지게 유사했다. 특정 이야기를 뇌에서 처리하는 방식이 보편적임을 시사하는 결과다.[17] 더 놀랍게도 뇌 스캔 영상을 보면서 연구자들은 스캐너를 장착하고 누운 개인이 40개 가운데 어떤 이야기를 읽고 있는지 알아맞힐 수 있었다. 뇌가 책을 읽는 동안 스캐너는 뇌를 읽고 있던 셈이다.

이 연구가 중요한 이유는, 책을 읽는 동안의 뇌가 완전히 쉬지도 그렇다고 완전히 집중하지도 않는다는 사실을 밝혔기 때문이다. 독서는 뇌의 수많은 부위를 활성화한다. 아무 생각도 안 하는 것 같지만 사실 생각이 이리저리 떠돌 때 활성화되는 디폴트 모드 네트워크도 여기에 포함된다. 과거에 뇌과학자들은 사람들이 특정 과제를 수행할 때 과제에 본격적으로 집중해야만 이 네트워크가 활성화된다고 생각했다. 그러나 서던캘리포니아대학교의 연구를 비롯한 다른 연구들은 독서 과정 동안 이 네트워크가 이야기에서 의미를 찾고 그 의미를 자신의 과거에 대한 기억과 미래에 관한 생각, 그리고 타인들과의 관계에서 새로 정립하느라 분주하다는 것을 발견했다. 결국 우리는 타인의 세계에 아무리 깊이 몰입한다 해도 어쩔 수 없이 자신과 세계와의 관계라는 렌즈를 통해 그 세계를 볼 수밖에 없다.

프린스턴대학교의 심리학자 다이애나 타미르Diana Tamir의 연구도 이 같은 사실을 뒷받침해준다. 그녀는 사람들에게 스캐너를 장착하고 눕게 한 다음 에드거 라이스 버로스Edgar Rice Burroughs의 『타잔』과 토머스 하디Thomas Hardy의 『더버빌 가의 테스』 같은 소설부터 리베카 스클루트Rebecca Skloot의 『헨리에타 랙스의 불멸의 삶』The Immortal Life of Henrietta Lacks과 패티 포크Patti Polk의 『암석과 보석과 광물 수집하기: 규명과 가치와 세공 용도』Collecting Rocks, Gems, and Minerals에 이르는 비소설까지 온갖 종류의 책에서 발췌한 내용을 읽게 했다. 실험에서 선정한 책들 가운데 일부는 다른 책보다 자극이 더 큰 듯 보이지만, 타미르와 동료들은 피험자들이 읽는 내용에 따라 뇌의 다양한 부위가 자극을 받긴 했어도 어떤 책을 읽건 내용에 상관없이 디폴트 모드 네트워크는 활성화된다는 것을 발견했다.[18] 인정하고 싶지 않아도 인정해야 할 분명한 사실이 있다. 대부분의 사람들이 흥미 없어 하는, 광물과 보석과 퇴적암에 관한 내용을 읽을 때조차도 우리는 여전히 우리의 경험과 사고의 세계를 읽는 행위 안으로 끌고 들어가는 것이다.

독서의 기쁨 가운데 하나는 내 앞에 있는 책에 늘 엄밀한 관심을 기울이는 것은 아니라는 사실에서 비롯된다. 심리학자들은 이러한 독서를 무념무상의 독서mindless reading라 부른다. 여러분도 용어는 몰라도 개념은 익숙할 것이다. 책의 페이지를 응시하고는 있지만 책을 읽는 것이 아니라 딴생각을 하는 자신을 얼마나 자주 발견하는가? 그리고 몇 페이지나 책을 읽었는데도, 이번 여름에 정원을 어떻게 할지 혹은 휴일에 어디로 갈지 생각하느라 읽은 쪽의 단어를 하나도 기억 못한 경험이 얼마나 되는가?

독서는 잡념을 촉진하고 공상을 향한 완벽한 도약대를 제공한다. 우리는 독서를 통한 잡념의 자극을 받아 현재 있는 환경에서 멀리 벗어나 다른 어딘가로 날아간다. 그곳이 꼭 이야기 속 장소일 필요는 없다. 자신의 기억 속에 깃든 특별한 장소나 아니면 아예 한 번도 가보지 못한 곳일 수도 있다. 물론 다른 사람의 머릿속에서 진행되는 일을 알기란 어렵다. 그러나 무념무상의 독서를 대상으로 한 연구는 대부분의 사람들이 동일한 방식으로 생각한다는 점을 암시한다.

흥미진진하게도 일부 연구자들은 쉬운 읽을거리를 대할 때는 읽는 사람의 눈이 페이지의 줄을 따라 움직여도 머리는 딴 곳에 가 있다는 것을 발견했다. 어려운 내용을 읽을 때도 잡념이 발생한다는 것을 발견한 연구들도 있다.[19] 어려운 내용이건 쉬운 내용이건 무념무상의 독서 과정이 발생한다는 것을 과학자들에게 드러내는, 숨길 수 없는 징후들이 있다. 우선 더 자주 눈을 깜박인다. 그리고 두 번째는 셜록 홈스의 작품을 포함한 실험에서 유래한 징후다. 딱 어울린다. 심리학자 조너선 스몰우드는 피험자들에게 코넌 도일의 소설 『붉은 머리 연맹』The Red-Headed League을 읽게 했다. 실험 결과 피험자들은 소설에 집중할 때는 길고 낯선 단어를 만나면 약간 속도가 느려졌지만, 생각이 딴 데가 있을 때는 마음 편하게 어려운 단어들을 지나쳐버렸다.[20]

공상과 잡념을 다룬 앞의 장에서 살펴본 소설가이자 심리학자인 찰스 퍼니호는 책을 쓰고 읽는 일을 좋아한다. 그는 자신이 매우 산만한 독자라는 점을 인정한다. 그러나 산만함이야말로 자신이 책 읽기를 그토록 즐기는 이유라고 말한다. 그는 독서 중간에 집중을 깨는 순간의 특별한 어떤 것이 잡념, 다시 말해 사유의 자유로운 방황을 허용하는 휴식으로 가는 직항로 같은 게 아닌가 생각한다. 독서는 정말 사유의 방랑을 돕는 지름길일까?

여러분은 책을 쓰는 저자들이 자신이 그토록 많은 시간을 쏟아 써낸 문장에 독자들이 집중해주기를 바랄 거라고 생각할 수도 있겠다. 그러나 버지니아 울프 같은 일부 작가들은 독자들이 자유롭게 방랑해도 아무런 불만이 없다. 그녀는 책을 읽는 동안 생각의 자유로운 방랑을 허용해야 독자가 창의력을 발휘할 수 있다고 썼다. "책장의 오른쪽에 창문이 열려 있는가? 책 읽기를 멈추고 창밖을 내다본다면 얼마나 즐거울까! 무의식적이고 무의미하며 끊임없이 움직이는 창밖 풍경은 얼마나 활기를 줄까! 들판을 뛰어다니는 수망아지, 우물가에서 양동이를 채우는 아낙네, 머리를 뒤로 젖힌 채 길고 매캐하게 울어대는 당나귀."

이로써 우리는 책 읽는 시간이 휴식이 되는 두 가지 방법을 알게 된다. 때로 독서는 주의를 다른 곳으로 돌려 걱정에서 벗어나게 해준다. 뿐만 아니라 정반대의 기능도 한다. 독서는 우리가 자신의 세계로부터 멀리 벗어나지 않도록, 잡념에 빠진 가운데서도 자신의 삶을 곰곰이 생각하도록 해준다. 독서가 주는 휴식의 중심부에는 갈등이 존재한다. 이러한 갈등은 우리의 주의를 딴 데로 돌리면서도 한편으로는 우리가 자신과 정면으로 마주보게 하여 과거나 미래로 시간 여행을 떠나게 만든다. 우리는 독서가 제공하는 이러한 갈등을 자각을 막을 때도, 또한 자각을 향상시킬 때도 활용할 수 있다.

이 책에서 다루는 휴식 활동들을 통해 우리는 마음의 잡동사니를 치우고 머리를 깨끗이 비워 지금 이 순간에 현존하려 한다. 머리가 어수선하게 차 있다 해도 역시 괜찮다. 새로운 생각을 보태는 것, 다른 사람들의 이야기와 세상을 바라보는 다른 사람들의 관점을 보태는 것 역시 휴식 효과를 낼 수 있다.

그리고 책 읽기에는 세 번째 중요한 측면이 존재한다. 독서가 진정한 휴식을 얻도록 해줄 수 있는 바로 그 이유다.

좋은 책은 최고의 휴식 친구

세계인이 최고의 휴식으로 꼽은 상위 다섯 개는 대체로 혼자서 하는 활동이다. 많은 이들에게 타인에게서 벗어나는 것이 휴식의 중요한 요소라는 뜻이다. 그런데 책 읽기야말로 혼자 하는 활동이라는 점에 더해 보다 특별한 것이 있다. 독서는 타인을 피하는 동시에 친구를 제공해준다는 점이다. 독서가 제공하는 친구는 실제 세계의 사람들보다 더 흥미롭고 휴식이 될 수 있는 친구, 원할 때는 아무 해명 없이 제쳐둘 수 있는 친구다. 이런 종류의 우정은 너무도 강력하여 고립이 초래하는 쓸쓸함으로부터도 보호해준다.

혼자 있기를 다룬 앞의 장에서 "혼자 있을 때 누구와 함께 있기를 원하는가"라는 질문을 제기한 적이 있다. 이 질문에 때때로 '책의 등장인물'이라는 답이 나왔다. 미국이 낳은 위대한 소설가 존 스타인벡 John Steinbeck은 이렇게 말했다. "우리는 외롭지 않기 위해 평생을 애쓴다. 옛날부터 내려오는 고독 방지법 가운데 하나는 이야기를 해주는 것, 그래서 듣는 사람이 다음과 같이 말하도록, 그리고 느끼도록 하는 것이다. '그래, 그런 거지. 아니면 최소한 그렇게 내가 느끼는 거지. 난 생각처럼 혼자는 아니야'라고 말이다."21

오랜 세월 노인 환자들을 돌본 미국의 두 간호학 교수들은 책 읽기를 즐기는 노인들이 쓸쓸해하지 않는다는 데 주목했다. 책 속의 등장인물들은 노인들의 친구였다. 환자 중 한 명은 심장병이 있는 86세 여성이었는데 병 때문에 집을 떠날 수가 없었다. 혼자서 집 안에만 있어야 하는데 어떤 느낌이 드느냐는 간호사들의 질문에 할머니는 책을 가리키며 대답했다. "외롭지 않습니다. 바로 내 옆에 세상 전체가 있잖아요."22 이 교수들의 후속 연구 결과 다른 노인들도 이 말에 동의하는 것으로 나타났다. 신문이건 책이건 독서를 가장 많이 하는 사람들은 평균적으로 쓸쓸함을 적게 느꼈다.

　수많은 연구의 주제는 소설 읽기가 독자의 공감 수준을 어떻게 높이는지, 심지어 타인들이 사유하는 세계로 가본 여정 덕분에 독자가 더 나은 사람이 되는지에 관한 것들이다. 오늘날에는 18세기와 달리 독서를 가치 있는 일로 간주하지만 내 생각에 독서의 휴식 조력자 역할은 간과된 것 같다. 질문을 던져보자. 휴식을 목적으로 무언가를 읽고 싶다면 어떤 책 혹은 읽을거리를 읽는지가 중요한 문제일까?

독서치료가
효과적인
이유

　때로 사람들은 마음을 치유해주는 효과가 있는 책을 고른다. 공식적으로 독서요법bibliotherapy이라고 알려진 방법이다. 독서요법이라는 낱말은 광범위하게 쓰여, 실연의 아픔을 가라앉히기 위해 『제인 에어』를 읽는 일부터 불안이나 우울증을 극복하는 방법을 담은 실용 매뉴얼을 읽는 일까지 무엇이건 의미할 수 있다. 소설 처방은 유명한데다 효력도 좋겠지만, 오히려 효과가 있다고 체계적인 검증을 거친 것은 매뉴얼 독서요법이다.

　휴식을 원할 때 어떤 종류의 책을 읽어야 하는지 밝힌 연구를 통해 무엇을 알아낼 수 있을까? 자신들이 읽는 책들 가운데 절반은 국어 교사가 쓰레기로 여길 만한 것들이라고 했던 놀이 독서 애호가들의 말을 기억할 것이다. 그렇다면 국어 선생님에게 깊은 인상을 남길 만한 책을 읽으려 노력해야 하나? 아니면 그럴 필요 따위는 없는 것일까?

여러분이 선택하는 책은 결국 개인 취향이지만, 핵심은, 칙센트미하이가 말한 몰입 상태에 빠지게 할 책이라면 무엇이건 좋다는 것이다. 몰입은 모든 것을 빨아들여 시간이 흐른다는 사실조차 감지하지 못할 정도의 상태다. 책이 재미있어서 시간이 빨리 가는 것 같은 느낌 정도가 아니다. 몰입이란 마치 시간 외부에서 벌어지는 무엇인가를 체험하는 듯한 느낌이다. 칙센트미하이의 최적 경험 이론Theory of Optimal Experience에 따르면 자신에게 더없이 맞는 활동을 할 때는 다른 어떤 것도 중요하지 않다. 물론 여기에는 노력이 필요하지만 노력이란 어차피 당사자의 역량이므로 몰입은 무엇이건 어떤 수준에서 이루어지건 곧바로 만족감과 보람을 안겨준다.

일부 사람들에게는 독서야말로 몰입의 조건을 충족하는 활동이다. 칙센트미하이 역시 사람들을 몰입 상태로 몰아넣는 것들 가운데 독서가 가장 인기 있는 활동이라는 것을 발견했다.[23] 여기서 다시 질문해보자. 노력을 기울인다면 얼마나 기울여야 할까? 최대한 과장 없이 말하는 것이 좋겠지만, 몰입을 일으키는 다른 활동들과 비교해 생각해보자. 가령 정원 일이나 그림 그리기, 아니면 고된 노력이 수반되는 암벽 등반을 예로 들어보자. 이런 활동을 하는 사람들은 분명 상당

한 노력을 기울이지만 노력을 기울인 만큼 최적의 경험을 했다고 보고한다.[24]

이런 이유에서 나는 휴식을 원할 때 읽는 책이 쉬워야 한다는 관념은 틀린 것이라 생각한다. 사람들은 모름지기 휴일에는 로맨스 혹은 무협 소설을 읽는 법이라고 말한다. 그러나 내 생각에 이런 책들이야말로 휴일에 읽지 말아야 할 유형이다. 평소 자기 전에만 책을 읽는 사람이라면 어려운 책을 잡으면 고작 몇 페이지만 집중해 읽다가 지쳐잠이 들 수 있다. 반면 휴일에는 깨어 있는 낮 동안에도 여러 시간을 집중적으로 책 읽기에 할애할 수 있다. 좀 더 어렵고 복잡한 활동에 깊이 몰입할 수 있는 드문 기회인 것이다. 노력하면 할수록 몰입 상태에 빠질 확률이 높아지고 휴식한다는 느낌을 갖게 될 가능성도 높아진다.

풀장 옆 선베드에 누워 스티븐 호킹의 『시간의 역사』A Brief History of Time나 제임스 조이스의 『율리시스』Ulysses나 프루스트의 『잃어버린 시간을 찾아서』À La Recherche du Temps Perdu와 씨름하는 일은 궁극적으로 휴식이라는 목적지로 가는 길일 수 있다. 한 번 도전해보는 게 어떨까!

사람들이 책을 골라 읽는 방법 또한 갖가지다. 한 번에 한 권씩 책을 고른 다음 그 책을 다 읽을 때까지 시간을 쓰는 사람도 있고, 고른 책들마다 읽다가 침대 옆에 쌓아두고 먼지가 쌓일 때까지 내버려두고는 다른 책을 골라 보다 한 번에 열두 권씩 펼쳐놓고 일부는 다 보지도 못하고 중단하는 사람도 있다. 여러분이 한 번에 여러 권을 읽는 유형이라면(내가 그렇다. 내 침대 옆에는 신문더미뿐 아니라 책더미도 그득하다), 그리고 줄거리를 기억하고 있다면, 아무 때나 책을 들어 특정 시간대의 기분에 정확히 들어맞거나 때로는 기분과 정반대인 책을 고를 선택권은 여러분 자신에게 있다.

연구가 밝힌 바에 따르면, 비참한 기분에 빠진 사람들은 기분을 나아지도록 하고 싶어 희망적인 내용의 책을 고르지만 기분이 좋은 사람들은 또 좋은 기분을 망치고 싶어하지 않는 경향이 있다.[25] 언뜻 보면 결국 기분 좋은 책은 누구나 좋아한다는 점을 시사하는 듯하다. 기분을 좋게 만들기 위함이건 좋은 기분을 유지하기 위함이건 사람들은 대개 기분이 좋아지는 책을 고르려 한다는 뜻이니까. 물론 실생활에서 이런 일이 벌어지지 않는다는 사실쯤은 누구나 안다. 불행과 폭력으로 점철된 스릴러물은 꾸준히 인기를 끌고 있고, 사람들은 슬픈 영화처럼 슬픈 내용의 책도 좋아한다. 맥스 포터Max Porter의 시적인 소설 『슬픔에는 깃털이 있다』Grief Is the Thing with Feathers가 거둔 성공을 보라. 아주 복잡하면서도 가슴이 미어질 만큼 슬픈 소설이다.

스포일러
주의

일부 사람들은 결말을 미리 알 때 소설이 훨씬 더 편안하게 느껴진다고 생각한다. 여러분도 스포일러가 싫다고 생각할 수 있지만 희한하게도 스포일러는 책을 읽을 때 이해력을 높여준다. 뿐만 아니라 사람들은 대체로 무슨 일이 벌어질지 미리 알 때 오히려 책이 더 재미있다고 전한다. 하지만 스포일러에 대한 대부분의 연구는 단편소설을 대상으로 한 것들이다. 사람들은 단편을 읽을 때 장편보다 노력을 적게 들이므로, 나는 스포일러를 신경 쓰지 않는다는 사람들의 말을 전적으로 믿지는 않는다.

일부러 소설의 마지막 페이지를 읽은 다음 처음부터 읽어가면서 클라이맥스에 다다를 때까지 이야기가 전개되는 방식을 즐기는 사람들도 있고, 많은 이들은 좋아하는 소설을 다시 읽는 일을 아주 즐긴다. 줄거리와 분위기와 등장인물이 친숙한데도 마다하지 않고 읽은 책을 또 읽는 것이다.

그러나 책에서 벌어질 일을 미리 아는 것을 도저히 견딜 수 없어하는 독자도 있다. 아주 극단적인 사례도 있다. 러시아의 한 공학자는 남극의 연구기지에서 함께 일하며 길고 어두운 겨울을 견뎌냈던 동료를 찔러 기소당했다. 기지에 있던 유일한 책의 결말을 동료가 계속해서 미리 누설했던 것이 범죄 동기라고 주장한 보도가 있었는데, 물론 현재로서는 그러한 주장을 확실한 사실이라고 믿기 어렵다. 이를 반박한 보도도 있었다. 하지만 이 기사가 개연성이 있다고 느껴진다는 사실만으로도 우리가 얼마나 간절하게 결말을 모르고 싶어하는지, 결말에 다다를 때까지는 얼마나 스포일러를 피하고 싶어하는지 알 수 있다.

결국 스포일러를 원하거나 말거나도 읽는 문학의 유형에 달려 있다. 셰익스피어의 『로미오와 줄리엣』의 경우는, 남녀 주인공이 둘 다 죽는다(스포일러다!)는 것을 알아도 독자는 이 작품을 읽을 때마다 너무 늦기 전에 두 주인공이 죽지 않도록 누군가 개입해주기를 간절히 바라게 된다. 반면 추리소설에서 결말까지 가기도 전에 살인범이 누구인지 알게 되는 것은 또 다른 문제다. 게다가 셰익스피어의 희곡을 읽을 때는 줄거리가 작품을 감상하는 유일한 이유가 아니다. 작가가 구사하는 언어 표현의 아름다움과 등장인물들의 복잡다단한 심리도 즐거움을 안기는 큰 요소이다.

물론 일부 소설은 결말을 먼저 제시하고 결말까지 가는 과정을 독자들이 추적할 수 있도록 줄거리를 구성하기도 한다. 이런 경우도 책을 미리 읽지 않았다면 결말이 차차 밝혀지는 과정 자체가 즐거운 것이다. 단순히 즐거움을 위해 소설을 읽는 사람들일수록 스포일러를 원치 않는다. 반면 책 속에 담긴 사상과 감정에 빠져드는 데서 즐거움을 느끼는 사람들은 줄거리를 알아도 별로 신경 쓰지 않았다는 실험 결과가 있다.[26]

남아프리카공화국의 책벌레들 가운데 일부는 같은 책을 또 읽는 일은 결말을 안다 해도 처음 읽을 때보다 훨씬 더 즐겁다고 했다. 그 가운데 한 사람은 진정으로 재미있는 책이 하도 없어서 자신이 가장 즐겨 읽는 책들은 가능한 한 빨리 읽는다고 했다. 줄거리를 얼른 읽고 잊어버린 다음 두 번 세 번 열 번이라도 다시 읽으면서 재미를 만끽하고 싶은 희망 때문이라고 한다.

낭독회와
오디오북은
훌륭한 대안

이야기를 마치기 전에 다른 사람이 책을 읽어주는 문제를 다시 논하고 싶다.

누군가 내게 책을 읽어준다는 것은 아주 특별한 경험이다. 오래전 나는 옥스퍼드의 저소득 지역에서 열리는 행사에 방문했다. 행사에서는 어린 아기에게 큰 소리로 책을 읽어주라고 어머니들을 독려했다. 처음에 어머니들은 이러한 권고에 회의적이었다. 아기가 말을 할 수 있을 때까지는 책을 읽어줘봤자 이해를 못하기 때문에 아무 의미 없다고 생각한 것이다. 그러나 곧 어머니들은 아기들이 어머니의 주의와 관심을 얼마나 좋아하는지, 어머니의 말소리를 듣는 것이 얼마나 아기의 마음을 가라앉혀주는지 알게 되었다. 3개월짜리 영아에게 책을 읽어주면 아이가 책을 보면서 시간을 보내는 일에 익숙해지므로 훗날 글자를 읽고 쓰는 아이의 능력이 향상된다는 훌륭한 증거들이 있다.[27]

요즘은 아이여야만 다른 사람이 책을 읽어주는 경험을 하는 것은 아니다. '독서 체험 나누기'라는 모임이 유행하고 있다. 독서클럽과 비슷하지만 구성원들이 미리 책을 읽고 모이는 것이 아니라, 한 사람이 책을 크게 읽어주고 나머지 사람들이 귀를 기울여 듣는 모임이다. 매

순간 독서 경험을 공유하는 셈이다. 어떤 면에서는 연극이나 영화를 보러 가는 것과 같다. 대부분의 모임에서는 노련한 경험자나 모임 진행자가 소리 내어 책을 읽는다. 구성원들이 돌아가며 차례로 읽는 경우도 있다.

학교 시절 국어 시간이 생각난다. 당시 학생들은 『올리버 트위스트』와 『맥베스』 같은 책들을 돌아가면서 한 단락씩 읽었다. 자기 차례가 된 학생들은 누구나 극히 단조로운 어조로 주어진 단락을 읽어 내려갔다. 나름의 표현력을 발휘해 읽어 바보 같아 보일 위험을 감수하기 싫었으니까. 하지만 독서 체험 공유 모임은 학창 시절의 소리 내어 읽기와는 분위기가 다른 것 같다.

내 생각에 다른 사람이 책을 읽어주는 일은 좀 지나치다 싶게 편안한 휴식이다. 이 책 내내 잠 이야기를 너무 많이 하지 않으려 애써왔지만, 이번만큼은 안 되겠다. 나로서는 남이 책을 읽어주는 소리를 듣다 보면 휴식이 되다 못해 아예 잠이 온다. 남편이 침대에서 책을 읽어준 지가 여러 해다. 처음에 배낭여행도 다니고 시간이 더 많았을 때는 나도 남편에게 책을 읽어주곤 했다. 그러나 요즘에는 늘 남편이 책을 읽어준다. 책을 읽어주지 않으면 잠이 들 때까지 너무 오래 걸리기 때문이다. 그런데 그가 책을 읽어주기만 하면 바로 잠이 든다. 남편이 내 머릿속 스위치를 끄는 느낌이다. 남편 말로는 책을 한 페이지도 채 읽기 전에 내가 깊이 잠들어버린다고 한다.

'온갖 목소리 연기를 해가며' 책을 읽는데도 잠이 드는 나를 남편은 믿을 수 없어한다. 하지만 어쩔 수 없다. 나는 정말 잠이 들고 만다. 그다음 날 밤, 내가 잠들어서 듣지 못한 부분부터 다시 읽는 게 남편의 일이다. 조지 엘리엇George Elliot의 『미들마치』Middlemarch부터 그레이엄 그린Graham Greene의 『조용한 미국인』The Quiet American까지, 최근에는 트레이시 손Tracey Thorn의 허트포드셔 성장 회고록인 『다른 행성』Another Planet에 이르기까지 이런 식으로 '읽은' 책이 수십 권에 달한다. 다른 사람이 책을 읽어주면 무슨 조화인지 날뛰는 생각이 착 가라앉아 잠이 든다. 남편은 내가 잠에 빠진 다음에도 조금 더 책을 읽어야 한다. 그렇지 않으면 다시 깨기 때문이다. 어쨌거나 다른 사람이 읽어주는 책은 마치 마법의 묘약을 귀에 들이부은 것 같은 효과를 낸다.

책 읽어주는 서비스를 받기 위해 테크놀로지로 향하는 사람들도 있다. 요즘은 오디오북이 인기를 끌고 있으며, 수면 앱도 잠을 유발하도록 설계한 이야기를 제공한다. 들으면 마음이 차분히 가라앉는 이야기들이라 흥미로운 부분은 대부분 첫머리에 오도록 특별히 구성해놓았다. 녹음된 목소리는 부드러운 어조로 천천히 내용을 읽어준다. 모든 것은 흔들림 없이 차분하게 유지된다. 목소리를 꾸며내는 일은 없다. 이런 수면 앱은 수십만 건의 다운로드 횟수를 기록한다. 일부 저자들은 독자의 마음을 사로잡을 아이디어로 글을 쓰는 것보다 독자들을 잠에 빠뜨릴 소설을 쓰는 편이 더 돈벌이가 된다고 생각한다.

책을 스스로에게 읽어주거나 아니면 읽어줄 사람 혹은 기술을 구해보자. 생각을 하면서 읽건 아무 생각 없이 읽건 그건 자신에게 달려 있다. 독서는 잡념의 성격을 바꾸어 휴식을 준다. 독서는 무엇이 잘못되었는지 되풀이해 반추하는 사고 패턴을 피하게 해준다. 독서하는 동안 잡념에 빠지더라도 최소한 그 잡념은 참신한 사유의 기반이 된다. 쉬고 싶지만 쓸쓸하고 싶지 않다면 소설이야말로 제격이다.

그래도 독서를 늘려야겠다는 확신이 들지 않는다면, 여러분이 들어보지 못했을 독서의 장점을 하나 더 소개하겠다. 3천여 명 이상의 사람들에게 일주일 동안 책이나 잡지나 신문을 읽는 데 시간을 얼마나 들이는지 물어보았다. 책을 한 권도 읽지 않은 사람이 41퍼센트였다. 열심히 책을 읽은 사람들도 있었다. 이들을 10년간 추적했다. 추적하는 동안 4분의 1 이상의 사람들이 사망했다.

자, 이제 책벌레들이 기뻐할 만한 희소식. 책을 읽은 사람들은 신문과 잡지만 읽은 사람들보다 평균 2년 가까이 오래 살았다. 건강과 재정 상태와 교육 수준을 연구 시작 당시 모두 고려해 넣었지만 결과는 같았다.[28] 독서처럼 가만히 앉아서 하는 정적인 활동이 건강에 이토록 긍정적 영향을 끼치다니 놀랍다. 책 읽기는 역시 우리가 아는 것 이상으로 특별한 휴식법인 모양이다.

휴식을 위한 최고의 처방

지금쯤이면 여러분에게 휴식이 중요하다는 확신을 드렸기를 바란다. 우리는 좀 더 진지한 태도로 휴식을 생각해야 한다. 수면이 호사가 아니듯 휴식 또한 호사가 아니다. 의미 있게 살고 싶다면 휴식은 필수다.

가장 좋은 휴식법은 무엇보다 자신이 좋아하는 것과 선택에 좌우된다. 그러나 참고가 될 만한 지침이 있다면 선택에 도움을 줄 수 있다. 이제껏 살펴본 수많은 과학 연구 결과를 참고하여, 양질의 휴식 기회를 최대한 늘리는 방법을 단계별 지침으로 만들었다. 아래 소개한다.

1) 충분한 휴식을 취하고 있는지 확인하자

수면 부족인지 알아보기 위해 매일 밤 잔 시간을 적어두듯, 하루에 몇 시간이나 쉬는지 확인하는 작업을 시작해야 한다.

어제를 생각해보자. 몸과 마음의 배터리를 재충전할 시간을 충분히 들었는가? 하던 일을 멈추고 생각할 여유가 있었는가? 뭔가를 그냥 하는 게 아니라 생각을 할 기회가 있었는가? 아예 생각조차 안 하는 시간, 머리의 스위치를 꺼버릴 시간이 있었는가?

휴식 테스트에서 행복 점수가 가장 높았던 사람들은 하루에 5~6 시간 휴식을 취한 이들이었다. 꽤 긴 시간 같아서 그렇게 쉴 방법은 도대체 없다고 생각할 수도 있겠지만 실상 여러분이 취하는 휴식 시간은 생각보다 많을 수 있다.

시간 활용 조사 결과에 따르면, 영국인들의 일간 휴식 시간은 꽤 길다. 여섯 시간 하고도 9분을 여가 활동에 쓴다.[1] 물론 평균 시간이고 일부 사람들, 특히 어린 아이의 부모나 가족을 돌보는 이들은 분명 이보다 훨씬 더 적게 쓴다. 또 한 가지 기억해야 할 점은 이 수치가 일주일의 평균치라는 것이다. 따라서 조사에 참여한 사람들 가운데 일부는 주중 저녁에 한두 시간밖에 쉬지 못하더라도 주말에는 자유 시간이 많을 수 있다.

휴식 시간이 많을수록 다 좋은 것은 아니다. 휴식 테스트에서 하루에 쉬는 시간이 전혀 없다고 말한 사람들은 그보다 오래 쉰다고 말하는 사람들에 비해 행복 점수가 월등히 낮았는데, 하루 6시간 이상 휴식을 취하는 이들의 행복 점수도 떨어지긴 매한가지였다. 이들은 병이나 실업 때문에 어쩔 수 없이 쉬어야 했던 경험이 있는 사람들일 수 있다. 다른 연구 결과 또한 이러한 추측에 부합한다. 장기 병가를 낸 사람들이 가장 여가 시간을 즐기지 못했다. 반면 시간이 거의 없을 때 한

가지 이점이 있다면 일단 여가 시간이 생기면 그 시간을 더 만끽한다는 점이다.[2] 우리가 진행한 휴식 테스트 결과를 반영하는 또 하나의 결과가 있다. 시간 활용을 연구하는 조너선 거셔니는 여가 활동의 즐거움이 최고점까지 상승한 것은 자유 시간이 늘어날 때지만, 지나치게 많은 휴식 시간은 오히려 즐거움을 다시 떨어뜨린다는 것을 발견했다.[3]

하루 다섯 시간이라는 최적의 휴식 시간이 도달 불가능하게 보이더라도 염려는 금물이다. 바쁜 스케줄에서 휴식 시간을 빼오는 방법은 생각보다 많다. 물론 다섯 시간이라는 휴식 시간을 아무것도 안 하는 시간으로 따로 빼야 한다는 뜻이 아니다. 식사를 준비하거나 주말에 달리는 일을 휴식으로 즐기는 사람들도 있을 테니 이들은 이 시간들을 휴식 시간 범주에 넣을 것이다.

휴식 시간의 엄밀한 수치에 지나치게 매몰되어서는 안 된다. 자신이 충분한 휴식을 취하고 있다고 느낀다면 휴식 시간이 설사 하루 다섯 시간보다 훨씬 적다 해도 바로 그것이 적정량이다.

2) 올바른 휴식거리를 선택하자

최고 수준의 휴식을 누리려면 삶에서 편안하다는 느낌을 갖는 데 가장 도움이 되는 요소가 무엇인지 생각해내야 한다. 내가 이 책에서 다룬 휴식 활동들은 적절한 휴식거리를 찾기 위한 재료를 제공한다.

- 남들과 떨어져 있기
- 몸과 마음 쉬기
- 몸을 써서 마음 쉬기
- 걱정을 피해 딴생각하기
- 잡념 허용하기
- 무언가 성취하지 않아도 된다고 생각하기

휴식에 쓸 위의 재료들 가운데 여러분에게 특히 매력적으로 다가오는 재료가 있을 것이다. 휴식이라는 맛난 음식을 요리하는 완벽한 방법을 고안하기 위해 자신에게 가치 있는 방법과 없는 방법을 고민해보자. 가능한 한 많은 재료를 선택해보자. 가령 운동을 휴식이라고 생각한 사람들은 15퍼센트에 불과했지만 이 소수의 사람들에게 운동은 꼭 필요한 재료다.

휴식 재료를 선택한 다음 단계는 재료가 되는 활동들을 어떻게 조합해야 자신만의 휴식 레시피를 만들 수 있는지 생각해보는 것이다. 여러분이 만드는 휴식이라는 요리는 다른 사람들이 선택한 상위 10위권 활동에 포함된 것이 아닐 수도 있다. 그건 중요하지 않다.

미국에서 연구자들이 내린 결론은 학생들이 주말을 휴식 시간이라고 생각하는 핵심적인 이유는 자기 시간을 마음대로 통제할 수 있다고 느끼는 유일한 때가 토요일과 일요일이기 때문이다.[4] 학생들은 공부를 해야 하는 것만 아니라면 주말에 무엇을 하는지는 중요하게 여기지 않았다. 공부가 아닌 다른 활동으로 꽉 차 있어도 이들은 그날을 휴일로 여겼다. 요점은 이들이 하고 싶은 것을 한다는 것, '휴식이라는 느낌이 드는 활동'을 한다는 것이다. 의미심장한 결과다. 앞의 장들에서 살펴보았듯이 휴식의 범주에 드는 활동은 매우 다양하다. 학생들이 휴식한다는 느낌을 갖는 핵심은 이들이 여러 활동을 조합해 거기에 몰입했다는 것이다. 활동 중에는 긴장을 직접 풀어주는 것도 있고, 공부에서 심리적인 거리를 둘 정도로만 신경을 딴 데 쏟도록 해주는 것도 있다.

중요한 것은 특정 활동이 왜 자신에게 휴식이 되거나 되지 않는지 생각해볼 시간을 갖는 것이다. 지치고 기운이 소진되었다고 느낄 때 에너지를 가장 많이 회복해줄 수 있는 활동은 무엇인가? 짐이라고 여기는 생각과 타인들의 요구 모두로부터 진정으로 자유로울 수 있게 해주는 활동은 무엇인가? 죄책감을 느끼지 않고, 타인들이 자신을 재단한다는 부담감 없이 하던 일의 속도를 늦추거나 아예 멈추게 해주는 활동은 무엇인가?

타이밍을 고려하는 일도 중요하다. 휴식 활동은 각각 상황마다 다른 효과를 내기 때문이다. 몸이 지쳐 있는 상태라면 텔레비전 앞에 털썩 주저앉는 편이 휴식이 된다. 하지만 일과 근심으로 마음이 지친 상태라면 밖에 나가서 산책을 하는 것이 기분 전환에 더 좋을 수 있다.

3) 스스로에게 휴식을 허하자

자신에게 맞는 이상적인 휴식 재료를 선택했고, 휴식을 실천에 옮길 시간을 마련했다면 이제 다음 단계로 넘어가야 한다. 스스로에게 휴식을 허하는 것이다.

여러분은 얼마나 자주 자신에게 휴식을 허락하지 않고 피곤한데도 일을 하라고 몰아붙이는가? 또 한 가지 기억해야 할 점은 아침 일찍 일어난다고 도덕적으로 더 바람직하지는 않다는 것이다. 아침 일찍 일어나는 것이 자신에게 맞을 수도 있고 아닐 수도 있다. 하루를 휴식으로 시작할 수 있도록 조율 가능하다면 늦잠이라고 알려진 그것, 해도 좋다.

4) 스트레스를 받고 있다면 가장 좋아하는 휴식 활동 15분을 스스로에게 처방하자

시간에 쫓기는 상황에 신속하게 영향을 끼칠 활동이 있는가? 걱정에서 벗어나 마음을 가라앉힐 활동 말이다. 그 활동은 마음챙김 명상일 수도 있고 음악 듣기나 책 읽기일수도 있다. 휴식 테스트 상위 10위권에 없을 수도 있다.

과거에 나는 주중에 점심을 먹고 나면 15분간 정원에서 빈둥거리며 시간을 보냈다. 바로 일을 다시 해야 하는 상황인데도 그렇게 했다.

그 15분 때문에 죄책감이 들었다. 하지만 휴식을 연구한 뒤로, 나는 작은 내 온실이나 꽃밭에서 보내는 그만큼의 시간을 내 행복감을 높이는 시간으로 재규정했다. 이제 나는 정신 건강을 위해 15분간의 정원 일을 '처방'하며, 그 때문에 분명히 더 행복해졌다. 책상 앞으로 다시 돌아가도 그 휴식 덕에 집중력이 향상되어 일에 심혈을 기울일 수 있다.

5) 미처 의식하지 못할 때도 휴식을 취하고 있는지 살피자

우리는 대부분 바쁘다. 정말 바쁘다. 따라서 실제로 휴식을 취하는 시간만큼은 자신이 휴식을 취한다는 것을 꼭 의식해야 한다.

앞에서 언급한 시간 활용 연구들은 우리가 생각보다 더 많은 휴식을 취한다는 점을 시사한다. 따라서 휴식에 대한 의식을 높이는 첫 단계는 여분의 시간을 소중히 여기도록 의식적으로 노력하는 것이다. 쉰다는 것을 의식할 때 비로소 제대로 휴식을 만끽할 수 있다.

목표를 갖고 의식적으로 쉬도록 노력하자. 그렇다. 원한다면 빈둥거리자. 딱히 아무것도 안 하는 시간을 마음껏 보내자. 동시에 그 빈둥거림과 무위의 편안하고 흡족한 성질을 귀하게 여기자. 그 시간에 주목하고 그 시간을 가치 있게 생각하자. 소중한 휴식의 순간들이 그냥 지나가도록 방치하지 말자.

6) 낭비하는 시간을 휴식 시간으로 다시 규정하자

시간에 쫓기고 있다면 예기치 않은 휴식의 기회를 활용할 수 있다. '아무것도 안 하기'를 다룬 장에서 살펴보았던 연구를 떠올려보자. 전혀 할 일 없이 방에 갇힌 사람들 가운데 일부가 스스로에게 전기 충격을 가해 지루함을 완화해보려고 했던 연구 말이다. 상황이 달랐다면 이들은 잠시라도 쉴 수 있는 기회를 즐거워했을 것이다. 그러나 휴식을 강요당했다는 이유로 이들은 자신에게 주어진 시간을 휴식으로 여기지 못했다. 원치 않게 아무것도 하지 못하는 시간은 고문으로 느껴진다. 아닌 게 아니라 고문이라는 느낌이 하도 강렬했던 나머지 피험자들은 스스로에게 진짜 고문을 가하는 편이 낫다고 생각했다.

기차 여행이 10분 지연되었다는 이유로 분노하고 스트레스를 받느니 그 10분을 잠깐 쉴 좋은 기회로 다시 규정하지 못할 이유가 어디 있단 말인가? 보고서 작성을 끝내고 회의에 가기까지 남는 15분을 이메일 몇 통에 답장하는 데 다 써버리는 대신 그저 조용히 앉아 있거나 잠시 산책을 나가면 정말 안 될까? 우체국 앞 긴 줄에 서서 기다리는 시간을 쾌적하고 한가한 시간, 모든 것을 멈추고 잡념에 빠지고 에너지를 재충전할 시간으로 다시 정의하는 건 어떨까?

7) 바쁜 일상을 더는 과대평가하지 말자

지금쯤이면 여러분 가운데 누군가는 이렇게 소리칠 것이다. "다 좋은 말입니다. 다른 사람들에게는 다 맞는 말일 수 있어요. 하지만 내 경우는 달라요. 긴 업무 시간, 가족에 대한 의무와 해야 할 일들 때문에 나는 정말로 쉴 시간이 없단 말입니다!"라고 말이다.

여러분의 절규가 들리는 것 같다. 하지만 그래도 나는 촉구하고 싶다. 매일의 스케줄을 살펴보고 그 끝도 없이 압도적인 할 일 목록을 어떻게 바라보는지 찬찬히 생각해보라고 말하고 싶다. 사람들이 흔히 자신이 일하는 총 시간을 과대평가하는 경향이 있다는 것을 인식해야 한다. 사람들을 만나는 행사 자리에서 관객에게 이 질문을 던지면 대부분 자신이 일주일에 45~50시간을 일한다고 말한다. 정규직 노동자의 실제 평균 노동 시간인 주당 39시간을 훨씬 웃도는 수치다. 그렇게 말한 사람들에게 바로 일주일 전 노동 시간을 구체적으로 셈해달라고 요청하면 실제로 일한 시간이 생각보다 적었다는 것을 알게 되는 경우가 다반사다. 바쁜 일주일을 보낸 것처럼 느꼈겠지만 이틀 정도 몇 시간을 초과로 일했다 해도 매일 그런 것은 아니었다. 게다가 그런 경우 일주일에 하루 정도는 보통 때보다 더 일찍 퇴근했을 확률이 높다.

그렇다 하더라도 휴식을 취할 짬을 내기가 정말 어려울 수 있다. 이 문제에 접근하는 두 가지 방법이 있다. 하나는 며칠에 한 번씩 두 시간을 따로 내어 할 일 목록에 있는 자잘한 일들을 한꺼번에 마치는 것이다. 이 일을 모두 해치우면 며칠이고 머리에서 떠나지 않던 업무 가운데 얼마나 많은 것이 고작 몇 분이면 끝낼 만한 일인지 알게 되어 적

잖이 놀랄 것이다. 이렇게 해야 할 일들을 (종이 위건 컴퓨터 모니터 상이건 아니면 머릿속에서건) 목록에서 삭제하는 것은 엄청나게 흡족한 경험이다. 게다가 자잘한 일을 해두고 나면 더 큰 일을 할 수 있는 에너지가 전보다 더 많이 충전된다는 것을 느낄 것이다.

물론 그렇게 해도 모든 일을 끝낼 수는 없다. 오히려 일이 늘어날 수도 있다. 두 번째 접근법을 고려해야 하는 지점이 바로 여기다. 할 일 목록이 끝나지 않으리라는 것을 그냥 받아들이는 방법이다. 목표 달성이란 이룰 수 없는 희망에 불과하다. 이룰 수 없는 목표를 추구해봤자 헛고생이다. 생각해보라. 설사 기적이 일어나서 목록에 있는 모든 과제를 하룻밤 사이에 다 끝냈다고 해도 다음 날은 더 많은 일이 생길 것이다. 아무리 바지런하고 짜임새 있게 일을 처리한다 해도 예기치 않은 일은 벌어지게 마련이다. 처리해야 할 일상사도 늘 생긴다. 수도관은 샐 것이고 사람들은 우리를 놀라게 할 것이며 사건은 우리 생각을 앞질러 벌어질 것이고 메일함에는 또 다른 이메일이 도착할 것이다. 누군가 문자를 보내 뭘 해달라고 부탁할 것이다. 그러나 괜찮다. 해야 할 일은 끝나지 않는다. 여러분은 이제 그 사실을 받아들였다. 할 수 있을 때 새로운 과제를 할 것이다. 그 때문에 스트레스를 받지 않을 것이다. 지금 당장은 휴식을 취하면 된다.

수십 가지 시간관리 기법들은 우리가 노동 시간과 여가 시간을 모두 효율적으로 쓰도록 도와준다고 주장한다. 그러나 경험으로 검증된 것은 거의 없으며, 더 많은 일을 더 짧은 시간에 욱여넣는 것은 본질적으로 불편하다. 당신이 실제로 일하는 시간 일부를 수다로 낭비했을 수도 있고, 만약 하루 종일 더 열심히 집중했다면 업무를 더 일찍 마쳤을 수도 있지만, 일을 즐길 만한 것, 심지어 참을 만한 것으로 만들어주는 건 동료들과의 즐거운 시간, 이따금씩 인스타그램을 확인하는 일이다.

작가인 올리버 버크먼Oliver Burkman은 지속적으로 시간에 쫓긴다는 느낌을 받을 때는 무엇을 중단할지부터 능동적으로 결정해야 한다고 제안한다. 가령 독서 모임을 그만두는 것이다. 아니면 자신이 요리에 재능이 없음을 받아들이고 복잡한 요리법을 시도하기를 포기할 수도 있다. 만날 날짜를 제대로 정하기 힘든 친구를 쫓는 노력을 중단하는 것도 좋다. 정말 탁월한 조언이다. 단, 주의할 점이 있다. 포기할 일을 정할 때는 아주 세심해야 한다는 것이다. 다른 모든 일을 감당할 수 있게 해주는 휴식 활동을 잃는 실책을 범하지는 말자.

과거에 즐겼지만 지금은 허드렛일이 되어버린 활동을 포기하는 것이 좋다. 내 경우를 이야기하자면 나는 스페인어 수업을 포기했다. 수업 시간 10분 전에 지하철에서 숙제를 하려고 50번쯤 애쓰는 나를 발견한 뒤의 일이다. 스페인어를 구사하고 싶었고 스페인어 선생님도 좋았지만 스페인어를 공부하는 데 필요한 시간은 내가 감당할 수 없었다. 스페인어 수업은 재미있지만 시간에 대한 압박 때문에 결국 즐거움보다는 스트레스가 컸다. 내 경우 포기는 올바른 결정이었다. 하지만 가령 합창단을 나오는 일은 스페인어 수업과 다를 수 있다. 시간과 노력을 들여야 연습을 하러 갈 수 있다는 이유만으로 합창단에서 나오는 것은 진정한 편안함과 재충전의 느낌을 주는 활동이 일주일에 그 활동 하나뿐일 경우 오히려 역효과를 낼 수 있다.

8) 그냥 "안 됩니다"라고 말하자

시간이라는 장애물에서 자유로워지려면 시간표를 좀 더 과격하게 손봐야 할 수도 있다. 수첩을 빼곡히 채워야 한다는 강박을 느끼는 사람들에게는 고통스러운 일일 수 있다. 그러나 내가 전에 쓴 책에 도움이 될 만한 팁이 하나 있다(나의 일 부담을 약간이나마 줄이기 위한 술책이다).

우리는 지금은 시간이 없어도 앞으로는 시간이 더 남을 것이라 생각하는 경향이 있다. 하지만 시간 인지 관련 연구가 내놓는 증거는 하나같이 이것이 사실이 아님을 밝혀준다. 우리는 현재의 나보다 더 짜임새 있고 단련된 버전의 더 나은 내가 되지 못한다. 무슨 일을 해도 예상보다 더 오래 걸릴 것이다. 일시적으로가 아니라 늘 그럴 것이다. 예기치 못한 과제나 틀어진 일 때문에 신경이 분산될 위기가 늘 있기 때문이다. 전념하는 활동이나 행사의 숫자를 의도적으로 줄이고자 작심하지 않으면 올해보다 내년에 자신에게 더 많은 시간을 내게 되는 일은 결코 없을 것이다.

누군가가 6개월 뒤에 열리는 이틀짜리 컨퍼런스에 초대한다면 어떻게 해야 할까? 그럴 경우 스스로에게 질문을 해보라. 이틀짜리 컨퍼런스를 6개월 뒤가 아니라 바로 이주 뒤 일정에 집어넣어야 한다면?

할 일이 너무 많아 겁이 나는가? '그렇다'라는 대답이 나온다면 6개월 뒤의 컨퍼런스 초청은 거절해야 한다. 그때 지금보다 덜 바쁠 확률은 극히 낮기 때문이다.

또 다른 시나리오를 생각해볼까? 내년에 논문 심사위원으로 와달라는 요청이 왔다. 내일 있을 위원회용 논문을 읽었는가? 안 읽었다. 그렇다면 다른 논문의 심사위원으로 합류하는 일은 포기하자. 포기하지 않으면 지금과 똑같은 상황에 처할 것이다. 정규 스케줄을 조정하지 않는다면 일을 더 맡는 것은 불가능하다. 경험상 정규 스케줄 조정은 불가능할 확률이 상당히 높다.

9) 다이어리에 약속만큼 휴식을 반드시 포함하자

'할 일' 목록을 중시하는 문화, 체계와 짜임새에 대한 욕망, 스케줄을 지키려는 마음과 얼마든지 병행할 수 있는 제안이 있다. 여가 시간을 스케줄로 만들라는 것이다. 그렇다. 좀 이상하게 들리겠지만 '휴식' 혹은 '짬'을 시간표에 넣어두자.

하루를 시작할 때 서너 차례 휴식을 취하겠다고 작정하자. 휴식 시간이 길 필요는 없다. 단 몇 분이라도 좋다. 그 시간 동안 무엇을 할지 정하고 그것이 정말 휴식이라고 할 만한 것이 되도록 확실히 해두자. 신선한 공기를 쐬러 밖으로 나가는 게 이상적이지만 건물 안에 있어야 한다면 최소한 다른 공간으로 가야 한다. 다른 부서에 있는 동료를 찾아가 한담을 나누어도 좋고 음료대로 가서 자신이나 동료들을 위해 차 한 잔 만드는 것도 근사하다. 상관이 삐딱한 시선으로 본다면 잠깐의 휴식이 개인의 행복뿐 아니라 업무 생산성에도 도움이 된다는 것을 입증하는 증거가 수두룩하다고 꼭 말하자. 윈윈 전략이다.

휴식이 진정한 휴식이 되려면 일하던 자리를 확실히 벗어나야 한다. 몇 분 동안 페이스북에 로그인하거나 유튜브 영상을 보면, 쓰던 보고서로부터 주의를 잠깐 다른 데로 돌릴 수는 있을지 모르나 자리에서 일어나 모니터를 벗어나는 것만큼은 휴식이 되지 못한다.

무엇보다 책상 앞에서 점심을 먹지 않도록 부단히 애쓰자. 책상 앞에서 점심 먹는 일을 아예 금지하는 소수의 기업들이 있다. 바람직한 방침이다. 그러나 이러한 방침도 직원들에게 점심시간을 충분히 보장하는 방침보다는 못하다. 점심시간을 보장하는 것은 큰 진전일 수도 있으나 오히려 아름다운 옛 시절로 돌아가는 것에 불과하다. 한번 생각해보자. 점심시간을 한 시간 오롯이 즐길 수 있다는 것, 하루 중 차를 마시는 시간이 정해져 있다는 것이 무엇인지 말이다. 마지막으로 둘 중 하나를 제대로 만끽한 게 언제인가? 오늘날 가장 똑똑한 기업들은 책상 앞을 벗어나는 일이 직원의 생산성과 수익 향상에 얼마나 큰 가치가 있는지 제대로 파악하고 있다. 그러나 여러분이 다니는 회사가 식당이나 카페를 닫고 그곳에서 일하는 직원들을 해고했다면, 여러분과 동료들이 제대로 된 점심을 먹으러 회사 밖으로 나가도록, 혹은 15분 동안 차와 비스킷을 먹을 시간을 내도록 직접 시간을 짜보자.

결론. 자신의 휴식 스케줄을 짜되, 휴식 스케줄을 깰 까봐 두려워하지는 말 것. 결국 쉬자고 하는 일들이다. 휴식 스케줄이 또 하나의 부담이 되는 일은 없어야 한다.

10) 당신의 인생에 소박한 휴식의 순간을 선물하자

살면서 피할 수 없이 해야 하는 일들 가운데 좀 더 편안하게 할 수 있는 일이 있는지 살펴보자. 우리는 최대한 서둘러 일을 처리하는 방식에 익숙해져 있다. 우리는 모든 일을 최대한 효율적으로 하려 애쓴다. 하지만 꼭 그럴 필요는 없다.

이따금 샤워 대신 목욕을 하면 어떨까? 더운물을 더 쓴 것을 벌충하기 위해 때로는 상점까지 걸어가는 건? 늘 시간상 효율적으로 선택할 필요는 없다. 그럼에도 효율은 우리의 관성이 되어버렸다. 긴 경로를 택해 공원을 돌면 10분 낭비일 수 있지만 그날은 더 행복해질 수 있다.

전철에 자리가 나서 앉는 순간 이메일을 확인하는 사람도 많다. 그러나 그 또한 꼭 필요한 일은 아니다. 창밖을 보고 사람들이 사는 집의 뒷마당을 바라보면서 그들의 삶에 호기심을 느껴볼 수 있지 않을까. 가능할 때 기회를 놓치지 말고 학창 시절 못했던 일을 해보자. 잡념에 빠지고 허공을 응시해보자. 뭔가를 끼적거려보자. 직소 퍼즐이나 성인용 컬러링북을 사서 칠해보면 어떨까(물론 이런 일에는 하고 싶은 마음과 유치하다는 생각이 복잡하게 얽혀 있을 수 있다).

11) 휴식 상자를 만들자

여러분이 셀프케어라는 개념의 신봉자라면 다음에 제시하는 아이디어가 마음에 들 것이다. 익숙하지 않다면 인스타그램을 살펴보자. 셀프케어와 관련된 제안이 끝없이 나온다는 것을 알게 될 것이다.

셀프케어는 사실 대체로 돈 쓰기처럼 보인다. 나는 자신을 소중히 여기는 일에 대찬성이지만, 그렇다고 사치스러운 오일이나 향초나 페이스롤러나 목욕베개나 캐시미어 담요나 장인이 만든 수제 초콜릿을 꼭 사야 할까? 나는 특이하고 개성 있게 노는 것이 멋지다고 생각한다. 하지만 비 내리는 월요일 아침 택시를 타고 직장에 출근하거나 2주일에 한 번씩 주말마다 스파에서 보내는 것이 정말 좋은 생각일까?

나는 즐거움을 누릴 자격이 충분하다. 내게 뭔가를 팔려고 애쓰는 사람들이 늘 하는 말이다. 게다가 나의 의심과는 달리 이들은 성공하는 듯 보인다. 셀프케어 산업은 번성하고 있다. 미국에서만 한 해 4.2조 달러에 달하는 규모의 시장이라고 한다.

과열된 상업주의가 셀프케어의 단점이라면 긍정적인 면도 적지 않다. 셀프케어 산업이 번창한다는 것은 젊은 세대가 나이든 세대보다 휴식의 중요성을 이해하기 시작했고, 휴식을 되찾고 있으며, 일상의 스트레스에서 회복하기 위한 시간을 내고 있다는 징후로 보이기 때문이다.

현재 정신 건강 문제를 겪고 있는 블로거들은 자신의 셀프케어를 소개하며 소소한 일상을 통제하는 유용한 방법을 일러준다. 가령 음악 감상에 대한 장에서 내가 언급한 '행복 상자 채우기'와 같은 조언도 여기 포함된다. 상자에 들어가는 내용물은 개인의 필요에 맞출 수 있다. 물론 행복 상자가 심각한 정신 문제를 방지할 수 있다거나 전문가의 도움을 대신할 수 있다는 말은 아니다. 그러나 일부 사람들은 이런 종류의 셀프케어를 이용하면 우울해질 때, 아니면 더 본격적인 조언이나 치료를 기다리는 동안 조금이나마 기분이 나아진다고 믿는다.

이런 이야기를 하다 보니 개인의 필요에 맞춘 자신만의 '휴식 상자'가 진정 도움이 되는지 여부가 궁금해진다. 휴식 상자에는 자신에게 가장 휴식이 될 만한 물품이 담겨 있을 것이다. 내 경우에는 코바늘과 털실 약간, 마당에 심을 씨앗, 몰입해 읽을 수 있는 단편소설집, 긴장을 풀어주는 음악, 스트레칭 방법이 쓰여 있는 카드, 그리고 아마 달리기용 양말을 상자에 넣을 것 같다. 휴식이 꼭 자리에 앉아 있는 것만은 아님을 잊지 말자.

여러분은 휴식 상자에 무엇을 담겠는가? 도움이 되게끔 아래 빈 상자를 제공해드리겠다. 넣고 싶은 것을 떠올려보자.

12) 휴식을 찾는 일을 노동으로 만들지 말자

휴식은 전략이 될 수 있지만 휴식과 활동, 분주함과 게으름의 리듬을 일상에서 제대로 관리할 더 나은 방안을 고민해야 한다. 휴식이 또 다른 일이나 과제가 되어서는 곤란하다.

휴식을 포용하고 더 많은 휴식을 만끽하고 휴식을 진지하게 생각하자는 요청에 귀를 기울이되 과도하거나 지나치게 진지한 생각은 금물이다. 휴식 중독자가 되거나 지루한 휴식주의자가 되지 말자. 스케줄을 휴식으로 빽빽이 채우거나 휴식을 부지런히 고수해야 한다고 생각지도 말자. 때로는 휴식조차 버려야 한다. 잘 산다는 것은 균형과 다양성과 중용을 수반하는 일이다. 예외는 없다. 휴식에 적용되는 원리 역시 동일하다.

이제 막 책을 (요령만 찾아 마지막까지 대충 훑은 것이 아니라) 다 읽었다면 여러분은 가장 휴식이 되는 일 1위를 마쳤다. 이 책을 읽은 것만으로도 여러분은 이미 더 많은 휴식을 인생에 선물하는 길에 나선 셈이다. 축하드린다!

감사의 말

여러 해 전 저술가이자 심리학자인 찰스 퍼니호 선생의 전화를 받았다. 더럼대학교에서 이끄는 연구 그룹에 합류해줄 수 있느냐는 내용이었다. 이들은 런던의 웰컴 컬렉션에서 거의 2년을 보내야 하는 대규모 프로젝트 지원금을 신청하고 싶어했다. 예술가, 시인, 역사학자, 그리고 다른 전문가들과 함께 휴식을 탐색하는 프로젝트였다. 얼마나 매력적인 주제인가. 나는 핵심 팀에 합류했고 여러 달 동안 작업한 뒤에 놀랍게도 웰컴 트러스트의 지원금을 받아냈다. 북새통이라 이름지은 그룹에 40명 이상의 인사들을 초청해 협업했다. 일부는 이 책에도 소개해놓았다. 이들은 강연이나 예술작품으로, 지혜로운 말 한 마디로, 휴식을 바라보는 나의 관점에 영감을 불어넣었다. 특히 우리가 휴식의 세계에 몰입할 수 있도록 아낌없이 지원해주신 분들께 감사드린다(휴식을 주제로 한 연구였지만 일은 일이라 보기보다 녹록지 않았다).

휴식 테스트에 관한 나의 조사 아이디어가 BBC 라디오 채널 4와 월드서비스를 통해 많은 청취자들에게 도달할 수 있었던 것은 전적으로 BBC의 많은 관계자들 덕분이다. 이 세계적인 프로젝트가 책으로 완성되어 기쁘다. 이제 쉽시다.

참고문헌

※ 아래의 온라인 자료는 2019년 7월에 찾은 것들이다.

프롤로그____제대로 쉬어야 한다

1 Peterson, A.H., 'How Millennials Became the Burnout Generation', *BuzzFeed* (2019.5.1)
   https://www.buzzfeednews.com/article/annehelenpetersen/millennials-burnout-generation-debt-work
2 Health & Safety Executive, 'Work-related Stress, Depression or Anxiety Statistics in Great
   Britain, 2018', *HSE* (2018.1.31) http://www.hse.gov.uk/statistics/causdis/stress.pdf
3 National Safety Council (2017) *Fatigue in the Workplace: Causes & Consequences of Employee
   Fatigue*. Illinois: National Safety Council
4 Mental Health Foundation (2018.5) *Stress: Are We Coping?* London: Mental Health
   Foundation
5 Baines, E. & Blatchford, P. (2019) *School Break and Lunch Times and Young People's Social
   Lives: A Follow-up National Study, Final Report*. London: UCL Institute of Education
6 Rhea, D.J. & Rivchun, A.P. (2018) 'The LiiNK Project: Effects of Multiple Recesses and
   Character Curriculum on Classroom Behaviors and Listening Skills in Grades K – 2
   Children'. *Frontiers in Education*, 3. 9
7 Medic, G. et al (2017) 'Short- and Long-term Health Consequences of Sleep Disruption'.
   Nature and Science of Sleep, 9. 151~61

10____나를 돌보는 명상

1 From an account of Jon Kabat-Zinn's visit to Bodhitree in 1994. Bodhitree (2017.3.25)
   https://bodhitree.com/journal/from-thearchives/
2 Goleman, D. & Davidson, R.J. (2017) *The Science of Meditation: How to Change Your Brain,*

Mind and Body. London: Penguin

3 마음챙김 명상의 효과에 대해서는 다음의 탁월한 리뷰를 읽어보라. Creswell, J.D. (2017) 'Mindfulness Interventions'. *Annual Review of Psychology, 68.* 491~516

4 이 주제에 관해서는 다시 위의 리뷰를 참조하라.

5 Creswell, J.D. (2017) 'Mindfulness Interventions'. *Annual Review of Psychology, 68.* 491~516

6 Goleman, D. & Davidson, R.J. (2017) *The Science of Meditation: How to Change Your Brain, Mind and Body*. London: Penguin

7 Baer, R.A. et al (2004) 'Assessment of Mindfulness by Self-report: The Kentucky Inventory of Mindfulness Skills'. *Assessment, 11 (3).* 191~206

8 Giluk, T.L. (2015) 'Mindfulness, Big Five Personality, and Affect: A Meta-analysis'. *Personality and Individual Differences, 47.* 805~81

9 Gawrysiak, M.J. et al (2018) 'The Many Facets of Mindfulness & the Prediction of Change Following MBSR'. *Journal of Clinical Psychology, 74 (4).* 523~35

10 Shapiro, S.L. et al (2011) 'The Moderation of Mindfulness-based Stress Reduction Effects by Trait Mindfulness: Results from a Randomised Controlled Trial'. *Journal of Clinical Psychology, 67 (3).* 267~77

11 Galante J. et al (2017) 'A Mindfulness-based Intervention to Increase Resilience to Stress in University Students(The Mindful Student Study): A Pragmatic Randomised Controlled Trial'. *The Lancet Public Health, 3 (2).* 72~81

12 Langer, E.J. (2014) *Mindfulness*. Boston: Da Capo Lifelong Books

9 　 텔레비전은 휴식 상자

1 Lee, B. & Lee, R.S. (1995) 'How and Why People Watch TV: Implications for the Future of Interactive Television'. *Journal of Advertising Research, Nov/Dec*

2 위의 글.

3 Greenwood, D.N. (2008) 'Television as an Escape from Self'. *Personality and Individual Differences, 44.* 414~24

4 Pearlin, L.I. (1959) 'Social and Personal Stress and Escape in Television Viewing'. *Public Opinion Quarterly, 23 (2).* 255~59

5 Conway, J.C. & Rubin, A.M. (1991) 'Psychological Predictors of Television Viewing Motivation'. *Communication Research, 18 (4).* 443~63

6 Tichi, C. (1991) *The Electronic Hearth.* Oxford: Oxford University Press

7 Kubey, R. et al (1990) 'Television and the Quality of Family Life'. *Communication Quarterly, 38 (4).* 312~24

8 Krants-Kent, R. & Stewart, J. (2007) 'How Do Older Americans Spend Their Time?'. *Monthly Labor Review Online, 130 (5).* 8~26

9 Valkenburg, P.M. & van der Voort, T.H.A. (1994). 'Influence of TV on Daydreaming and Creative Imagination: A Review of Research'. *Psychological Bulletin, 116 (2).* 316~39

10 Tukachinsky, R. & Eyal, K. (2018) 'The Psychology of Marathon Television Viewing: Antecedents and Viewer Involvement'. *Mass Communication and Society, 21 (3).* 275~95

11 Sung, Y.H. et al (2015) *A Bad Habit for Your Health? An Exploration of Psychological Factors for Binge-watching Behaviour.* Puerto Rico: 65th Annual International Communication Association Conference

12 Frey, B.S. et al (2007) 'Does Watching TV Make Us Happy?'. *Journal of Economic Psychology, 28 (3).* 283~313

13 Szabo, A. & Hopkinson, K.L. (2007) 'Negative Psychological Effects of Watching the News on the Television: Relaxation or Another Intervention May Be Needed to Buffer Them!'. *International Journal of Behavioral Medicine, 14 (2).* 57~62

14 Werneck, A.O. et al (2018) 'Associations Between TV Viewing and Depressive Symptoms Among 60,202 Brazilian Adults: The Brazilian National Health Survey'. *Journal of Affective Disorders, 236.* 23~30

15 Scanlan, J.N. et al (2011) 'Promoting Wellbeing in Young Unemployed Adults: The Importance of Identifying Meaningful Patterns of Time Use'. *Australian Occupational Therapy Journal, 58 (2).* 111~19

16 Nguyen, G.T. et al (2008) 'More Than Just a Communication Medium: What Older Adults Say About Television and Depression'. *The Gerontologist, 48 (3).* 300~10

17 Lucas, M. et al (2011) 'Relation Between Clinical Depression Risk and Physical Activity and Time Spent Watching Television in Older Women: A 10-year Prospective Follow-up Study'. *American Journal of Epidemiology, 174 (9).* 1017~27

18 Shiue, I. (2016) 'Modeling Indoor TV/Screen Viewing and Adult Physical and Mental Health: Health Survey for England, 2012'. *Environmental Science and Pollution Research, 23 (12).* 11708~15

19 Fancourt, D. & Steptoe, A. (2019) 'Television Viewing and Cognitive Decline in Older Age: Findings from the English Longitudinal Study of Ageing'. *Scientific Reports, 9 (2851)*

20 Mesquita, G. & Rubens, R. (2010) 'Quality of Sleep Among University Students: Effects of Night-time Computer Television Use'. *Arquivos de Neuro-Psiquiatria, 68 (5).* 720~25

21 Custers, K. & Van den Bulck, J. (2012) 'Television Viewing, Internet Use, and Self-Reported Bedtime and Rise Time in Adults: Implications for Sleep Hygiene Recommendations from an Exploratory Cross-Sectional Study'. *Behavioral Sleep Medicine, 10.* 96~105

22 Mitesh, K. & Tobias, R. (2011) 'A Note on the Relationship Between Television Viewing and Individual Happiness'. *The Journal of Socio-Economics, 40 (1).* 53~8

23 Kubey, R.W. & Csikszentmihalyi, M. (1990) 'Television as Escape: Subjective Experience Before an Evening of Heavy Viewing'. *Communication Reports, 3 (2).* 92~100

24 Hammermeister, J. et al (2005) 'Life Without TV? Cultivation Theory and Psychosocial Health Characteristics of Televisionfree Individuals and their Television-viewing Counterparts'. *Health Communication, 17 (3).* 253~64

25 Reinecke, L. et al (2014) 'The Guilty Couch Potato: The Role of Ego Depletion in Reducing Recovery through Media Use'. *Journal of Communication, 64 (4).* 569~89

8____잡념의 놀라운 능력

1 Fernyhough, C. & Alderson-Day, B. (2016) 'Descriptive Experience Sampling as a Psychological Method'. In Callard, F. et al (Eds) The Restless Compendium. London: Palgrave Pivot

2 Gilbert, S.J. et al (2007) 'Comment on "Wandering minds"'. *Science, 317.* 43b

3 Biswal, B. et al (1995) 'Functional Connectivity in the Motor Cortex of the Resting Human Brain Using Echo-planar MRI'. *Magnetic Resonance in Medicine, 34 (4).* 537~41

4 Shulman, G.L. (1997) 'Searching for Activations that Generalize Over Tasks'. *Human Brain Mapping, 5 (4).* 317~22

5 Raichle, M.E. (2010) 'The Brain's Dark Energy'. *Scientific American, 302*. 44~9

6 잡념과 휴식 테스트에 대한 더 많은 내용은 다음을 들어보라. The Anatomy of Rest, Episode 2: 'Does the Mind Rest?'. BBC Radio 4 (2016.10.20) https://www.bbc.co.uk/programmes/b07vq2by

7 Raichle, M.E. et al (2001) 'A Default Mode of Brain Function'. *Proceedings of the National Academy of Science, 98 (2)*. 676~82

8 Gilbert, S.J. et al (2007) 'Comment on "Wandering Minds"'. *Science, 317*. 43b

9 Fox, M.D. & Raichle, M.E. (2007) 'Spontaneous Fluctuations in Brain Activity Observed with Functional Magnetic Resonance Imaging'. *Nature Reviews Neuroscience, 8*. 700~11

10 Raichle, M.E. (2015) 'The Restless Brain: How Intrinsic Activity Organizes Brain Function'. *Philosophical Transactions of the Royal Society B, 370 (1668)*. https://doi.org/10.1098/rstb.2014.0172

11 Smith, K. (2012) 'Neuroscience: Idle Minds'. *Nature, 489 (7416)*. 356~58

12 Karlsson M.P. & Frank, L.M. (2009) 'Awake Replay of Remote Experiences in the Hippocampus'. *Nature Neuroscience, 12 (7)*. 913~18

13 Bar, M. (2009) 'The Proactive Brain: Memory for Predictions'. *Philosophical Transactions of the Royal Society B, 364*. 1235~43

14 Powell, H. (2016) 'The Quest for Quies Mentis'. In Callard, F. et al (Eds) *The Restless Compendium*. London: Palgrave Pivot

15 Killingsworth, M.A. & Gilbert, D.T. (2010) 'A Wandering Mind is an Unhappy Mind'. *Science, 330*. 932

16 Smallwood, J. & Andrews-Hanna, J. (2013) 'Not All Minds that Wander Are Lost: The Importance of a Balanced Perspective on the Mind-wandering State'. *Frontiers in Psychology, 4*. 441

17 Leger, K.A. et al (2018) 'Let It Go: Lingering Negative Affect in Response to Daily Stressors Is Associated with Physical Health Years Later'. *Psychological Science*. 1283~90

18 Clancy, F. et al (2016) 'Perseverative Cognition and Health Behaviors: A Systematic Review and Meta-Analysis'. *Frontiers of Human Neuroscience, 10*. 534

19 Smallwood, J. & Andrews-Hanna, J. (2013) 'Not All Minds that Wander Are Lost: The Importance of a Balanced Perspective on the Mind-wandering State'. *Frontiers in*

Psychology, 4. 441

20 Interview with Michael Scullin, All in the Mind. BBC Radio 4 (2018.5.16) https://www.
   bbc.co.uk/programmes/b0b2jh7g

21 Kerkhof, A. (2010) *Stop Worrying*. Milton Keynes: Open University Press

22 Scullin, M.K. et al (2018) 'The Effects of Bedtime Writing on Difficulty Falling Asleep: A
   Polysomnographic Study Comparing To-do Lists and Completed Activity Lists'. *Journal
   of Experimental Psychology: General, 147 (1)*. 139~46

7   목욕이라는 따뜻한 쉼

1 Tubergen, A.C. & Linden, S.V.D. (2002) 'A Brief History of Spa Therapy'. *Annals of the
   Rheumatic Diseases, 61 (3)*. 273~75

2 Frosch, W.A. (2007) 'Taking the Waters – Springs, Wells and Spas'. *The FASEB Journal, 21
   (9)*. 1948~50

3 Antonelli, M. & Donelli, D. (2018) 'Effects of Balneotherapy and Spa Therapy on Levels
   of Cortisol as a Stress Biomarker: A Systematic Review'. *International Journal of
   Biometeorology, 62 (6)*. 913~24

4 Matzer F. et al (2014) 'Stress-Relieving Effects of Short-Term Balneotherapy – A
   Randomized Controlled Pilot Study in Healthy Adults'. *Forsch Komplementmed, 21*.
   105~10

5 Rapoliene, L. (2014) 'The Balneotherapy Links with Seafarers' Health in Randomized
   Clinical Trials'. *Sveikatos Mokslai Health Sciences, 24 (6)*. 119~27

6 Naumann, J. (2018) 'Effects and Feasibility of Hyperthermic Baths for Patients with
   Depressive Disorder: A Randomized Controlled Clinical Pilot Trial'. bioRxiv 409276.
   https://doi.org/10.1101/409276

7 Walker, M. (2017) *Why We Sleep*. London: Allen Lane

8 Horne, J.A. & Reid, A.J. (1985) 'Night-time Sleep EEG Changes Following Body Heating in
   a Warm Bath'. *Electroencephalography & Clinical Neurophysiology, 60 (2)*. 154~57

9 Van den Heuvel, C. (2006) 'Attenuated Thermoregulatory Response to Mild Thermal
   Challenge in Subjects with Sleeponset Insomnia'. *Journal of Sleep and Sleep Disorders*

Research, 29 (9). 1174~80

10 Raymann, R.J.E.M. et al (2007) 'Skin Temperature and Sleeponset Latency: Changes with Age and Insomnia'. *Physiology & Behavior, 90 (2–3).* 257~66

11 Whitworth-Turner, C. et al (2017) 'A Shower Before Bedtime May Improve the Sleep Onset Latency of Youth Soccer Players: This Is Interesting'. *European Journal of Sport Science, 17 (9).* 1119~28

12 Faulkner, S.H. et al (2017) 'The Effect of Passive Heating on Heat Shock Protein 70 and Interleukin-6: A Possible Treatment Tool for Metabolic Diseases?'. *Temperature, 4 (3).* 292~304

13 Monk, R. (1991) *Ludwig Wittgenstein: The Duty of Genius.* London: Vintage

14 Suzuki, H. (2015) 'Characteristics of Sudden Bath-related Death Investigated by Medical Examiners in Tokyo, Japan'. *Journal of Epidemiology, 25 (2).* 126~32

15 Kim, S.Y. (2006) 'A Case of Multiple Organ Failure Due to Heat Stroke Following a Warm Bath'. *Korean Journal of Internal Medicine, 21 (3).* 210~12

16 Lee, C.W. (2010) 'Multiple Organ Failure Caused by Non-exertional Heat Stroke After Bathing in a Hot Spring'. *Journal of the Chinese Medical Association, 73 (4).* 212~15

17 Kosatcky, T. & Kleeman, J. (1985) 'Superficial and Systemic Illness Related to a Hot Tub'. *American Journal of Medicine, 79 (1).* 10~12

18 Peake, J.M. (2017) 'The Effects of Cold Water Immersion and Active Recovery on Inflammation and Cell Stress Responses in Human Skeletal Muscle After Resistance Exercise'. *Journal of Physiology, 595 (3).* 695~711

19 Robiner, W.N. (1990) 'Psychological and Physical Reactions to Whirlpool Baths'. *Journal of Behavioral Medicine, 13 (2).* 157~73

6 ___ 산책의 확실한 보상

1 Thoreau, H.D. (1851) *Walking.* Project Gutenberg. https://www.gutenberg.org/ebooks/1022

2 Solnit, R. (2000) *Wanderlust: A History of Walking.* London: Penguin

3 Oppezzo, M. & Schwartz, D.L. (2014) 'Give Your Ideas Some Legs: The Positive Effect of Walking on Creative Thinking'. *Journal of Experimental Psychology: Learning, Memory,*

and Cognition, 40 (4). 1142~52

4 Webb, C.E. et al (2017) 'Stepping Forward Together: Could Walking Facilitate Interpersonal Conflict Resolution?'. *American Psychologist, 72 (4).* 374~85

5 Gros, F. (2014) *A Philosophy of Walking.* London: Verso

6 Samson, A. (2017) 'Think Aloud: An Examination of Distance Runners' Thought Processes'. *International Journal of Sport and Exercise Psychology, 15 (2).* 176~89

7 Sianoja, M. et al (2018) 'Enhancing Daily Well-being at Work through Lunch Time Park Walks and Relaxation Exercises: Recovery Experiences as Mediators'. *Journal of Occupational Health Psychology, 23 (3).* 428~42

8 Chekroud, S.R. (2018) 'Association Between Physical Exercise and Mental Health in 12 Million Individuals in the USA Between 2011 and 2015: A Cross-sectional Study'. *Lancet Psychiatry, 5 (9).* 739~46

9 Public Health England, (2018.6.4) https://www.gov.uk/government/publications/brisk-walking-and-physical-inactivity-in-40-to-60-year-olds

10 Jakicic, J.M. et al (2016) 'Effect of Wearable Technology Combined With a Lifestyle Intervention on Long-term Weight Loss: The IDEA Randomized Clinical Trial'. *Journal of the American Medical Association, 316 (11).* 1161~71

11 Kerner, C. & Goodyear, V.A. (2017) 'The Motivational Impact of Wearable Healthy Lifestyle Technologies: A Self-determination Perspective on Fitbits with Adolescents'. *American Journal of Health Education, 48 (5).* 287~97

12 Lee, I. et al (2019) 'Association of Step Volume and Intensity with All-Cause Mortality in Older Women'. *JAMA Internal Medicine 2019.5.29.* doi:10.1001/jamainternmed.2019.0899

13 Etkin, J. (2016) 'The Hidden Cost of Personal Quantification'. *Journal of Consumer Research, 42 (6).* 967~84

5 ___ 아무것도 안 하기

1 Greaney, M. (2016) 'Laziness: A Literary-historical Perspective'. In Callard, F. et al (Eds) *The Restless Compendium.* London: Palgrave Pivot

2 Traon, A.P.L. et al (2007) 'From Space to Earth: Advances in Human Physiology from 20 Years of Bed Rest Studies'. *European Journal of Applied Physiology, 101*. 143~94

3 Baines, E. & Blatchford, P. (2019) *School Break and Lunch Times and Young People's Social Lives: A Follow-up National Study, Final Report*. London: UCL Institute of Education

4 Bellezza, S. et al (2017) 'Conspicuous Consumption of Time: When Busyness and Lack of Leisure Time Become a Status Symbol'. *Journal of Consumer Research, 44 (1)*. 118~38

5 Greaney, M. (2016) 'Laziness: A Literary-historical Perspective'. In Callard, F. et al. (Eds) *The Restless Compendium*. London: Palgrave Pivot

6 US Bureau of Labor Statistics, *Selected Paid Leave Benefits, Table 6*. United States Department of Labor (2017.3.7) https://www.bls.gov/news.release/ebs2.t06.htm

7 Kasperkevic, J. (2017) 'Why is America so Afraid to Take a Vacation?'. *The Guardian, 2015.9.7*. https://www.theguardian.com/money/2015/sep/07/america-vacation-workaholicculture-labor-day

8 Strandberg, T.E. et al (2018) 'Increased Mortality Despite Successful Multifactorial Cardiovascular Risk Reduction in Healthy Men: 40-year Follow-up of the Helsinki Businessmen Study Intervention Trial'. *The Journal of Nutrition, Health and Aging, 22 (8)*. 885~91

9 Brooks, B. et al (2000) 'Are Vacations Good for Your Health? The 9-year Mortality Experience After the Multiple Risk Factor Intervention Trial'. *Psychosomatic Medicine, 62*. 608~12

10 Kim, S. et al (2017) 'Micro-break Activities at Work to Recover from Daily Work Demands'. *Journal of Organizational Behavior, 38 (1)*. 28~44

11 Danziger, S. et al (2011) 'Extraneous Factors in Judicial Decisions'. *Proceedings of the National Academy of Sciences, 108 (17)*. 6889~92

12 Glockner, A. (2016) 'The Irrational Hungry Judge Effect Revisited: Simulations Reveal that the Magnitude of the Effect is Overestimated'. *Judgment and Decision Making, 11 (6)*. 601~10

13 Sievertsen, H.H. (2016) 'Cognitive Fatigue in School'. *Proceedings of the National Academy of Sciences, March 2016, 113 (10)*. 2621~24

14 Bosch, C. & Sonnentag, S. (2018) 'Should I Take a Break? A Daily Reconstruction Study

on Predicting Micro-Breaks at Work'. *International Journal of Stress Management.* http://dx.doi.org/10.1037/str0000117

15 Bönstrup, M. (2019) 'A Rapid Form of Offline Consolidation in Skill Learning'. *Current Biology, 29 (8).* 1346~51

16 Sonnentag, S. & Zijlstra, F.R.H. (2006) 'Job Characteristics and Off-job Activities as Predictors of Need for Recovery, Well-being, and Fatigue'. *Journal of Applied Psychology, 91.* 330~50

17 Jacobson, E. (1979) 'Some Highlights of My Life'. *Journal of Behavior Therapy & Experimental Psychiatry, 10.* 5~9

18 Jacobson, E. (1977) 'The Origins and Development of Progressive Relaxation'. *Journal of Behavior Therapy & Experimental Psychiatry.* 119~23

19 Nathoo, A. (2016) 'From Therapeutic Relaxation to Mindfulness in the Twentieth Century'. In Callard, F. et al (Eds) *The Restless Compendium.* London: Palgrave Pivot

20 Wilson, T. et al (2014) 'Just Think: The Challenges of the Disengaged Mind'. *Science, 345.* 75~7

21 Stiles, A. (2012) 'The Rest Cure, 1873~1925'. *Branch, 10.* http://www.branchcollective.org/?ps_articles=anne-stiles-the-restcure-1873-1925

22 Chin, A. et al (2017) 'Bored in the USA-Experience Sampling and Boredom in Everyday Life'. *Emotion, 17 (2).* 359~68

23 Mann, S. (2016) The Upside of Downtime: Why Boredom Is Good. London: Robinson

24 Cowan, N. et al (2004) 'Verbal Recall in Amnesiacs Under Conditions of Diminished Retroactive Interference'. *Brain, 127.* 825~34

25 Crivelli, F. et al (2016) 'Somnomat: A Novel Actuated Bed to Investigate the Effect of Vestibular Stimulation'. *Medical & Biological Engineering & Computing, 54 (6).* 877~89

26 Smith, R.P. (1958) *How to Do Nothing with Nobody All Alone by Yourself.* New York: Tin House Books. 다음 링크에 훌륭한 요약본이 있다. (2014.10.24) https://www.brainpickings.org/2014/10/24/how-to-do-nothing-with-nobody-all-alone-by-yourself/

1 Rhodes, J. (2015) *Instrumental*, Edinburgh: Canongate, 204

2 Sack, K. (1998) 'Georgia's Governor Seeks Musical Start for Babies'. *New York Times, 1998.1.15*

3 Rauscher, F.H. et al (1993) 'Music and Spatial Task Performance'. *Nature, 365*. 611

4 Chabris, C.F. (1999) 'Prelude or Requiem for the "Mozart Effect"?'. *Nature, 400*. 826~27

5 Schellenberg, E. et al (2006) 'Music Listening and Cognitive Abilities in 10 and 11 Year-olds: The Blur Effect'. *Annals of the New York Academy of Sciences, 1060*. 202~9

6 Pietchnig, J. et al (2010) 'Mozart Effect – Schmozart Effect: A Meta-analysis'. *Intelligence, 38*. 314~23

7 Nantais, K.M. & Schellenberg, E.G. (1999) 'The Mozart Effect: An Artefact of Preference'. *Psychological Science, 10 (4)*. 370~73

8 Trahan, T. et al (2018) 'The Music that Helps People Sleep and the Reasons They Believe it Works'. *PLOS One, 13* (11) e0206531. doi:10.1371/journal.pone.0206531

9 Saarikallio, S. & Erkkila, J. (2007) 'The Role of Music in Adolescents' Mood Regulation'. *Psychology of Music, 35 (1)*. 88~109

10 Konečni, V. et al (1976) 'Anger and Expression of Aggression: Effects on Aesthetic Preferences'. *Scientific Aesthetics, 1*. 47~55

11 North, A.C. & Hargreaves, D.J. (2000) 'Musical Preferences During and After Relaxation and Exercise'. *American Journal of Psychology, 113*. 43~67

12 Bruner, G.C. (1990) 'Music, Mood and Marketing'. Journal of Marketing, 54 (4) 94 – 104

13 Juslin, P. et al (2008) 'An Experience Sampling Study of Emotional Reactions to Music: Listener, Music and Situation'. *Emotion, 8 (5)*. 668~83

14 Linneman, A. et al (2015) 'Music Listening as a Means of Stress Reduction in Daily Life'. *Psychoneuroendocrinology, 60*. 82~90

15 Summers, P. (2018) *The Spirit of This Place: How Music Illuminates the Human Spirit*. Chicago: University of Chicago Press. 70

16 Garrido, S. et al (2017) 'Group Rumination: Social Interactions Around Music in People with Depression'. *Frontiers in Psychology, 8*. 490

17 Summers, P. (2018) *The Spirit of This Place: How Music Illuminates the Human Spirit*. Chicago: University of Chicago Press. 150

18 Byrne, D. (2012) *How Music Works*. Edinburgh: Canongate. 137 & 332

3 ____ 혼자 있는 시간의 힘

1 Wilkinson, R. & Pickett, K. (2018) *The Inner Level*. London: Allen Lane. 117

2 Hawkley, L.C. & Cacioppo, J.T. (2010) 'Loneliness Matters: A Theoretical and Empirical Review of Consequences and Mechanisms'. *Annals of Behavioral Medicine, 40 (2)*. 218~27

3 Colette (1974) *Earthly Paradise*. London: Penguin.

4 Larson R.W. et al (1982) 'Time Alone in Daily Experience: Loneliness or Renewal?'. In Peplau, L.A. & Perlman, D. (Eds) *Loneliness: A Sourcebook of Current Theory, Research and Therapy*. New York: Wiley

5 Matias, G.P. et al (2011) 'Solitude and Cortisol: Associations with State and Trait Affect in Daily Life'. *Biological Psychology, 86*. 314~19

6 Long, C.R. & Averill, J.R. (2003) 'Solitude: An Exploration of the Benefits of Being Alone'. *Journal for the Theory of Social Behavior. 33 (1)*. 21~44

7 Russell, D.W. et al (2012) 'Is Loneliness the Same as Being Alone?'. *The Journal of Psychology, 146 (1–2)*. 7~22

8 이 내용은 내가 지휘한 프로젝트를 위한 인터뷰 결과이다. *The Truth about Mental Health: Four Walls*, BBC World Service (2013.6.16)

9 Markson, D. (1988) *Wittgenstein's Mistress*. Illinois: Dalkey Archive Press

10 Bowker, J. (2017) 'How BIS/BA and Psycho-behavioral Variables Distinguish Between Social Withdrawal Subtypes during Emerging Adulthood'. *Personality and Individual Differences, 119*. 283~88

11 Akrivou, K. et al (2011) 'The Sound of Silence – A Space for Morality? The Role of Solitude for Ethical Decision Making'. *Journal of Business Ethics, 102*. 119~33

12 The BBC Loneliness Experiment was devised by Pamela Qualter, Manuela Barreto and Christina Victor. The results can be found here: Hammond, C. (2018) 'Who Feels Lonely? The Results of the World's Largest Loneliness Study'. *The Anatomy of Loneliness*.

BBC Radio 4 (2018.10.1) https://www.bbc.co.uk/programmes/articles/2yzhfv4DvqVp5 nZyxBD8G23/who-feels-lonely-theresults-of-the-world-s-largest-loneliness-study

13 The Campaign to End Loneliness. 'Is Loneliness a Growing Problem?'. https://www. campaigntoendloneliness.org/frequently-asked-questions/is-loneliness-increasing/

14 Valtorta, N.K. et al (2016) 'Loneliness and Social Isolation as Risk Factors for Coronary Heart Disease and Stroke: Systematic Review and Meta-analysis of Longitudinal Observational Studies'. *Heart, 102 (13).* 1009~16

15 Hawkley, L.C. et al (2010) 'Loneliness Predicts Increased Blood Pressure: 5 Year Cross-lagged Analyses in Middle-aged and Older Adults'. *Psychology and Aging, 25 (1).* 132~41

16 Holt-Lunstad, J. et al (2015) 'Loneliness and Social Isolation as Risk Factors for Mortality: A Meta-analytic Review'. *Perspectives on Psychological Science, 10 (2).* 227~37

17 Heinrich, L.M. & Gullone, E. (2006) 'The Clinical Significance of Loneliness: A Literature Review'. *Clinical Psychology Review, 26 (6).* 695~718

18 Cacioppo, J.T. et al (2010) 'Perceived Social Isolation Makes Me Sad'. *Psychology and Aging, 25 (2).* 453~63

19 바버라 테일러와의 인터뷰는 다음에 수록돼 있다. *The Anatomy of Loneliness.* BBC Radio 4 (2019.10.2) https://www.bbc.co.uk/programmes/m0000mj8

20 Mann, T. (1912) *Death in Venice and Other Tales.* London: Vintage Classic Europeans

21 Detrixhe, J. et al (2014) 'A Lonely Idea: Solitude's Separation from Psychological Research and Theory'. *Contemporary Psychoanalysis, 50 (3).* 310~31

22 Trevor, W. (2010) *Felicia's Journey.* London: Penguin

23 Maes, M. et al (2016) 'Loneliness and Attitudes toward Aloneness in Adolescence: A Person-centred Approach'. *Journal of Youth Adolescence, 45.* 547~67

24 Galanki, E.P. (2004) 'Are Children Able to Distinguish Among the Concepts of Aloneness, Loneliness and Solitude?' *International Journal of Behavioral Development, 28.* 435~43

25 Larson, R.W. (1997) 'The Emergence of Solitude as a Constructive Domain of Experience in Early Adolescence'. *Child Development, 68 (1).* 80~93

26 Danneel, S. et al (2018) 'Developmental Change in Loneliness and Attitudes toward Aloneness in Adolescence'. *Journal of Youth Adolescence, 47.* 148~61

27 Larson, R.W. (1997) 'The Emergence of Solitude as a Constructive Domain of Experience

in Early Adolescence'. *Child Development, 68 (1)*. 80~93

28 Detrixhe, J. et al (2014) 'A Lonely Idea: Solitude's Separation from Psychological Research and Theory'. *Contemporary Psychoanalysis, 50 (3)*. 310~31

29 Larson, R.W. (2014) 'A Comparison of Positive and Negative Episodes of Solitude'. *Master's Thesis*, Amherst: University of Massachusetts

2___자연에서 얻는 회복력

1 Morris, C. (Ed.) (1949) *The Journeys of Celia Fiennes*. London: The Cresset Press. 67

2 Korpela, K.M. (2003) 'Negative Mood and Adult Place Preference'. *Environment and Behavior, 35 (3)*. 331~46

3 Jonson, S.A.K. (2011) 'The Use of Nature for Emotional Regulation: Towards a Conceptual Framework'. *Ecopsychology, 3 (3)*. 175~85

4 리처드 메이비와의 인터뷰는 다음에서 들을 수 있다. *All in the Mind*. BBC Radio (2012.6.26) https://www.bbc.co.uk/sounds/play/b01k1nl3

5 Ulrich, R.S. (1984) 'View Through a Window May Influence Recovery from Surgery'. *Science, 224*. 420~21

6 Ulrich, R. et al (1993) 'Exposure to Nature and Abstract Pictures on Patients Recovering from Open Heart Surgery'. *Psychophysiology: Journal of the Society for Psychophysiological Research, 30*. S7

7 이 영역의 소규모 연구에 관한 탁월한 리뷰로는 다음이 있다. Thompson, C.J. (2011) 'Does Participating in Physical Activity in Outdoor Natural Environments Have a Greater Effect on Physical and Mental Well-being than Physical Activity Indoors? A Systematic Review'. *Environmental Science & Technology, 45 (5)*. 1761~72

8 Lee, K.E. (2015) '40-second Green Roof Views Sustain Attention: The Role of Micro-breaks in Attention Restoration'. *Journal of Environmental Psychology, 42 (2015)*. 182~89

9 Ulrich, R.S. (2008) 'Biophilic Theory and Research for Healthcare Design'; In Kellert, S.R. et al (Ed.) *Biophilic Design: The Theory, Science and Practice of Bringing Buildings to Life*. New Jersey: John Wiley

10 Lohr, V.L. & Pearson-Mims, C.H. (2006) 'Responses to Scenes with Spreading, Rounded

and Conical Tree Forms'. *Environment and Behavior, 38*. 667~88

11 Joye, Y. & Van den Berg, A. (2011) 'Is Love for Green in our Genes? A Critical Analysis of Evolutionary Assumptions in Restorative Environments Research'. *Urban Forestry & Urban Greening, 10 (4)*. 261~68

12 Martens, D. et al (2011) 'Walking in "Wild" and "Tended" Urban Forests: The Impact on Psychological Well-being'. *Journal of Environmental Psychology, 31*. 36~44

13 Parsons, R. (1991) 'The Potential Influences of Environmental Perception on Human Health'. *Journal of Environmental Psychology, 11*. 1~23

14 Gatersleben, B. & Andrews, M. (2013) 'When Walking in Nature Is Not Restorative: The Role of Prospect and Refuge'. *Health & Place, 20*. 91~101

15 Hagerhall, S.M. (2004) 'Fractal Dimensions of Landscape Silhouette Outlines as a Predictor of Landscape Preference'. *Journal of Environmental Psychology, 24*. 247~55

16 Bratman, G.N. et al (2015) 'Nature Experience Reduces Rumination and Subgenual Prefrontal Cortex Activation'. *PNAS, 112 (28)*. 8567~72

17 Korpela, K. et al (2017) 'Enhancing Wellbeing with Psychological Tasks Along Forest Trails'. *Urban Forestry & Urban Greening, 26*. 25~30

18 Richardson, M. & Sheffield, D. (2015) 'Reflective Self-attention: A More Stable Predictor of Connection to Nature than Mindful Attention'. *Ecopsychology, 7 (3)*. 166~75

19 Jamie, K. (2012) *Sightlines*. London: Sort of Books

20 Earth Science & Remote Sensing Unit High Definition Earth Viewing System. NASA (2014.4.30) https://eol.jsc.nasa.gov/ESRS/HDEV/

21 Kaplan, R. & Kaplan, S. (1989) *The Experience of Nature: A Psychological Perspective*. Cambridge: Cambridge University Press

22 Ratcliffe, E. & Korpela, K. (2017). 'Time- and Self-related Memories Predict Restorative Perceptions of Favorite Places Via Place Identity'. *Environment and Behavior, 50 (6)*. 690~720

23 Wyles, K.J. et al (2017) 'Are Some Natural Environments More Psychologically Beneficial than Others? The Importance of Type and Quality on Connectedness to Nature and Psychological Restoration'. *Environment and Behavior, 51 (2)*. 111~43

24 Van den Berg, A. et al (1998) 'Group Differences in the Aesthetic Evaluation of Nature

Development Plans: A Multilevel Approach'. *Journal of Environmental Psychology, 18.* 141~57

1 ____ 책을 읽는 시간

1 Diener, E. et al (2009) 'New Well-being Measures: Short Scales to Assess Flourishing and Positive and Negative Feelings'. *Social Indicators Research, 97, (2).* 143~56

2 Nell, V. (1988) 'The Psychology of Reading for Pleasure: Needs and Gratifications'. *Reading Research Quarterly, 23 (1).* 6~50

3 The Sleep Council (2013) *The Great British Bedtime Report.* Published by the consumer education arm of the trading body for bed manufacturers.

4 Rizzolo, D. et al (2009) 'Stress Management Strategies for Students: The Immediate Effects of Yoga, Humor, and Reading on Stress'. *Journal of College Teaching and Learning, 6 (8).* 79~88

5 Jin, P. (1992) 'Efficacy of Tai Chi, Brisk Walking, Meditation, and Reading in Reducing Mental and Emotional Stress'. *Journal of Psychosomatic Research, 36 (4).* 361~70

6 Smith, C.E. (2000) 'The Real-world Reading Practices of Adults'. *Journal of Literacy Research, 32 (1).* 25~52

7 Vogrinčič, A. (2008) *The Novel-Reading Panic in 18th-Century England: An Outline of an Early Moral Media Panic.* Ljubljana: University of Ljubljana

8 Mar, R.A. et al (2011) 'Emotion and Narrative Fiction: Interactive Influences Before, During, and After Reading'. *Cognition and Emotion, 25 (5).* 813~33

9 Huestegge, L. (2010) 'Effects of Vowel Length on Gaze Durations in Silent and Oral Reading'. *Journal of Eye Movement Research, 3 (5).* 1~18

10 Hsu, C.T. et al (2014) 'Fiction Feelings in Harry Potter: Haemodynamic Response in the Mid-cingulate Cortex Correlates with Immersive Reading Experience'. *Neuroreport, 25 (17).* 1356~61

11 Pullman, P. (2006) 'The War on Words'. *The Guardian, 2006.11.6*

12 Woolf, V. (1932) 'How One Should Read a Book'. *In The Common Reader.* Second Series. London: Vintage

13 Alexander, J. & Jarman, R. (2018) 'The Pleasures of Reading Non-fiction'. *Literacy, 52 (2)*. 78~85

14 Baden, D. (2015) 'Shock! Horror! Behind the Ethics and Evolution of the Bad News Business. *The Conversation, 2015.3.27*. http://theconversation.com/shock-horror-behind-theethics-and-evolution-of-the-bad-news-business-39211

15 *Guardian Review, 2018.4.7*

16 Billington, J. et al (2016) 'A Literature-based Intervention for People with Chronic Pain'. *Arts & Health, 8 (1)*. 13~31

17 Dehghani, M. et al (2017) 'Decoding the Neural Representation of Story Meanings Across Languages'. *Human Brain Mapping, 38*. 6096~106

18 Tamir, D.I. et al (2016) 'Reading Fiction and Reading Minds: The Role of Simulation in the Default Network'. *Social, Cognitive and Affective Neuroscience, 11 (2)*. 215~24

19 Feng, S. et al (2013) 'Mind Wandering While Reading Easy and Difficult Texts'. *Psychonomic Bulletin & Review, 20 (3)*. 586~92

20 Franklin, M.S. et al (2011) 'Catching the Mind in Flight: Using Behavioral Indices to Detect Mindless Reading in Real Time'. *Psychonomic Bulletin Review, 18 (5)*. 992~97

21 Steinbeck, J. (1930) 'In Awe of Words', *The Exonian*, 75th Anniversary Edition, Exeter: Exeter University

22 Rane-Szostak, D. & Herth, K.A. (1995) 'Pleasure Reading, Other Activities, and Loneliness in Later Life'. *Journal of Adolescent & Adult Literacy, 39 (2)*. 100~08

23 Massimini, F. et al (1988). 'Flow and Biocultural Evolution'. In M. Csikszentmihalyi & I.S. Csikszentmihalyi (Ed.) *Optimal Experience: Studies of Flow in Consciousness*. Cambridge: Cambridge University Press

24 Šimleša, M. et al (2018) 'The Flow Engine Framework: A Cognitive Model of Optimal Human Experience'. *Europe's Journal of Psychology, 14 (1)*. 232~53

25 Mar, R.A. et al (2011) 'Emotion and Narrative Fiction: Interactive Influences Before, During and After Reading'. *Cognition and Emotion, 25 (5)*. 818~33

26 Rosenbaum, J.E. & Johnson, B.K. (2016) 'Who's Afraid of Spoilers? Need for Cognition, Need for Affect, and Narrative Selection and Enjoyment'. *Psychology of Popular Media Culture, 5 (30)*. 273~89

27 Evangelou, M. et al (2005) Birth to School Study: A Longitudinal Evaluation of the Peers Early Education Partnerhip. Oxford: Oxford University Research Reports SSU/2005/FR/017

28 Bavishi, M.D. et al (2016) 'A Chapter a Day: Association of Book Reading with Longevity'. *Social Science & Medicine, 164.* 44~8

에필로그 ___ 휴식을 위한 최고의 처방

1 Office of National Statistics, *Leisure Time in the UK.* ONS (2017.10.24) https://www.ons.gov.uk/economy/nationalaccounts/satelliteaccounts/articles/leisuretimeintheuk/2015

2 Office of National Statistics, *Leisure Time in the U*K. ONS (2017.10.24) https://www.ons.gov.uk/economy/nationalaccounts/satelliteaccounts/articles/leisuretimeintheuk/2015#those-employedfull-time-took-the-least-leisure-time-but-enjoyed-it-most

3 Gershuny, J. (2011) *Time-Use Surveys and the Measurement of National Well-being.* Oxford: Centre for Time-use Research, Department of Sociology, University of Oxford

4 Ragsdale, J.M. et al (2011) 'An Integrated Model of Weekday Stress and Weekend Recovery of Students'. *International Journal of Stress Management, 18 (2).* 153~80

잘 쉬는 기술

초판 1쇄 발행 2020년 9월 22일
초판 5쇄 발행 2023년 5월 22일

지은이 클라우디아 해먼드 **옮긴이** 오수원

발행인 이재진 **단행본사업본부장** 신동해 **편집장** 김예원
교정교열 김정희 **디자인** m_l
마케팅 최혜진 이인국 **홍보** 반여진 허지호 정지연
국제업무 김은정 김지민 **제작** 정석훈

브랜드 웅진지식하우스
주소 경기도 파주시 회동길 20
문의전화 031-956-7363 (편집) 031-956-7089 (마케팅)
홈페이지 www.wjbooks.co.kr
인스타그램 www.instagram.com/woongjin_readers
페이스북 https://www.facebook.com/woongjinreaders
블로그 blog.naver.com/wj_booking

발행처 ㈜웅진씽크빅
출판신고 1980년 3월 29일 제406-2007-000046호

한국어판출판권ⓒ ㈜웅진씽크빅 2020
ISBN 978-89-01-24526-3 03180

웅진지식하우스는 ㈜웅진씽크빅 단행본사업본부의 브랜드입니다.
이 책은 저작권법에 의해 한국 내에서 보호를 받는 저작물이므로 무단전재와 무단복제를 금합니다.
이 책 내용의 전부 또는 일부를 이용하려면 반드시 저작권자와 ㈜웅진씽크빅의 서면동의를 받아야 합니다.

※ 책값은 뒤표지에 있습니다.
※ 잘못된 책은 구입하신 곳에서 바꾸어드립니다.